무비 스님

임제록 강설

불광출판사

무비 스님
임제록 강설

이 책을 쓰면서

　우리나라의 불교는 대부분 임제 스님의 사상을 계승하고 있다. 그것을 대단히 자랑스럽게 생각하며 당연한 것이라고 여긴다. 그래서 오래된 사찰에 있는 옛 스님들의 비석을 살펴보면 거의가 다 임제의 몇 대 후손이라고 적고 있다. 뿐만 아니라 스님들이 돌아가시면 축원도 반드시 이렇게 한다. "빨리 이 땅에 돌아오시어 임제 문중에서 길이 인천의 안목이 되어주소서(臨濟門中 永作人天之眼目)." 라고 한다. 임제사상이 우리에게 끼친 영향은 이렇게 크다. 그러므로 임제록은 조계종의 제1교과서며, 제1의 소의경전(所依經典)이라고 생각한다.
　임제록을 만난 후로 필자의 걸망에는 오늘날까지 항상 임제록이 있었다. 그러던 어느 해(1971) 겨울철 봉암사에서 지낼 때 서옹 스님의 임제록 강의를 듣게 되었다. 그 후 강의용 책을 직접 편찬하여 강의도 몇 차례 했다. 그리고 글을 잘 쓰지는 못하지만 번역과 강설을 쓰고 싶었는데 이제야 그 빛을 보게 되었다.
　사실 임제록을 강설하는 일은 쓸데없는 군더더기를 붙이는 것이다. 혹이다. 머리 위에 또 머리를 하나 더 얹는 것이고, 멀쩡한 살을 긁어서 부스럼을 만드는 일이다. '임제 할' '덕산 방'도 죽은 송장이 눈을 부릅뜨는 일이라고 한다. 관우도 아니고 송장이 눈을 부릅떠 봐야 무슨 영험이 있겠는가. 하물며 되지도 않은 군더더기 소리로써 덧칠을 한 이 강설이야 말해 무엇 하랴.

　임제 스님은 경전과 어록을 모두 똥을 닦은 휴지라고 하였다. 이제 필자는 그 똥을 닦은 휴지조각을 들고 무슨 국물이라도 나오려는가 하여 쥐어짜고 있다. 그리고 독자들 역시 똥이 묻은 휴지를 이리 저리 헤집고 있다. 혹시 덩어리라도 건질까 해서다. 그러다가 악취만 좀 맡아도 큰 다행이다.

　명안도류(明眼道流)는 미진한 것은 보충해주고 잘못된 것은 바로 잡아주기를 바란다. 세상은 점점 말세적 현상이 짙어가고 진정한 불법을 알고자 하는 사람들은 줄어드는 것 같아서 안타까운 마음이다. 오로지 불조의 정법이 널리 퍼지고 오래 머물도록 하는 데 일조가 되었으면 하는 마음 간절하다.

　이 임제록 강의가 빛을 보기까지 크고 작은 인연을 함께한 모든 분들께 감사의 말씀을 드린다. 그리고 여러 임제록 강의 청중들에게도 감사한다. 청화(淸華) 상인의 노고에도 감사한다. 모두들 임제 스님의 가르침에 의하여 대해탈 대자유를 누리어 나날이 행복한 날이 되시기를 빈다.

2004년 동안거 금정산 범어사 서지전에서
금정산인 如天 無比

차례

• 이 책을 쓰면서

서(序) …… 9

상당(上堂) …… 31
- 전쟁의 시작 31 • 불교의 대의 33 • 세 번 묻고 세 번 맞았다 35
- 잡초가 무성하다 37 • 입을 열면 벌써 틀린다 39 • 정안(正眼)이란 40
- 무위진인(無爲眞人) 42 • 할, 할, 할 45 • 주인과 손님이 분명하다 47
- 불교의 대의가 무엇인가 49 • 다시 한 번 맞고 싶다 51
- 칼날 위의 일 53 • 우물 속에 빠져버렸다 54 • 모두가 착각이다 55
- 고봉정상과 네거리 56 • 집안과 길거리 58 • 삼구(三句) 60
- 삼현삼요(三玄三要) 63

시중(示衆) …… 69
- 사료간(四料揀) 70 • 생사에 쫓지 않는다 73 • 일 없는 사람 76
- 밖에서 찾지 말라 80 • 돌아가 쉬는 곳 85 • 마음은 형상이 없다 88

- 연야달다가 머리를 잃다 95   • 사조용(四照用) 100
- 일이 없는 사람이 귀한 사람 102
- 모든 것이면서 모든 것이 아니다 106   • 쓰게 되면 곧 쓴다 107
- 수처작주(隨處作主)하라 109   • 참다운 출가인 114
- 부처도 없고 중생도 없다 115   • 어느 곳에도 막히지 않는다 117
- 본래 일이 없다 118   • 지옥 업을 짓는 것 122
- 실다운 법은 아무 것도 없다 124   • 찾을수록 멀어진다 127
- 인생이 무상함을 알라 131   • 사종(四種)의 무상경(無相境) 133
- 그대가 살아있는 문수다 136   • 문자에 속지 말라 142
- 사람에 따라 모습을 나타낸다 146   • 대장부라야 된다 148
- 마음 밖에 법이 없다 152   • 수행이란 업을 짓는 일이다 154
- 사자후 일성에 뇌가 찢어진다 160   • 평상심이 도다 164
- 그 마음 그대로 살아있는 할아버지다 168
- 구하는 것이 있으면 괴롭다 170   • 형상 없는 것이 참 형상이다 174
- 땅으로 걸어 다니는 신통 177   • 삼계가 오직 마음이다 180
- 불 속에서도 타지 않는다 183   • 주객이 서로 만나다 186
- 귀신과 도깨비들 188   • 계율도 익히고 경론도 배웠다 191
- 부처를 만나면 부처를 죽여라 192   • 그대는 무엇이 부족한가 196
- 삼계는 삼독심이다 200   • 무명은 없다 204
- 보고 듣는 이가 누구인가 206   • 주인과 객이 서로 보다 208
- 삿되고 바른 것을 알라 212   • 신 값을 갚을 날이 있을 것이다 215
- 움직임과 움직이지 않음을 다 쓴다 216   • 삼종근기로 판단한다 220
- 모두 놓아버리라 223   • 전통과 계보가 있어야 한다 225
- 옷 입은 것에 속지 말라 1 227   • 옷 입은 것에 속지 말라 2 230
- 명자(名字)를 잘못 알고 있다 233   • 참 부처는 형상이 없다 236
- 眞佛, 眞法, 眞道 238   • 몸과 마음이 부처와 다르지 않다 241
- 밥값을 갚을 날이 있으리라 243   • 도인은 자취가 없다 247

- 대통지승불 250 ・마음 따라 모든 법이 생기고 소멸한다 251
- 오무간업 254 ・산승의 말도 취하지 말라 256
- 부처를 찾으면 부처를 잃을 것이다 259
- 주리면 밥을 먹고 졸리면 잠을 잔다 263
- 철퇴를 맞을 날이 있으리라 266 ・의심하지 말라 269

감변(勘辨) …… 277

- 호랑이 수염을 뽑다 277 ・도적에게 집을 맡기는 격이다 280
- 스님 셋을 후려치다 281 ・나를 위해 그만 두시오 282
- 너무 과격하다 284 ・혀를 내두르다 285 ・범부인가 성인인가 286
- 당나귀 한 마리 288 ・나는 처음부터 그를 의심하였다 289
- 한 노스님을 점검하다 291 ・수좌를 점검하다 292
- 한낱 나무토막이로다 293 ・원주와 별좌를 점검하다 293
- 강사를 점검하다 295 ・시자를 점검하다 296
- 덕산 스님을 점검하다 297 ・왕상시를 점검하다 299
- 행산 스님을 점검하다 300 ・낙보 스님을 점검하다 301
- 어떤 스님을 점검하다 302 ・도반인 대각 스님이 방문하다 303
- 조주 스님이 방문하다 304 ・정상좌가 크게 깨닫다 305
- 어느 것이 바른 얼굴인가 306 ・여러 가지 할 307
- 비구니를 점검하다 309 ・아직 조사의 뜻은 없다 310
- 경산 스님을 점검하다 311 ・보화 스님의 열반 313

행록(行錄) …… 319

- 세 번 묻고 세 번 맞다 319 ・황벽의 불법이 별것이 아니다 322

- 호랑이 수염을 뽑는구나 326   • 호랑이 꼬리를 잡다 328
- 소나무를 심는 뜻 329   • 앙산 스님의 예언 330
- 무슨 잠꼬대인가 331   • 이곳에서는 산 채로 매장한다 332
- 진짜 도적은 도망갔다 333   • 황벽 스님이 자기 입을 쥐어박다 334
- 이 노장이 무슨 수작인가 335   • 한 개 주사위의 두 가지 그림 336
- 많은 사람이 운력하리라 337   • 지혜는 군자를 능가한다 338
- 이 일을 안다면 그만 둡시다 339   • 보화 스님이 돕다 340
- 검은 콩을 주워 먹는 스님 342   • 천하 사람들의 입을 막으리라 343
- 은혜를 알고 은혜를 갚는다 345
- 부처와 조사에게 다 예배하지 않는다 347
- 오늘은 낭패를 보았다 348   • 앉아서 차나 들게 349
- 요즘 어떠하던가 351   • 삼산이 만 겹의 관문을 가두어 버렸다 351
- 훌륭한 선객은 다르구나 353   • 화살이 서천을 지나갔다 354
- 여기서 무슨 밥그릇을 찾는가 355   • 짚신만 떨어뜨릴 뿐이다 356
- 노파의 거량 357   • 봉림과의 시문답(詩問答) 358
- 공적으로는 바늘도 용납하지 않는다 361   • 오늘은 운수가 나쁘다 362
- 다 이기고 다 졌다 363   • 임제 스님이 열반할 때 364

탑기(塔記) …… 369

- 간단한 행장 369

서(序)

臨濟錄　鎭州臨濟慧照禪師語錄序
延康殿學士　金紫光祿大夫　眞定府路安撫使　兼馬步
軍都總管　兼　知成德軍府事　馬防　撰

해석　진주 임제혜조선사 어록 서문
연강전의 학사이며, 금자광록의 대부며, 진정부로의 안무사요, 겸하여 마보군의 도총관이며, 겸하여 지성덕군의 부사인 마방이 쓰다.

강설　서문은 임제 스님이 강남 황벽산에서 수행하던 일과 깨달음을 체험하게 된 사연들, 그리고 하북 땅 임제원에 주석하면서 제자들을 가르칠 때의 독특한 가풍을 보여준다. 또 노년에 이르러서 입적에 관한 일들과 임제록 간행에 대한 이야기들을 네 자의 시 형식으로 간략히 기록하고 있다. 임제록 전편을 압축한 셈이다. 한 때 선찰(禪刹)에서는 선객이 방부를 들이러 가서는 아무런 말도 없이 선방 문 앞에서 임제록 서문을 큰 소리로 외우고 있으면 그 선객을 높이 보아서 얼른 받아 주었다는 이야기도 전한다. 지금도 이와 같은 아름다운 풍속이 있었으면 한다.

　서문을 쓴 마방이라는 사람은 당시에 뛰어난 명사였던 것 같다. 어록 중의 왕이라는 임제록에 서문을 쓴 큰 영광을 얻은 것 못지않게 글이 빼어나서 불교에서 손꼽히는 명문으로 높이 평가 받고 있다. 많은 벼슬의 이름을 너덜너덜하게 붙인 것이 좀 흠이긴 하다. 그냥 '연강전 학사 마방이 쓰다' 라고 했어야 했다.

黃檗山頭에 曾遭痛棒하고 大愚肋下에 方解築拳이로다

해석 임제 스님은 황벽 스님에게 일찍이 매서운 몽둥이를 얻어 맞았다. 그리고는 대우 스님의 옆구리에 비로소 주먹질을 할 수 있었다.

강설 번갯불 속에서 황벽 스님은 불조의 용광로를 열어두었다. 임제 스님은 처음으로 그 용광로에 들어간 것이다. 또 대우 스님에게는 우주적 생명 대기대용(大機大用)을 들어보였다.

  임제 스님은 황벽 스님의 회상에 가서 공부한 지 3년 만에 수좌(首座)의 책임을 맡고 있는 목주(睦州) 스님의 안내로 불교의 대의를 물었다. "불교의 분명한 대의가 무엇입니까?"라는 질문이 떨어지기가 무섭게 조실인 황벽 스님의 몽둥이가 날아왔다. 무려 20대나 얻어맞고 쫓겨났다. 이런 일이 세 차례나 있었다. 무려 60대나 신나게 얻어맞은 셈이다.

  그리고는 황벽 스님과는 인연이 없음을 알고 대우 스님에게로 가게 되었다. 황벽 스님에게 불교를 물으러 갔다가 얻어맞은 일을 대우 스님께 모두 말씀드렸다. 그리고 자신에게 무슨 잘못이 있어서 그렇게 때렸는가를 물었다. 그랬더니,

  "황벽 스님이 노파심으로 그대에게 그렇게나 친절하게 하였는데 여기까지 와서 무슨 잘못이 있느냐고 묻는가?"라고 하였다.

임제 스님은 그 말에 크게 깨달았다. 그리고는
"응, 황벽 스님의 불법이 간단하구나〔無多子〕." 하였다. 그랬더니 대우 스님은 당장에 멱살을 잡고 "이 오줌싸개 어린 놈이 황벽 스님에게서 쫓겨 와서는 방금 '무슨 잘못이 있어서 그렇게 때렸는가?'라고 하더니 지금은 도리어 '황벽 스님의 불법이 간단하다.'라고 말하는가. 너는 무슨 도리(道理)를 알았는가? 빨리 말해보아라."라고 하였다. 그러자 임제 스님은 대우 스님의 옆구리를 주먹으로 세 번 쥐어박았다. 대우 스님은 잡고 있던 멱살을 밀쳐버리고는 "너의 스승은 황벽 스님이다. 나와는 관계없다."라고 하였다.

천하의 대선지식인 황벽 스님은 불교를 물은 것에 대하여 몽둥이로 사람을 한 번에 20대나 후려쳤다. 세 번에 걸쳐서 무려 60대를. 그렇게 불교를 열어주고 보여주고 깨닫게 해주고 들어가게 하였다. 그 일에 대하여 "그토록 노파심으로 친절하게 가르쳐 주더란 말인가."라고 하신 대우 스님의 말씀은 더욱 숨이 막힌다.

> 饒舌老婆는 尿牀鬼子라한대 這風顚漢이 再捋虎鬚로다

해석 말 잘하는 노파 대우 스님은 "이 오줌싸개 어린 놈"이라 했고, 황벽 스님은 "이 미친 놈이 또다시 여기 와서 호랑이 수염을 뽑고 있어!"라고 했다.

강설 죄인의 목에 씌우는 칼을 씌운 격이다.
"아직 불교에 있어서는 잠자리에서 오줌이나 싸고 남의 집에 소금을 얻으러 다니는 어린아이 같다."라는 대우 스님의 말씀은 그 표현이 너무 절묘하다. 그래서 '말 잘하는 노파'라고 했다. 임제 스님에게 '오줌싸개'라는 애칭을 쓰는 것은 천하의 대우 스님이나 할 수 있는 말이다.

임제 스님은 대우 스님과 작별하고 다시 황벽 스님에게로 돌아갔다. 황벽 스님이 말하기를 "너는 이렇게 왔다 갔다만 하니 언제 공부를 마치겠는가?" "저야 다만 스님의 간절하신 노파심 때문입니다."라고 하고 나서 인사를 마치고 옆에 서 있었다.

황벽 스님이 묻기를 "어디를 갔다 왔는가?"

"대우 스님을 친견하고 왔습니다."

"대우 스님이 무슨 말을 하던가?"

임제 스님은 앞서 있었던 대우 스님과의 일을 다 말하였다. 그랬더니 황벽 스님은,

"어떻게 해야 이 놈 대우를 만나서 한 방망이 단단히 때려줄 수 있을까?"라고 했다.

"뭘 기다릴 게 있습니까? 지금 바로 한 방망이 때려주시지." 하고는 곧바로 손바닥으로 황벽 스님을 후려쳤다. 임제 스님의 영원한 참 생명, 우주적 생명을 들어 보인 것이다.

그랬더니, 황벽 스님은,

"이 미친 놈이 또다시 여기 와서 호랑이 수염을 뽑고 있어!"라고 했다.

그러자 임제 스님은 "할!" 하고 소리를 질렀다. 황벽 스님의 불법을 간단하다고 말하던 자신은 그보다 더 간단하다.

황벽 스님은 "시자야, 이 미친 놈을 끌고 가서 선방에 처넣어라."

라고 하였다.

　임제 스님이 호랑이 수염을 뽑은 솜씨를 독자들은 잘 살펴야 할 것이다. 천하에 누가 또 호랑이 수염을 뽑은 사람이 있던가. "뭘 기다릴 게 있습니까? 지금 바로 한 방망이 때려주시지." 하고 곧바로 손바닥으로 황벽 스님을 후려친 그 용기와 수단과 날랜 솜씨는 천하에 짝할 이가 없다. 더하여 '할'을 한 소식도 놓쳐서는 안 될 것이다.

　말은 짧아도 사연은 길다. 이런 사연은 뒤편 행장(行狀)에서 잘 밝히고 있다. 임제 스님의 마음과 그의 불교를 잘 이해하려면 이런 사연들을 익숙하게 알고 있어야 한다. 반복해서 들으며 눈을 떠야 할 일이다.

巖谷栽松은 後人標榜이요 钁頭劚地하니 幾被活埋로다

해석　임제 스님이 험한 골짜기에 소나무를 심은 것은 후인들에게 본보기를 보이기 위한 것이요, 또 괭이로 땅을 팠으니 황벽 스님은 거의 산 채로 생매장 당할 뻔했다.

강설　임제 스님이 소나무를 심을 때 황벽 스님이 물었다.
　"깊은 산에 이렇게 많이 심어서 무엇을 하려는가?"
　"첫째는 산의 경치를 아름답게 하자는 것이고, 둘째는 후인들에게 본보기를 보이기 위함입니다." 하고는 괭이로 땅을 세 번 쳤다. 황벽 스님이 말하기를, "비록 그런 대로 괜찮기는 하나 자네는 이미 나에게 30방망이를 얻어맞은 꼴이다."
 임제 스님이 다시 괭이로 땅을 세 번 치면서 "허 허"라는 소리를 냈다.
 황벽 스님이 "나의 종풍(宗風)이 너의 대에 가서 세상에 크게 일어날 것이다."라고 하였다.
 물론 소나무를 심은 것이 후인들의 본보기가 된다는 뜻은 아닐 것이다. 그러면 여기서 후인들의 본보기가 될 소나무를 심은 진정한 뜻은 무엇일까? 그것은 곧 임제 스님의 불교인 것이다. 온갖 지엽은 다 떨어지고 몸뚱이만 드러내 보인 부처님과 조사들의 그 마음, 그 불교인 것이다. 오늘날같이 불교에 거품과 방편설이 난무하고 있는 이즈음에 지엽과 가식이 전혀 없는 줄거리뿐인 이 올곧은 불교가 만고에 후인들의 본보기가 될 것이리라. 임제 스님의 그 깊은 은혜에 뜨거운 가슴으로 감사를 느낀다.
 임제 스님이 대중들과 함께 밭을 매는 운력(運力)을 하다가 황벽 스님이 오는 것을 보고는 괭이를 짚고 서 있었다. 황벽 스님이 다가와서 말하기를,
 "이 녀석이 피곤한가?"
 "괭이도 아직 들지 않았는데 피곤할 리가 있겠습니까." 그러자,
 황벽 스님이 몽둥이로 곧바로 한 대를 때리니 임제 스님이 그 몽둥이를 붙잡아서 던져버리고 황벽 스님을 넘어뜨렸다. 황벽 스님이 유나(僧衆의 잡무를 관장하는 스님)를 불러 "유나, 나 좀 일으켜다오."
 유나가 가까이 와서 황벽 스님을 일으키면서 "스님, 이 미친 놈의 무례한 짓을 왜 용서하십니까?"라고 하였다. 그러자 황벽 스님은 막 일어나서는 도리어 유나를 때렸다. 그 때 임제 스님이 땅을

파면서 "제방에서는 사람이 죽으면 대개 화장을 하지만 나는 여기서 산 채로 매장을 한다."라고 하였다. 크게 죽은 뒤 다시 살아나는 큰 생명을 보인 것이다.

법을 거량(擧揚)하는 일도 이쯤 되면 누구나 혀를 내두르게 마련이다. 유나는 미친 놈의 무례한 짓이라고 하였다. 하지만 누가 그 높은 뜻을 알랴. 황벽과 임제만이 느끼며 주고받는 진검싸움인 것이다. 불꽃을 튀기고 천둥이 치며 폭우가 쏟아지는 상황이다. 하늘이 흔들리고 땅이 진동하며, 산이 무너지고 바다가 뒤엎어지는 일이다. 천(千)이면 천, 만(萬)이면 만이 산 채로 매장당할 상황이다.

肯箇後生하야 驀口自摑하고 辭焚机案하야 坐斷舌頭로다

해석 황벽 스님은 후생(後生) 임제 스님을 인가하다가 갑자기 입을 스스로 쥐어박았다.

임제 스님은 황벽 스님과 하직하고 떠날 때 법을 전한 것을 증명하는 경상[机案]을 주어도 받지 않고 오히려 불사르라 하였다. 그러나 황벽 스님은 가져가서 천하 사람들의 논란을 차단하게 하라고 하였다.

강설 이런 일이 있었다. 어느 날 임제 스님이 방 앞에 앉아 있다가 황벽 스님이 오는 것을 보고는 갑자기 눈을 감아버렸다. 황벽 스님은 두려워하는 모습을 보이고는 방장실로 들어가 버렸다. 임제 스님은 뒤따라가서 사과하였다. 그 때 수좌인 목주 스님이 옆에 있었는데, 황벽 스님이 "이 승려는 비록 후생이지만 '이 일'에 대해서 잘 알고 있다."라고 하였다. 그랬더니 수좌스님이 "노스님께서도 아직 멀었는데 도리어 후생을 깨달았다고 인가하십니까?"라고 하니 황벽 스님은 스스로 입을 쥐어박았다. 그랬더니 수좌스님이 "알면 됐어."라고 하였다. 황벽 스님이 수좌에게 점검을 당했다.

또 한 가지 특기할 만한 사실은 임제 스님이 황벽 스님의 법을 받고 떠날 때의 일이다.

"어느 곳으로 가려는가?" 하고 물었다.

"하남(河南) 지방이 아니면 하북(河北) 지방으로 갈까 합니다.

그러자 황벽 스님은 곧 한 대 후려쳤다. 임제 스님은 그 순간 황벽 스님을 잡고 역시 손바닥으로 한 대 때렸다. 황벽 스님은 크게 한바탕 웃고, 시자(侍者)를 불러서 스승 백장(百丈) 스님으로부터 물려받은 선판(禪板)과 경상(机案)을 주었다. 그랬더니 임제 스님은 시자에게 그것을 불태워 버리라고 하였다. 선판과 경상은 법이 아닌 가짜 물건이다. 가짜는 필요 없다는 식이다. 그 때 황벽 스님이 말씀하시기를 "불태우는 일도 틀린 것은 아니지만 너는 가져가서 뒷날 천하 사람들이 전법(傳法)의 문제에 대해서 시비할 때 증거를 제시하여 그런 논란이 없도록 하라"라고 하였다. 어찌 되었든 이 이야기가 황벽 스님의 부촉을 받은 것을 증명한 것이 되었다.

참으로 임제 스님만이 할 수 있는 일이다. 임제 스님은 철두철미하게 적나라한 무위진인(無位眞人)으로 사셨고 무위진인으로 보여 주었다. 스승과 이별하는 마당에서도 그렇게 활발발(活鱍鱍)한 무위진인으로 이별하였다. 전법의 증거가 되는 신표(信標)에 대해서도 철저히 형식이란 찾아볼 수 없고 다만 무위진인이 존재할 뿐임을 확연하게 알려서 뒷사람들에게 진정한 본보기를 남겼다.

> 不是河南이면 便歸河北이로다 院臨古渡에 運濟往來로다

해석 하남지방이 아니면 하북지방으로 돌아감이여, 임제원은 옛 나루터에 임해 있어서 오가는 사람들을 실어 날랐다.

강설 임제 스님이 법의 깃발을 세우고 종풍을 드날릴 곳을 말하고 있다. 어느 곳으로 가든지 그 장소가 무슨 문제이겠는가. 황벽 스님은 황벽 스님대로 나는 나대로 인연을 따라 가고 인연을 따라 머무를 것이다. 어디를 가든 천지만물은 그대로가 모두 무위진인인데. 가는 곳마다 사람들을 건지고 눈을 열어주면 되는 일인 것이다.

  실로 그 후 임제 스님이 가서 머문 임제원은 하북의 진주 호타하라는 강포구의 도시로 오늘의 석가장이라는 곳이다. 임제원에는 지금도 그의 탑과 비석이 있다. 강포구에서 나그네들을 강을 건네주는 일과 사람들을 제도하는 일의 표현이 같기 때문에 "임제원은 옛 나루터에 임해 있어서 오가는 사람들을 실어 날랐다."라는 표현은 너무도 절묘하다.

> 把定要津하니 壁立萬仞이로다 奪人奪境하야 陶鑄仙陀하고

해석 요새(要塞)가 되는 나루터를 지키고 있으니 그 절벽의 높이는

만 길이나 되고, 사람도 빼앗고 경계도 빼앗는 수단으로 선타바를 만들어 낸다.

강설 임제 스님이 지키고 있는 곳은 불교 최후의 관문이며 요긴한 길목이다. 그 곳을 지나가지 않으면 불교의 세계에 들어설 수 없는 곳이다. 그 관문을 통과하지 않으면 부처도 아니며 조사도 아니며 사람도 아니다. 그런데 그 관문의 높이는 만 길이나 되는 높고 높은 요새다. 견문각지(見聞覺知)를 다 떠난 자리다. 언어도단(言語道斷)하고 심행처멸(心行處滅)한 경지다.

사람들을 만나면 세상(객관)을 온통 부정해 버리는 방법과 그 자신(주관)마저 부정해 버리는 등등의 수단을 써서 건진다. 때로는 주관과 객관을 모두 부정하고, 때로는 주관과 객관을 모두 긍정하여 받아들인다. 이것을 사람들을 제접(提接)했을 때 네 가지로 구분하여 법을 쓰는 방식으로 사구(四句) 또는 사요간(四料簡)이라 한다. 때로는 봄바람 같고 때로는 살을 에는 매서운 겨울바람 같다. 이러한 솜씨로 열반경의 선타바와 같은 총명하고 민첩하고 지혜로운 제자들을 길러낸다.

三要三玄으로 鈐鎚衲子로다 常在家舍하야 不離途中하니

해석 삼요삼현으로 수행납자들을 단련하였고, 항상 집안에 있으면서 길거리를 떠나지 아니하였다.

강설 임제종풍(臨濟宗風)의 특징이라 할 삼구(三句)와 삼요삼현(三要

三玄)과 사요간(四料簡)과 사빈주(四賓主)와 사조용(四照用) 등이 있다

임제 스님이 말씀하시기를 "한 구절의 말〔一句語〕에는 반드시 세 가지 깊고 현묘한 문〔三玄門〕을 갖추어야 하고, 한 가지의 깊고 현묘한 문에는 반드시 세 가지의 긴요한 점〔三要〕을 갖추어야 한다. 그래서 방편도 있고 방편의 활용도 있다."라고 하였다.

그러므로 삼요삼현은 근기를 활용하는 세 가지의 양상을 나타낸 것이다. 결코 법문의 깊고 얕음을 의미하는 것은 아니다. 그러한 세 가지로 활용하는 양상을 보여 수행납자들을 잘 단련하였다. 마치 무쇠를 두드려 강철을 만들고 나아가서 천하의 명검(名劍)을 만들듯이 하였다.

임제 스님이 법상에 올라 말씀하셨다. "한 사람은 영원히 길거리에 있으면서 집안을 떠나지 않고, 한 사람은 집안을 떠나 있으면서 길거리에도 있지 않다. 누가 인천(人天)의 공양을 받을 만한가?"

불교의 이상적 인물인 부처님을 문수보살과 보현보살이 조화를 이룬 상태를 말하기도 한다. 문수는 깨달음의 지혜를, 보현은 그 깨달음의 실천을 나타내는 인물이다. 깨달음과 그의 실천은 뗄래야 뗄 수 없는 관계다. 마치 몸과 몸짓의 관계다. 몸이 있으므로 몸짓이 있고 몸짓은 몸이 있어야 할 수 있다. 그들을 말할 때 "문수는 언제나 집에 있지만 길거리의 일을 떠나지 않고, 보현은 언제나 길거리에 있지만 집안의 일을 떠나지 않는다."라고 한다.

임제 스님은 그처럼 안과 밖을 겸하였고, 이(理)와 사(事)를, 선(禪)과 교(敎)를, 문(文)과 무(武)를, 지혜와 실천을 완전하게 겸하여 어떤 일도 부족함이 없는 삶이었다.

> 無位眞人이여 面門出入이로다 兩堂齊喝에 賓主歷然이요

해석 무위진인이 얼굴을 통해 출입하고, 두 집의 수좌가 동시에 '할'을 함에 주객이 분명하다.

강설 임제 스님의 보고 듣고 하는 작용은 불조(佛祖)의 지위에도 속하지 않고 중생(衆生)의 지위에도 속하지 않는다.

임제 스님이 어느 날 법상에 올라 말씀하시기를, "붉은 고깃덩어리에서 한 사람의 무위진인이 있어서 항상 여러 분들의 얼굴을 통해서 출입한다. 그것을 증명하지 못한 사람들은 잘 살펴보아라." 하였다.

그 때 한 스님이 나와서 물었다.

"무엇이 무위진인입니까?"

그러자 임제 스님은 법상에서 내려와서 그 스님의 멱살을 잡고 말씀하시기를,

"빨리 말해 봐라."

그 스님이 머뭇거리고 있는데 임제 스님이 잡았던 멱살을 밀쳐 버리고 말씀하시기를,

"무위진인이 이 무슨 마른 똥막대기인가."

라고 하시고는 곧 방장실로 돌아가 버렸다.

임제록에서 첫째가는 한 구절을 꼽으라면 이 무위진인(無位眞人)이라고 할 수 있다. 흔히 '차별 없는 참 사람' '참사람' 이라고도 표현한다.

임제 스님의 법석(法席)의 전장(戰場)에는 언제나 활과 칼을 서로

겨누고 있는 매우 긴장된 상황이었다.

　임제가풍을 표현하는 말로 '임제 할(喝) 덕산 방(棒)'이라는 것은 널리 알려져 있다. 임제 스님은 할을 잘 하고 덕산 스님은 방을 잘 쓴다는 뜻이다. 어느 날 법상에서 수행납자들과 할을 주고 받으며 법을 거량하였다. 그 날은 법을 거량하기 전에 벌써 동당(東堂)과 서당(西堂)의 두 선방에서 수좌가 서로 보는 순간 동시에 할을 한 적이 있었다. 어떤 스님이 그 문제를 들고 나와 임제 스님께 물었다.

　"이럴 때 두 사람의 할에 나그네와 주인의 차별이 있습니까?"

　"나그네와 주인이 분명하지. 대중들이여, 임제의 나그네와 주인의 소식[賓主句]을 알고 싶으면 두 선방의 두 수좌들에게 가서 물어보라."라고 하시고는 곧 법상에서 내려오셨다.

照用同時하니 本無前後요 菱花對像하고 虛谷傳聲이로다

해석　비춤과 작용이 동시(同時)라. 본래 앞뒤가 없고, 거울[菱花]은 만상을 비추고 빈 골짜기에는 메아리를 전하네.

강설　방편으로 본다면 수미산을 겨자씨 안에 들여놓는 일이다. 그 진실에 있어서는 위는 하늘이요 아래는 땅이며, 산은 산이고 물은 물이며, 승려는 승려고 속인은 속인이다. 또 비춰 보는 입장에서는 삼천대천세계와 온 우주를 남김없이 다 비춰 본다. 그 작용을 하는 데는 할과 방이 번개 치고 태풍 불고 폭우 내리듯 난무한다.

임제의 사조용(四照用)이라는 것이 있다. 역시 법을 쓰는 경우의 한 예로서, 임제 스님이 말씀하시기를, "나는 어떤 때는 먼저 사람을 비추어 관찰하고 뒤에 작용을 보이며〔先照後用〕, 어떤 때는 먼저 작용을 하고 뒤에 관찰한다〔先用後照〕. 또 어떤 때는 관찰하고 작용하는 것을 동시에 하며〔照用同時〕, 어떤 때는 관찰하고 작용하는 것을 때를 달리 한다〔照用不同時〕."라고 하였다.

본문의 말처럼 사람을 관찰하는 것과 열어주고 보여주는 작용은 일정하지 않다. 오는 사람의 근기와 수준과 성향에 따라서 그 법을 쓰고 방편을 쓰는 것이 다르다. 본래 앞뒤가 없다. 보다 구체적인 내용은 시중(示衆)에서 설명이 있을 것이다.

임제 스님이 찾아오는 납자를 알아보는 데는 이쁘고 추하고 잘나고 못나고를 가려내는 것이 마치 거울과 같다. 남자가 오면 남자를 비추고 여자가 오면 여자를 비춘다. 서양 사람, 동양 사람을 너무도 밝게 잘 비춘다. 머리카락 하나 빠뜨리지 않고 소소영령하게 비춰 내듯이 오는 사람들을 소상하게 살핀다. 근기와 수준과 그 마음 씀씀이를 알아보는 것이 이렇게 거울 같다.

때로는 텅 빈 골짜기에 메아리 울리듯 가 닿는 데도 없이 공허하기 이를 데 없다. 물에 비친 달그림자 같다. 크게 치면 크게 울리고 작게 치면 작게 울리는 종소리 같다.

妙應無方하야 **不留朕蹟**이로다

해석 신묘하게 대응하는 솜씨는 종잡을 수 없어서 그 자취를 남기지 않았도다.

강설 이렇게 하여 임제 스님의 제자들을 훈도하는 능대능소(能大能小)하고 능살능활(能殺能活)하는 신묘불측(神妙不測)한 솜씨는 불교사에 독보적 가풍을 세운 예가 되었다. 사람들을 제접하는 데 어찌 출신지역과 남녀노소를 따지랴. 근기를 따라 응하여 주는 데는 자신의 지금 상황을 마음에 두지 않는다. 모두가 큰 마음 큰 작용이 활달자재하고 예측 불가능한 모습이다. 여기까지는 임제 스님의 법의 깃발을 세우고 사방에서 모여오는 사람들을 제접하여 깨달음의 세계로 인도하는 기능과 활동작용〔機用〕을 말하였다.

拂衣南邁하야 戻止大名하니 興化師承이라 東堂迎侍로다

해석 옷깃을 가다듬고 남쪽으로 내려가 대명부에 머무르니, 흥화 스님은 임제 스님의 법을 이어받은 사람이라 스님을 동당에 모시니라.

강설 임제 스님 말년의 어느 날 병란이 일어나서 자리를 옮겼다. 남쪽 대명부라는 곳의 흥화사였다. 그 곳에는 이미 제자 흥화존장 스님이 교화를 펴고 있었다. 그 곳에서는 흥화 스님이 방장이었고, 임제 스님은 동당에 모셔서 한주(閑住)로 잘 받들었다.

> 銅甁鐵鉢이요 掩室杜詞하니 松老雲閑하야 曠然自適이로다

해석 구리로 된 물병과 쇠로 만든 발우뿐이요, 방문을 닫아 걸고 말을 하지 않았다. 소나무는 이미 늙었고 구름은 한가하여 시원스레 유유자적하도다.

강설 홍화사에 온 뒤로 가진 것도 없고 하는 일도 없이 노년을 보내는 임제 스님의 모습이 참으로 인상적이다. 가진 것이라곤 기껏해야 구리로 된 물병과 밥을 담는 철발우뿐이다. 제자 홍화 스님이 대중들을 훈도하니 할 일도 없다. 문을 닫고 사니 할 말도 없다. 마치 부처님이 마갈타에서 성도하시고도 언어도단(言語道斷)의 경지를 뜻하는 문을 닫은 일〔摩竭掩室〕과 같다. 달마대사의 소림면벽과도 같으며, 유마대사가 비야리성에서 입을 닫은 일과도 같다. 교화의 일이 모두 끝난 것이다.

늙으신 노년의 모습은 운치 있는 노송처럼 너무 멋있다. 푸른 하늘 저 멀리 흘러가는 흰 구름같이 그렇게 한가롭고 여유로울 수 없다. 세상사나 자신의 인생에 대하여 솜털처럼 홀가분하다. 텅 비고 시원스러워 유유자적, 자유자재할 뿐이다. 노선사로서 수행자로서 가장 이상적인 노년의 모습이라고 할 수 있을 것이다.

도연명의 귀거래사를 생각하게 한다.

"지팡이에 늙은 몸 의지하며 발길 멎는 대로 쉬다가
때때로 머리 들어 먼 하늘을 바라본다.
구름은 무심히 산골짜기를 돌아 나오고,

날다가 지친 새들은 둥지로 돌아올 줄 안다.
서산에 해는 지고 저녁 빛은 어두워지려 하는데,
나는 외로운 소나무를 어루만지며 서성이고 있다."

面壁未幾에 密付將終이여 正法誰傳고 瞎驢邊滅이로다

해석　면벽하고 앉으신 지 오래지 않아 은밀히 입멸 후의 뒷일을 부촉하였다.
"정법을 누가 전할 것인가. 눈 먼 당나귀에게서 없어지리라." 하셨다.

강설　여기까지는 임제 스님의 말년의 수용을 밝힌 것이다. 스님은 임종하실 때 앓은 일도 없었다. 당나라 함통 8년〔서기 867년〕 정해년 정월 10일 옷을 단정히 하고 반듯이 앉아서 제자 삼성(三聖) 스님과 몇 마디의 문답을 마치고 고요히 가셨다. 행록에 나타난 열반의 모습은 다음과 같다.
임제 스님이 열반하실 때 자리에 앉으셔서 말씀하셨다.
"내가 가고 난 다음에 나의 정법안장이 없어지지 않도록 하여라."
삼성 스님이 나와서 사뢰었다.
"어찌 감히 큰스님의 정법안장을 없앨 수 있겠습니까?"
"이후에 누가 그대에게 물으면 무어라고 말해 주겠는가?"
삼성 스님이 "할!"을 하므로 임제 스님이 말씀하셨다.
"나의 정법안장이 이 눈 먼 나귀한테서 없어질 줄 누가 알겠는가?"

　말을 마치시고 단정하게 앉으신 채 열반을 보이셨다.
　일천여 년이 지난 지금 우리는 모두 임제 스님의 정법안장에 목을 매고 있다. 너도 나도 임제 스님의 법손이라고 자랑들이다. 망승(亡僧)에게까지 "속히 사바세계에 오셔서 임제문중에서 길이 인천의 안목이 되소서."라고 축원하고 있다. 그렇다면 "나의 정법안장이 이 눈 먼 나귀한테서 없어지리라(滅)."라는 이 한마디 말을 아마도 30년은 좋이 참구해야 하리라.

> 圓覺老演이 今爲流通이라 點檢將來하니 故無差舛이로다

해석　원각종연 스님이 이제 이 임제록을 유통하려 하기에 점검해 보니 아무런 잘못이 없도다.

강설　원각 스님은 당시의 어록을 간행하고 유통시키는 데 매우 권위 있는 스님으로 알려져 있다. 운문광록(雲門廣錄)도 중간하였다는 기록이 있다. 제자도 1천 2백여 명이나 되며 북송(北宋)의 휘종황제의 청으로 궁중에서 설법한 일도 있는 스님이다. 그 스님이 교감하여 간행하면서 서문을 쓴 마방(馬防)에게 점검해보고 서문을 쓰게 하였던 것이다. 점검한 결과 특히 임제 스님의 종지(宗旨)를 드러내는 데 아무런 손색이 없으며 완전하다는 뜻이다.
　기록을 남기는 것은 때로 사실보다 더 가치가 있는 일이다. 세존이 아무리 훌륭한 성인으로서 일세를 풍미했다 하더라도 그 기록이 없었다면 어떻게 그런 분을 알았겠는가. 우리가 모른다면 그 또한 무슨 가치가 있겠는가. 임제 스님도 역시 같은 경우다. 그래서 이 어록을 간행하여 유통시킨 원각 스님의 공은 바닷물을 먹으로 삼아 쓰고 또 쓴다 하더라도 다할 수 없다.

> 唯餘一喝하야 尙要商量하노라 具眼禪流는 冀無賺擧어다

해석 오직 일할(一喝)을 남겨놓고 헤아려 보기를 바라노니, 눈을 갖춘 선사들은 바라건대 잘못 거량하지 말라.

강설 아직도 한 '할'이 있다. 언어문자로 임제 스님의 사상을 드러낼 수 있는 것은 문자로 다 드러냈으나, 언어문자로 표현할 수 없는 임제 스님의 '할'의 낙처(落處)는 아직 그대로 있으니 언어문자를 떠나고 사량분별을 떠나서 잘 거량해 보라. 그렇다고 도안(道眼)을 갖춘 선사로서 임제할을 함부로 잘못 거론하지는 말라. 임제 스님이 보고 있다. 깊이 경계하고 또 경계할 일이다. 그러나 이것은 오로지 서문을 쓴 마방의 살림살이다.

> 宣和庚子仲秋日에 謹序하노라

해석 선화경자(宣和庚子) 중추일에 삼가 서문을 쓰다

강설 임제록을 출간하기 위하여 서문을 쓴 때는 북송의 휘종황제

선화 2년(서기 1120)이다. 임제 스님이 입적(入寂)하신 지 254년이 되는 해이다. 서문을 강설한 것이 좀 장황한 것 같으나 필자는 좀 미진한 생각이 든다.

鎭州臨濟慧照禪師語錄
住三聖嗣法小師慧然集

해석 진주 임제혜조선사 어록
  삼성사에 사는 법을 이은 소사(小師) 혜연(慧然)이 수집함

강설 임제록은 진주에 있는 삼성사에서 주석했던 임제 스님의 높은 제자 혜연 스님이 편찬하였다. 스승의 어록을 편찬할 수 있는 사람은 당연히 스승에 버금가는 도안(道眼)을 가진 사람이어야 하며, 스승의 법을 이은 사람이어야 한다. 법을 이었다는 사법(嗣法)이라는 말이 그를 증명한다. 소사(小師)란 스승 앞에서 자신을 겸양하여 소승, 부족한 제자 등의 뜻으로 이르는 말이다. 법을 설하면 그것들을 수집하고 정리해서 기록으로 남기는 일을 담당하는 사람이 꼭 있어야 한다. 근년의 큰스님들도 그런 일을 제대로 할 줄 아는 제자가 있는 분들은 돌아가신 후에도 더욱 빛을 발한다. 후대의 사람들에게는 임제 스님보다 못하지 않는 일로 평가된다. 그러므로 혜연 스님은 당연히 임제 스님 버금가는 분이다.

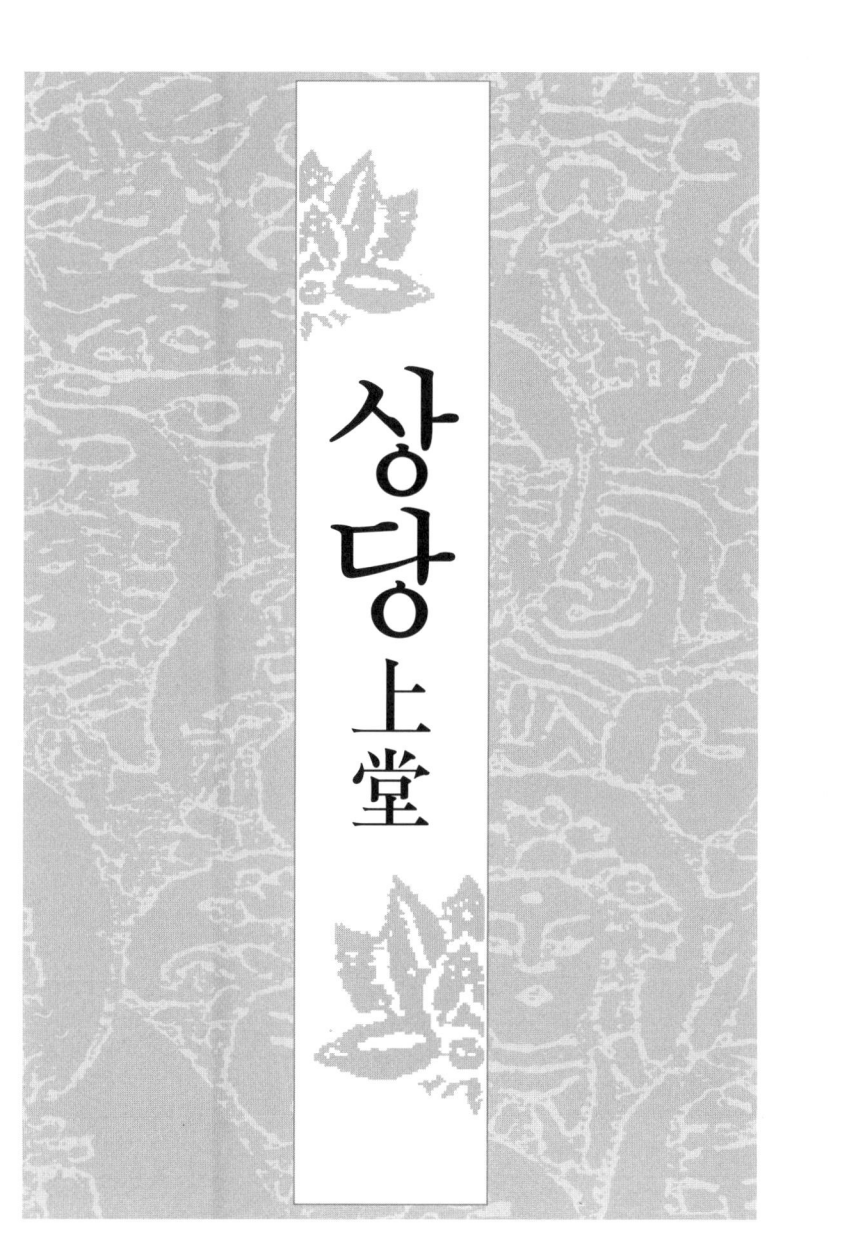

상당 上堂

상당(上堂)

강설 임제록에 실려 있는 내용을 그 형식에 맞추어 분류하면 서문 (序文)·상당(上堂)·시중(示衆)·감변(勘辨)·행록(行錄)·탑기(塔記) 이렇게 여섯 종류가 된다. 상당이란 선지식이 특정한 날에 법상에 높이 올라 설법하는 것을 말한다. 결제나 해제나 그 외의 의미 있는 날에 총림에서 행해진다. 그러므로 법문의 내용도 가장 격이 높다. 시중이나 만참(晚參), 소참(小參) 같은 경우의 법문은 대종장이 행한 법문이라도 상당법어와는 그 격이 다르다. 법상에 높이 올라가서 법문을 할 때는 상당법문이 되므로 반드시 상당법문답게 종지(宗旨)·종풍(宗風)을 거량해야 한다.

1-1 전쟁의 시작

府主王常侍가 與諸官으로 請師陞座하니 師上堂云, 山僧今日에 事不獲已하야 曲順人情하야 方登此座하나 若約祖宗門下하야 稱揚大事인댄 直是開口不得이라 無儞措足處니라 山僧此日에 以常侍堅請이니 那隱綱宗이리오 還有作家戰將하야 直下展陣開旗麼아 對衆證據看하라

해석 하북부의 부주 왕상시가 여러 관료들과 더불어 임제 스님께 법상에 오르시기를 청하니 스님이 법상에 올라 말씀하셨다.

"산승이 오늘 어쩔 수 없이 인정에 따라서 겨우 이 자리에 올랐으나 만일 조사들이 면면히 이어온 전통에 입각하여 큰일을 드날려 본다면 곧바로 입을 열 수가 없다. 또 그대들이 발붙일 곳도 없다. 그런데 산승에게 오늘 왕상시가 간곡히 청하니 어찌 근본종지를 숨길 수 있겠는가. 여기에 이름 난 장군(作家)이 있다면 곧바로 진을 펼치고 깃발을 열어서 대중들에게 그 증거를 보여라."

강설 먼저 글의 단락을 나누고 번호를 붙인 것은 뜻을 더욱 잘 파악하자고 임의로 나눈 것이다. 매 단락마다 담긴 뜻을 요약해서 그 제목을 붙인 것도 이해에 도움을 주고자 한 것이다. 그러나 오히려 다른 길로 흐르게 하지는 않았는가 해서 좀 염려가 된다.

부주는 하북부의 지방장관이다. 우리로 치면 도지사 정도에 해당한다. 상시(常侍)라는 말도 관직의 이름으로서 항상 왕의 좌우에 있으면서 국사를 의논하는 직책이다. 부주이면서 상시라는 벼슬을 지낸 사람이니 외호(外護)인연으로서는 법을 펴기에 손색이 없다. 자고로 선지식이 한 지역에서 법을 펴는 데는 외호인연뿐만 아니라 토지인연, 납자인연, 단월인연, 도(道)인연이 있어야 한다고 했다. 임제 스님은 이 왕상시로 인해서 당신의 법을 펴는 데 아무런 어려움이 없게 되었다.

법이란 언어나 사량으로 표현할 일이 아니다. 언어로 표현하는 것이 부처님이나 조사님의 본마음은 더욱 아니다. 하지만 간청하는 사람이 있을 때는 좀 흠이 되는 부담을 안고라도 어쩔 수 없이 언어로 거량할 수밖에 없는 일이다. 마치 굽은 화살로도 원숭이를 쏘아 맞히는 일이 있을 수 있다. 그렇더라도 내가 먼저 무어라고 말할 수는 없는 일이다. 특히 일대사인연을 거론함에 있어서는 스승도 입을 열 수가 없고 학인도 발붙일 곳이 없다. 더구나 임제록의 안목은 언어도단하고 심행처멸한 자리다.

그 모든 것을 감안하고라도 혹 이 자리에 법의 깃발을 세우고 종풍을 드날릴 자신이 있는 사람이 있거든 어디 한번 나와서 진을 펼치고 깃발을 열어서 그 솜씨를 보여라. 목숨을 걸고 한바탕 겨뤄보자. 당시의 사회적 분위기에 걸맞는 전쟁의 용어를 써서 법거량을 하고자 한다. 매우 살벌하고 긴장감이 도는 분위기다. 그러나 당시로서는 퍽 생동감이 넘치는 표현이었다.

1-2 불교의 대의

> 僧問, 如何是佛法大意오 師便喝한대 僧禮拜어늘 師云,
> 這箇師僧이 却堪持論이로다

해석 한 스님이 물었다.
"무엇이 불교의 대의입니까?"
임제 스님이 곧 "할!"을 하시니, 그 스님이 절을 하였다.
임제 스님이 말씀하셨다.
"이 스님과는 법담(法談)을 나눌 만하구나."

강설 청천백일에 천둥 치고 번개 치는 일이다. 임제 장군의 막하에 목숨을 담보로 녹쓴 칼을 비껴들고 하늘을 덮는 기개로 바람을 몰아가며 뛰어 나온 장수가 있다. 관우인가. 장비인가. 조자룡인가.

불교의 대의가 무엇인가? '할' 이다. 참 간단하다. 일도필살(一刀必殺)의 검법이다. 혹자는 이 '할' 을 부처와 부처끼리 통할 일이고 범부의 측량할 바가 아니라고 말한다. 하지만 사실 그렇게 복잡할 까닭은 하나도 없는 것이 불교다. 질문을 하고, 그 질문을 듣고, 들은 사실에 대해서 즉시 반응하는 이 사실이다. 여기에는 처음도 끝도 오직 활발발한 사람이 있을 뿐이다. 사람이 불법이기 때문에 이렇게 살아있는 사람이 있음을 보여준 것이다. 한 번의 '할' 소리에 육종 십팔상(六種 十八相)으로 진동하였다. 삼신(三身)과 사지(四智)와 팔해탈(八解脫)·육신통(六神通)이 이 '할' 에 다 있다.

얼마나 많은 사람들이 이 불법대의에 목숨을 걸었던가. 또 얼마나 많은 사람들이 이 불법대의에 인생을 걸었던가. 한량없는 세월 동안 인생을 걸고 목숨을 버린 일이 무량 무수 아승지일 것이다. 세존의 6년 고행도, 달마의 9년 면벽도 모두가 이 불법대의 때문이었다. '할' 이라는 그 한 마디. 그렇게 간단한 것을 위하여.

임제할, 덕산방이라 하여 임제 스님의 불법가풍을 흔히 '할' 로 설명하는 연유가 여기에 있다. 임제 스님이 교화를 편 이후부터 오직 '할' 과 '방' 으로 학인들에게 보였다. 그래서 내방하는 사람이 문에 들어오기가 바쁘게 곧바로 '할' 을 하였다.

어느 비구니스님들의 선원에서 여름 안거를 마치던 날이었다. 차를 마시면서 입승스님이 여름 한 철을 공부한 소감을 물었다. 구참(舊參)스님들부터 돌아가면서 이런 저런 소감들을 이야기하다가 탁자 밑에 앉아있는 어느 초심자의 차례가 되었다. 그 스님 왈, "나는 '할' 이요." 하고 기어들어가는 목소리로 겨우 말했다. 순간 큰 방이 온통 박장대소하는 웃음바다가 되었었단다. 연필 깎는 주머니칼을 들고 그 무서운 싸움터에 나온 것이다. 그 이야기가 얼마나 오랫동안 즐거운 공양이 되었는지 모른다. 그도 또한 불법의 대의를 아는 사람이리라.

임제 스님의 법을 전해 받은 법손들은 최소한 이렇다. 스님들의 법문에는 으레 '할' 이 따른다. 심지어 한 생애의 영결을 고하는 장례식장에서도 '할' 이 난무한다. '할' 을 하고 싶어서 몸살이 난 것이다. 불교의 대의이기 때문이다. 임제 스님의 흉내를 낸다 하더라도 너무 심한 정도다.

1-3 세 번 묻고 세 번 맞았다

問, 師唱誰家曲이며 宗風嗣阿誰오 師云, 我在黃檗處하야 三度發問하야 三度被打니라 僧擬議한대 師便喝하고 隨後打云, 不可向虛空裏釘橛去也니라

해석 스님이 물었다.

"선사께서는 누구 집의 노래를 부르며 어느 분의 종풍을 이었습니까?"

임제 스님이 말씀하셨다.

"나는 황벽 스님 처소에서 세 번 묻고 세 번 얻어맞았다."

그 스님이 우물쭈물 머뭇거리자 임제 스님이 "할!"을 하고 뒤이

어 내려치며 말하였다.

"허공에 말뚝을 박을 수는 없느니라."

강설 임제 스님은 황벽 스님의 법을 이었다. 황벽 스님은 백장(百丈, 749~814) 스님의 법을 이었고, 백장 스님은 마조(馬祖, 709~788) 스님의 법을 이었다. 마조 스님은 남악(南嶽, 677~744) 스님의 법을 이었고, 남악 스님은 육조혜능(638~713) 대사의 법을 이었다.

이렇게 설명해야 할 것이지만 "나는 황벽 스님 처소에서 세 번 묻고 세 번 얻어맞았다."라고 하여 자신의 전법내력을 여운이 있고 의미심장하게 밝혔다.

불법(佛法)이니 종풍(宗風)이니 하는 것이 무엇인가. 임제 스님이 황벽 스님에게 가서 불법의 대의를 물었는데 황벽 스님은 다짜고짜 20대의 몽둥이로 임제를 후려쳤다. 그렇게 간단히 불법을 열어주고, 보여주고, 깨닫게 해주고, 불법 속으로 들어가게 해 주었다. 이렇게 하기를 세 차례나 묻고 세 차례나 얻어맞았다. 이것이 그 유명한 삼도발문(三度發問) 삼도피타(三度被打)인 것이다. 스승이 할 수 있는 것은 다 하였고, 제자가 받을 수 있는 것은 다 받았다.

세 번 묻고 세 번 맞은 것이 황벽의 불법이며 또한 임제의 불법인 것이다. 따라서 부처님의 불법이며, 역대 조사들과 천하 노화상들의 불법인 것이다. 묻고 때리는 이 사실 위에 성성역력(惺惺歷歷)하고 역력고명(歷歷孤明)한 무위진인(無位眞人)이 밝은 대낮에 여기 이렇게 빨가벗고 춤을 춘다.

"허공에 말뚝을 박을 수는 없느니라."

그렇다. 소도 비빌 언덕이 있어야 한다. 끈이 짧으면 깊은 우물에는 닿을 수 없다. 이렇게 천하 사람들을 모아놓고 불법을 드날리는 것은 명명백백한 근본뿌리가 있고, 금강보검이 있고, 빼어난 솜씨가 있기 때문이다. 근본도 없는 사람이, 그리고 제대로 된 실력도 없으면서 판을 벌일 수 있겠는가. 언제 어디서 독화살이 날아와서 명줄을 끊어 놓을지 모르지 않는가. 이런 이야기가 맞다면 맞는 말이지만 사실 이 집안의 진짜 종풍은 허공에다 말뚝을 박는 일이다.

1-4 잡초가 무성하다

> 有座主問, 三乘十二分敎가 豈不是明佛性가 師云, 荒草不曾鋤로다 主云, 佛豈賺人也리오 師云, 佛在什麽處오 主無語어늘 師云, 對常侍前하야 擬瞞老僧이로다 速退速退하라 妨他別人請問이니라

해석 어떤 좌주[講師]가 물었다.
"삼승 십이분교(三乘十二分敎)가 어찌 불성을 밝힌 것이 아니겠습니까?"
임제 스님이 말씀하셨다.
"거친 풀을 두고 호미질을 안 했구나."
다시 좌주가 말하였다.
"부처님께서 어찌 사람을 속였겠습니까?"
임제 스님이 말씀하셨다.

"부처님이 지금 어디에 있느냐?"

좌주가 말을 못하므로 임제 스님이 말씀하셨다.

"상시 앞에서 노승을 속이려 하는구나. 어서 빨리 물러나라. 다른 사람이 묻는 것에 방해된다."

강설 법석(法席)의 분위기는 이렇게 하여 점입가경으로 달아오른다. 도지사격인 부주가 주관하여 열리고 있는 이 무차대법회에는 남녀노소와 승속과 지위고하를 막론하고 귀가 있는 사람들은 모두 모였다. 참으로 역사에 길이 남는 대단히 중요한 법회다. 불교사에 있어서 세존이 성도하시고 처음으로 열린 화엄법회와 같으며, 성도 40년 후 영축산 영산회상의 법회와 다를 바 없다.

요즈음으로 치면 강사격인 좌주가 대뜸 나와서 묻는다. "부처님의 팔만대장경 속에 당신이 밝히려고 하는 불성이 다 밝혀져 있는데 다시 무슨 말이 더 필요하여 이런 거창한 법회를 열어서 야단법석인가?" 임제 스님이 보기에는 그런 말을 하는 그 마음이 너무도 황폐해 있다. 불법을 공부한다고는 하였으나 그 영혼은 거친 풀이 무성할 뿐이다. 전혀 정리되지도 않았다. 다듬어지지도 않았다.

"부처님이 지금 어디에 있느냐?"라고 했을 때 좌주는 아무런 말을 하지 못했다. 생생하고 활발발한 산부처님을 보여 주었어야 했다. 좌주는 몇 생에 한 번 있을까 말까한 기회를 놓치고 말았다. "노승을 속이려 하는구나."라고 했지만 속이기야 했겠는가. 실력이 그것뿐인 것을. 임제 스님은 대중에 대한 기대가 컸던 것이다.

1-5 입을 열면 벌써 틀린다

> 復云, 此日法筵은 爲一大事故니 更有問話者麼아 速致問來하라 儞纔開口하면 早勿交涉也니라 何以如此오 不見가 釋尊云, 法離文字며 不屬因不在緣故라하니라 爲儞信不及일새 所以今日葛藤이라 恐滯常侍與諸官員하야 昧他佛性이니 不如且退니라 喝一喝云, 少信根人은 終無了日이로다 久立珍重하라

해석 임제 스님이 다시 말했다.

"오늘의 법회는 일대사(一大事)를 위한 것이니 다시 묻고 싶은 사람이 있으면 빨리 물어라. 그대들이 막 입을 열면 일대사와는 벌써 교섭할 수 없게 된다. 왜 그럴까? 보지 못했는가. 세존이 말씀하시기를 '법은 문자를 떠났으며 인(因)에도 속하지 않고 연(緣)에도 있지 않다'고 하셨기 때문이다. 그대들의 믿음이 모자라는 까닭에 오늘 이렇게 어지러이 갈등을 하는 것이다. 왕상시와 여러 관원들을 꽉 막히게 하고 불성을 어둡게 할까 염려된다. 물러가는 것이 차라리 낫겠다." 하시며, "할!"을 한 번 하시고는 말했다.

"믿음의 뿌리가 적은 사람들은 마침내 일대사의 일을 마칠 날이 없다. 오래 서 있었으니 편히 쉬어라."

강설 오늘의 법회는 일대사를 밝히기 위해서 열린 것이다. 일대사란 다른 말로 하면 인생의 실상이요, 제법의 실상이며, 우주와 생명의 실상이다. 그러나 일대사란 무어라고 입을 열면 벌써 틀려버

린다. 왜냐하면 부처님이 말씀하셨듯이 법(法)이란, 즉 일대사란 원인이 있고 결과가 있어서 만들어 진 것이 아니다. 수행을 쌓아서 성취하는 물건이 아니다. 참선을 하고 염불을 하고 간경을 해서 얻어지는 것이 아니다. 고행을 하고 6바라밀을 닦아서 얻어지는 물건이 아니다. 본래로 있는 것이다. 불생불멸(不生不滅)한 것이며 부증불감(不增不減)한 것이다. 본래 여여(如如)한 것이다. 이렇게 보고 듣고 알고 느끼고 하는 사실이다.

여기에서 무엇이 모자라는가. 완전무결하다. 이러한 사실을 모르는, 또 이러한 이치를 듣고도 믿지 못하는 사람들 때문에 오늘처럼 이렇게 갈등하는 것이다. 다시 한 번 말하지만 본래 아무 일이 없는 이 이치에 대하여 믿음이 부족한 사람들은 이 일대사를 마칠 날이 없다. 법회 서두에 불교의 대의를 물었을 때 임제 스님은 '할' 로써 대답하셨다. 굳이 일대사를 표현하라면 나도 '할' 이다.

2 정안(正眼)이란

師因一日에 到河府한대 府主王常侍가 請師陞座하니라 時麻谷出問, 大悲千手眼에 那箇是正眼고 師云, 大悲千手眼에 那箇是正眼고 速道速道하라 麻谷拽師下座하고 麻谷却坐하니 師近前云, 不審이로다 麻谷擬議한대 師亦拽麻谷下座하고 師却坐라 麻谷便出去어늘 師便下座하니라

해석 임제 스님이 어느 날 하북부에 갔더니 부주 왕상시가 스님을 청해서 법좌에 오르게 했다. 그 때에 마곡 스님이 나와서 물었다.

 "대비보살의 천수천안 중에서 어느 것이 바른 눈입니까?"

 임제 스님이 말했다.

 "대비보살의 천수천안 중에서 어느 것이 바른 눈인가? 빨리 말하라."

 그러자 마곡 스님이 임제 스님을 법좌에서 끌어내리고 대신 법좌에 올라앉았다.

 임제 스님은 마곡 스님 앞으로 가까이 가서 "안녕하십니까?"라고 하니, 마곡 스님이 어리둥절하여 머뭇거렸다. 임제 스님도 또한 마곡 스님을 법좌에서 끌어내리고 다시 그 자리에 앉았다. 마곡 스님은 곧바로 밖으로 나가 버렸다. 그러자 임제 스님도 곧 법좌에서 내려왔다.

강설 관세음보살의 천수천안 중에 어느 것이 정안(正眼)인가? 하고 물었는데 임제 스님은 똑같은 질문으로 대답하였다. 관음보살에게는 천수 천안뿐만 아니다. 천 손 만 손 팔만 사천 모다라 손이 있고, 천 눈 만 눈 팔만 사천 모다라 눈이 있다. 몇 개의 눈이 있든지 관계없이 이와 같은 형식의 법담은 조사스님들에게 자주 보인다. 능엄경에도 있다. 설법제일의 부루나가 "청정본연(清淨本然)한데 어떻게 해서 홀연히 산하대지(山河大地)가 생겼습니까?"라고 물으니 부처님은 똑같이 "청정본연한데 어떻게 해서 홀연히 산하대지가 생겼는가?"라고 되묻는다.

 임제 스님과 마곡 스님이 천수천안의 질문을 주고받은 것과, 법좌에서 끌어내리는 일을 주고받은 것과 세존과 부루나가 똑같은 말로 법담을 주고받은 것을 한데 묶어서 저 삼계(三界) 밖으로 던져 버리고 싶다. 비록 그것을 부처와 부처의 경계요, 조사와 조사들이 주인과 손을 서로 바꿔가며 상즉상입(相卽相入)의 무애자재한 경지를 보여준 것이라 하더라도.

　천 개의 눈은 그만두고 그대의 한 개의 눈은 어떤가? 이렇게 환하게 보고 있으니 어찌하겠는가? 똑똑히 듣고 있으니 어찌하겠는가? 그래서 청정본연하지 않은가? 청정본연하니까 산하대지가 이렇게 있지 않은가?

　마곡 스님이 밖으로 나가버린 것이나, 임제 스님이 바로 법좌에서 내려온 것은 생생하게 살아있는 진정한 정안을 보여준 멋진 마무리라고 하겠다. 두 사람이 합작으로 엮어낸 빼어난 법문이다. 선가에서는 그것을 빈주호환(賓主互換)이라고 한다.

3 무위진인(無位眞人)

> 上堂云, 赤肉團上에 有一無位眞人하야 常從汝等諸人面門出入하나니 未證據者는 看看하라 時有僧出問, 如何是無位眞人고 師下禪床把住云, 道道하라 其僧擬議한대 師托開云, 無位眞人이 是什麽乾屎橛고하시고 便歸方丈하다

해석　법상에 올라 말씀하셨다.

"붉은 몸뚱이에 한 사람의 무위진인(無位眞人)이 있다. 항상 그대들의 얼굴을 통해서 출입한다. 아직 증거를 잡지 못한 사람들은 잘 살펴보아라."

그 때에 한 스님이 나와서 물었다.

"어떤 것이 무위진인(無位眞人)입니까?"

임제 스님이 법상에서 내려와서 그의 멱살을 꽉 움켜잡고 "말해 봐라. 어떤 것이 무위진인가."

그 스님이 머뭇거리자 임제 스님은 그를 밀쳐버리며 말했다.

"무위진인이 이 무슨 마른 똥막대기인가."라고 하시고는 곧 방장실로 돌아가 버렸다.

강설 임제록에서 한 구절만 택하라면 바로 이 무위진인이다. 불교는 달리 표현하면 대해탈(大解脫), 대자유(大自由)를 구가하는 종교다. 그 대자유, 대해탈을 어디서 찾을 것인가. 바로 이 무위진인이 답이다. 이는 문자나 이론으로 이해되는 것이 아니다. 수행하고 증득하는 것도 해당되지 않는다. 무위진인은 이 육신을 근거로 해서 존재하는 사람이다. 남녀노소와 동서남북과 재산이 있고 없고, 지위가 있고 없고에 아무런 차별이 없이 동등하게 존재하는 사람이다. 차별이 있는 사람은 가짜사람이다. 차별이 없는 사람이 참사람이다[차별 없는 참사람]. 무위진인은 사람의 얼굴을 통해서 출입한다. 웃기도 하고 울기도 하고 보고 듣고 느끼고 알고 하면서. 또 손과 발을 통해서도 출입한다. 그리고 이 사람의 값은 백두산 크기의 백만 개만한 다이아몬드의 값보다도 억만 배 더 나간다.

그렇게 얼굴을 통해서 출입하는 모습이 분명하고 확실하건마는 스스로는 잘 알지 못한다. 그래서 한 스님이 새삼스럽게 "무위진인이 무엇입니까?" 하고 물은 것이다. 자신이 무위진인이면서 달리 무위진인을 찾는 것이다. 종로에 서서 "서울이 어디입니까?" 하고 묻는 것이다. 안타깝다. 그래서 임제 스님은 "너 무위진인아, 어디 한번 대답해 봐라." 무위진인은 무위진인만이 알 수 있으니까. 한데 어찌된 일인지 무위진인은 대답이 없다. 똥막대기 같은 무위진인을 뒤로 하고 방장실로 돌아가는 것으로써 임제 스님은 대해탈, 대자유의 무위진인을 잘 보여주었다.

이 무위진인 말고 어디서 대해탈을 누릴 것인가. 어디서 대자유를 누릴 것인가. 불교는 이렇게 명료하다. 명명백백, 소소영령 그 자체다. 너무 밝아서 눈이 부신다. 마치 천 개의 태양이 동시에 떠 있는 듯하다. 지금 보고 듣고 하는 이 사실이다.

임제일구치천금(臨濟一句置千金). 임제록의 이 한 구절의 법문이 천금의 값을 한다. 아니 어찌 천금으로 그 값을 대신하겠는가. 만고에 빼어난 말씀이다.

어느 해(1971년) 겨울철 봉암사에서 서옹 스님이 임제록을 강의하시면서 들려준 말씀이 있다. 일본의 어느 유명한 선사는 전쟁을 맞아 원자폭탄으로 일본열도가 불에 탈 때 "일본이 다 타도 이 임제록 한 권만 남아있으면 된다."라고 하였단다. 필자는 이 한마디로써 일본에 사람이 있음을 믿는다. 그래서 일본을 얕보지 않는다. 임제록을 알아보는 사람이 있는데 어찌 얕볼 수 있겠는가. 나는 도반의 절을 방문했을 때 그의 방에 '무위진인(無位眞人)'이나 '수처작주(隨處作主)'라는 족자가 하나만 걸려 있으면 그 도반을 달리 본다. 더 친해지고 더 존경하게 된다. 글씨야 졸필이든 말든 관계없다.

4-1 할, 할, 할

> 上堂에 有僧出禮拜어늘 師便喝한대 僧云, 老和尙은 莫探頭好로다 師云, 儞道하라 落在什麽處오 僧便喝하니라 又有僧問, 如何是佛法大意오 師便喝한대 僧禮拜어늘 師云, 儞道하라 好喝也無아 僧云, 草賊大敗로다 師云, 過在什麽處오 僧云, 再犯不容이로다 師便喝하니라

해석 임제 스님이 법상에 오르니 한 스님이 나와서 절을 하였다.
임제 스님이 곧 바로 '할'을 하였다.
그 스님이 말했다.
"노화상께서는 사람을 떠보지 마십시오."
임제 스님이 말씀하셨다.
"네가 말해 보아라. '할'의 의도가 무엇인가?"
그 스님이 곧바로 '할'을 했다.
또 어떤 스님이 물었다.
"어떤 것이 불법의 큰 뜻입니까?"
임제 스님이 문득 '할'을 하니, 그 스님은 예배를 하였다.
임제 스님이 말씀하셨다.
"네가 한번 말해봐. 이 할이 훌륭한 할인가?"
그 스님이 말했다.
"초야의 도적[草賊]이 크게 패했습니다."
임제 스님이 말씀하셨다.
"무엇을 잘못했는가?"

그 스님이 말했다.
"두 번 잘못은 용서하지 않습니다."
임제 스님이 곧 바로 '할'을 했다.

강설 임제 스님은 역시 할이다. 예배를 드려도 할이요, 불교를 물어도 할이다. 나에게서 불교(無位眞人) 외에 다른 것은 찾지 말라는 뜻이다. 우리가 만나서 불법 외에 주고받을 일이 무엇이 또 있겠는가.

호사가들은 할에도 사람을 떠보는 할과 법을 바로 보이는 할과 상대를 제압하는 할 등등을 말한다. 여기 이 스님도 할의 진정한 뜻을 모르므로 "노화상께서는 사람을 떠보지 마십시오"라고 하였다. 그래서 임제 스님은 "그렇다면 할의 낙처가 어디에 있는가를 말해보라."고 하셨다. 그가 곧바로 '할'로 답한 것은 잘한 일이다.

곧 이어서 또 한 스님이 나와 불교의 대의를 물었다. 임제 스님은 또 '할'로 답하셨다. 그 스님은 '할'에 대한 대응을 예배로 했는데, 임제 스님은 "이 할이 훌륭한 할인가." 하니까 이 스님은 임제 스님을 초야의 도적으로 몰아놓고 초야의 도적이 크게 패하였다고 하였다. 임제 스님의 "이 할이 훌륭한 할인가."라는 말은 잘못되었다는 지적이다. 그랬더니 임제 스님은 그의 뜻을 받아들여서 "내가 무엇을 잘못했는가"라고 하였다. 그는 선문답에서 말이 달릴 때 잘 쓰는 "두 번 잘못은 용서하지 않습니다."라고 하였고, 임제 스님은 역시 '할'로써 마무리를 지었다.

'할'도 실은 부득이해서 하는 일이다. 그러나 도(道)를 표현하고, 법(法)을 표현하고, 불교를 표현하고, 사람의 삶을 표현하는 가장 간단명료한 방법이다. 불교는 이렇게 간단명료하다. 먼지 하나 붙지 않은 자리다. 이 '할'에 무슨 이론이나 수행이나 깨달음이 붙을 수 있겠는가. 본래로 불교 공부란 문자와 이론을 내세우지 않는다. 생각하고 분별하는 것도 필요로 하지 않는다. 수행하고 증득하고 깨닫고 하는 것과 전혀 관계없는 것으로써 으뜸을 삼고 최상으로 여기기 때문이다.

4-2 주인과 손님이 분명하다

> 是日에 兩堂首座相見하고 同時下喝하니 僧問師호대 還有賓主也無아 師云, 賓主歷然이로다 師云, 大衆아 要會臨濟賓主句인댄 問取堂中二首座하라하고 便下座하다

해석 이 날은 양당의 두 수좌가 서로 보고 동시에 '할'을 하였다.
어느 스님이 임제 스님에게 물었다.
"그 할에 손님과 주인이 있습니까?"
임제 스님이 말씀하셨다.
"손님과 주인이 분명히 있다."
임제 스님이 말하시기를,
"대중들아, 임제의 손님과 주인의 도리(賓主句)를 알고 싶으면 승당의 두 수좌에게 물어 보아라." 하시고 자리에서 내려오셨다.

강설 줄탁동시(啐啄同時)의 소식이다. 또한 큰 불구덩이 속에서 솜

털을 가지고 노는 일이 생겼다. 이 날의 법회는 본래 전당(前堂)과 후당(後堂) 두 선방의 두 수좌가 서로 눈을 마주치는 순간 동시에 '할'을 한 데서부터 발단이 되었다. 언제나 주객이 나누어 질 수 없는 혈혈단신, 독보건곤, 유아독존, 한 사람의 무위진인을 표방하는 임제의 깃발이 푸른 하늘에 펄럭이고 있다. 그 깃발 아래 대중들은 숨이 막힐 지경이었는데, 기회는 왔다고 생각한 어떤 스님이 두 수좌의 동시 할을 들고 나와 시비를 걸었다. "두 사람의 할에 주객이 따로 있습니까?" 일이 벌어진 상황은 분명히 있어야 하고, 임제의 입장에서는 없어야 하는 처지다. 아니 본분종사의 견해로는 당연히 없어야 한다. 그러나 없다고 대답하면 그 역시 틀리는 말이다. 그런데 임제 스님의 대답은 그의 기대와는 달리 빗나가고 말았다. "주객이 분명히 있다."고 하였다.

임제 스님은 틈을 주지 않고 "임제의 주객이 분명히 있다고 한 소식을 알려면 할을 한 당사자인 두 수좌에게 물어 보라."라고 하였다. 주객이 있다, 없다는 말 대신 주객의 근본을 멀리 날려 보내버렸다. 마치 낚싯대를 늦추어서 잡힌 고기를 살려 주는 듯하다가 다시 확실하게 잡아당겨 명줄을 끊어 놓는 격이다.

일체 세상사는 모두가 주객이 나누어 진 데서부터 벌어지고, 다시 삼라만상(森羅萬象)과 우주만물이 벌어진 것이다. 이렇게 하여 경계에 끌려 다니게 되면 고향에 돌아올 기약이 없다. 나의 본래면목(本來面目)과 본지풍광(本地風光)을 볼 날이 없다. 임제 스님은 그런 사실들을 이처럼 간단명료하고 상큼하게 해결하였다.

5-1 불교의 대의가 무엇인가

> 上堂에 僧問, 如何是佛法大意오 師竪起拂子하니라 僧便喝하니 師便打하다 又僧問, 如何是佛法大意오 師亦竪起拂子한대 僧便喝이어늘 師亦喝하니 僧擬議어늘 師便打하니라

해석 법상에 오르자, 한 스님이 물었다.
"무엇이 불교의 대의입니까?"
임제 스님이 벌레를 쫓는 불자(拂子)를 세워들었다. 그러자 그 스님이 곧 '할'을 하니, 임제 스님이 바로 후려쳤다.
또 다른 스님이 물었다.
"무엇이 불교의 대의입니까?"
임제 스님이 또 불자(拂子)를 세워들자, 그 스님도 곧 '할'을 하였다.
임제 스님이 또 '할'을 하니 그 스님이 머뭇거리자 임제 스님이 곧 후려쳤다.

강설 이 대목에 대해서 함부로 주각을 달거나 설명을 하지 말라는 엄명이 있다. 하지만 필자는 말하고 싶다.
임제록은 불법의 대의에 잠 못 이루는 사람들을 위한 책이다. 인생의 진정한 의미에 몸살이 난 사람들을 위한 가르침이다. 그러므로 불법에 대해서, 인생에 대해서 관심이 없는 사람들은 읽어도 무슨 말인지 모를 것이다. 불교의 대의는 실로 모든 사람들

의 영원한 화두(話頭)다. 불교를 공부하는 사람들의 천형(天刑)이다. 진정한 불교가 무엇일까? 도(道)가, 진리가, 무엇일까? 인생의 실상은 무엇일까? 하는 이러한 문제의식이야말로 사람을 사람답게 하는 길이다.

헌데 여기에 너무나 쉽고 간단한 답이 있다. 사람의 사는 모습 그대로가 불교다. 진리다. 도다. 그 사람 그대로가 불교인데 다시 물으니 무어라고 일러줄 수밖에 없다. 가장 쉽고 간단명료하게 열어 보여주고 깨닫게 해 주고 그 속에 들어가게 한 것이다. 그래서 매일 매일 행복하게 하였다(日日是好日).

임제 스님은 누구보다도 친절하고 자비스러운 분이다. 그런데 왜 불교를 어렵게 설명하겠는가. 가장 알아듣기 쉽고 바르게 가르쳐 주는 분이다. 지혜와 자비가 충만하고 그 가르침이 가장 뛰어난 분이다. 그래서 불교역사상 가장 큰 선지식이다. 임제 스님 이후에는 모든 조사들과 노화상들과 선지식들이 다 임제 스님의 법을 이었노라고 자랑하고 있다. 임제 스님의 후손이 아니면 명함을 내밀지 못한다. 사찰마다 즐비한 비문(碑文)들이 그를 증명한다.

그 간단명료하고 쉽고 바른 가르침이 여기에 있다. "불교가 무엇입니까."라고 하는 질문에, 늘 앉은 자리 가까이에 두어 먼지도 털고 벌레도 쓸어내는 도구인 불자를 들어 보인 것이다. 세존은 영산회상에서 꽃을 들어 보이셨는데 임제는 불자를 들어 보였다. 나는 안경이 늘 가까이 있으니 안경을 들어 보였을 게다.

보여주면 알려는가. 들려주면 알려는가. 때려주면 알려는가. 그래서 불자를 보여도 주고, '할'을 하여 들려도 주고, 때로는 주먹으로, 때로는 몽둥이로 때려주기도 하였다. 그렇게 노파심으로 모든 정성을 다 쏟아서 열어주고 보여주고 깨닫게 해주고 들어가서 노닐게 해 주었다.

말이 난 김에 불자(拂子)에 대해서는 확실한 이야기를 해 두고 싶다. 부처님께서 어느 날 광엄성(廣嚴城)의 미후지(彌猴池)라는 못 옆에 있는 고각당(高閣堂)에 계셨다. 여러 비구들이 모기와 온갖 벌레들의 침입을 받았다. 상처 난 곳에 붙어서 쏘고 빨아 먹으므로 가려워서 견딜 수가 없었다. 부처님께 말씀드렸더니 부처님은 여러 비구들에게 모기나 벌레를 떨어내는 도구를 소유해도 된다는 허락을 하셨다. 그래서 그 후부터는 비구들이 떨이개(拂子)를 갖게 되었다. 뒷날 법을 쓰는 도구로도 사용하게 된 것이다.

5-2 다시 한 번 맞고 싶다

> 師乃云, 大衆아 夫爲法者는 不避喪身失命이니 我二十年에 在黃檗先師處하야 三度問佛法的的大意라가 三度蒙他賜杖하야 如蒿枝拂著相似하니라 如今에 更思得一頓棒喫하니 誰人爲我行得고 時有僧出衆云, 某甲行得이니다 師拈棒與他한대 其僧擬接이어늘 師便打하다

해석 그리고 나서 임제 스님이 말씀하셨다.

"대중들아! 대저 법을 위해서 사는 사람들은 몸과 목숨 잃는 것을 피하지 말아야 한다. 나는 20년 전에 황벽 스님의 회상에 있을 적에 세 번이나 불법의 확실한 대의(佛法的的大意)를 물었다가 세 번

이나 황벽 스님이 몽둥이 하사하는 것을 얻어맞았다. 그 때 마치 부드러운 쑥대가지로 쓰다듬어 주는 것 같았다. 지금 생각해보니 다시 한 번 그 몽둥이를 얻어맞고 싶구나. 누가 나를 위해서 그렇게 해 주겠는가?"

그 때 한 스님이 대중 가운데에서 나와서 말하였다.

"제가 해 보겠습니다."

임제 스님은 몽둥이를 건네주려고 하고 그 스님은 받으려고 하는데, 임제 스님이 곧바로 후려쳤다.

강설 그 날 법회에서 대중들이 불법의 대의를 물어오자, 옛날 자신이 불법의 대의를 묻다가 황벽 스님에게 몽둥이를 얻어맞은 기억이 나서 말씀하신 것이다. 법을 위해서 몸을 잊어버린다[爲法忘軀]는 말이 있다. 세존의 6년 고행도 그렇다. 선재동자의 구법행각도 그렇다. 설산동자가 법을 위하여 나찰귀신에게 몸을 던진 예가 그렇다. 임제 스님은 법을 위해서 사는 사람들은 몸과 목숨을 잃어버리는 것을 생각해서는 안 된다고 말씀하신다.

불법을 물으러 갔다가 20방망이씩 세 차례나 죽도록 얻어맞았다. 그런데 법을 위한 간절한 마음에서 마치 당시 풍습의 하나인 갓난 아기에게 잘 성장하기를 축원하는 의식으로 쑥대로써 부드럽게 쓰다듬어 주는 것 같았다고 술회한다. "지금 생각해 보니 그 때가 그립다. 누가 나를 위해서 다시 한번 그렇게 해 주겠는가?" 하고 물었다. 달은 밝고 시원한 바람이 부는데 임제 스님은 오늘 친 그물에 혹시 고기 한 마리를 건질 수 있을까 했는데, 바로 그 때 큼직한 것이 한 마리 걸려들었다. 목숨을 아끼지 않는 자다. 몽둥이를 건네주려고 하다가 곧바로 후려쳐서 깔끔한 마무리를 했다. 참으로 자비로우시며 자상하시다. 불법대의를 그렇게 간단하고 명료하게 보인 것이다.

6-1 칼날 위의 일

> 上堂에 僧問, 如何是劍刃上事오. 師云, 禍事禍事로다 僧擬議한대 師便打하다

해석 임제 스님이 법상에 오르자 어떤 스님이 물었다.
"어떤 것이 칼날 위의 일입니까?"
임제 스님이 말씀하셨다.
"큰일 났다. 큰일 났어."
그 스님이 머뭇거리자, 임제 스님이 곧바로 후려쳤다.

강설 어떤 스님이 칼날 위의 일을 물었다. 여기서 칼날 위의 일이란 달리 말하면 언어로 표현할 수 없고 사량분별(思量分別)로 요량할 수 없는 절대의 경지를 말한다. 일대사(一大事)며 본분사(本分事)다. 언어로 표현할 수 없는 절대의 경지를 '칼날 위의 일'이라고 한 뒤, 대답하라고 하므로 실로 위험천만한 일이 아닐 수 없다. 그야말로 "큰일 났다. 큰일 났어." 목숨이 경각에 달린 일이다.

그렇다면 무엇이 언어로 표현할 수 없는 절대의 경지며, 일대사며, 본분사인가? 수행도 붙지 못하는 자리이며, 깨달음도 붙지 못

하는 자리인가? 임제 스님은 후려쳤지만 나는 "할!"이다.

6-2 우물 속에 빠져버렸다

> 問, 秖如石室行者가 踏碓忘却移脚은 向什麼處去오
> 師云, 沒溺深泉이니라

해석 한 스님이 물었다
 "저 석실 행자가 방아를 찧다가 다리 옮기는 것을 잊어버렸다 하니 어느 곳으로 간 것입니까?"
 임제 스님이 말하였다.
 "깊은 우물 속에 빠져 버렸다."

강설 석실 행자는 청원(青原) 스님의 4세손인 석실선도(善道) 스님을 말한다. 당나라 무종(武宗, 814~846)이 도교를 숭상하고 불교를 배척하는 일로 인하여 스님은 속복을 입고 살았다. 그 후 법난이 끝나고 불교가 다시 회복되었으나 석실 스님은 늘 속복을 입고 있었다. 그래서 행자(行者)라고 불리게 되었다.
 석실 행자는 정진이 순일하여 디딜방아를 찧다가 생각이 끊어져서 다리 옮기는 것을 잊어버렸다. 특기할 만한 일이라 오랫동안 여러 사람들의 입에 오르내렸다. 그래서 "이러한 공부를 어떻게 생각하는가?" 하는 뜻에서 "어느 곳으로 간 것입니까?"라고 물었다. "깊은 우물 속에 빠져서 죽어버렸다."라고 했다.

일대사인연을 깊이 참구하다가 너무나 열중한 나머지 그와 같은 무심(無心)의 경지에 든 것도 드문 일이긴 하나 옳은 공부는 아니다. 방아를 찧는 사람이라면 방아를 잘 찧어야지 그렇게 자기 자신을 잃어버리고 목석이 되어버린다면 어떻게 하겠는가. 암담하지 않은가. 멀쩡한 사람이 목석이 되다니. 천하의 육조 스님도 방아를 찧으며 행자생활을 하였다. 하지만 그렇게 다리를 옮기는 것을 잊은 적은 없었다.

6-3 모두가 착각이다

師乃云, 但有來者하면 不虧欠伊하야 總識伊來處로라 若與麽來하면 恰似失却이요 不與麽來하면 無繩自縛이니 一切時中에 莫亂斟酌하라 會與不會에 都來是錯이라 分明與麽道하야 一任天下人貶剝하노라 久立珍重하라

해석 임제 스님이 이어서 말씀하였다.

"나에게 찾아오는 사람을 나는 조금도 잘못 보지 않는다. 그가 온 곳[견해·공부의 수준]을 모두 안다. 만약 그와 같이[석실행자처럼 되어] 온다면 마치 자기 자신을 잃어버린 것과 같고, 그와 같지 않게 온다면 그것은 밧줄도 없이 스스로를 묶은 것이다. 언제든지 함부로 이리 저리 짐작하지 마라.

'안다, 모른다.' 하는 것은 모두 착각이다. 나는 분명히 이와 같이 말하거니와, 천하 사람들이 헐뜯고 비방하더라도 상관하지 않

겠다. 오래 서 있었으니 돌아가 쉬어라."

강설 앞서 석실 행자의 무심이 된 공부에 대하여 평하고 나서 이어지는 말씀이다. 세상 사람들은 모두 석실 행자의 그와 같은 공부를 높이 평가하지만 그것은 자기 자신을 잃어버린 상태다. 불교 공부가 자기 자신을 그렇게 목석처럼 만들자고 하는 것은 아니다. 선시에 "무심(無心)을 도(道)라고 말하지 말라. 무심도 오히려 한 겹의 관문이 막힌 상태니라〔莫言無心云是道 無心猶隔一重關〕.라고 하였다.

  보고 듣고 울고 웃고 사랑하고 미워할 줄 아는 활발발한 무위진인의 삶을 주창하는 임제 스님으로서는 인정할 수 없는 공부다. 큰 사람 큰 장룡이 대지를 뒤엎고 하늘을 무너트리는 마당에, 번개가 번쩍이고 천둥이 치는 자리에 목석이라니 인정할 수 없는 일이다. 천하 사람들이 다 욕하고 헐뜯더라도 나는 상관하지 않겠다. 얼마나 확신이 넘치는 말씀인가.

  만약 공부가 석실 행자 같지 않다고 하더라도 그것 역시 "밧줄도 없이 스스로를 묶은 것이다." 그리고 안다. 모른다. 라고 하는 것은 모두 착각하고 있는 것이다. 제대로 안다면 그렇게 나오지 않는다. 그런 표현들은 모두가 죽은 말이다. 앞서서 내가 그 예를 잘 보여 주지 않았는가. 그러니 그쯤 하고 모두들 돌아가 쉬어라.

7 고봉정상과 네거리

上堂云, 一人은 在孤峯頂上하야 無出身之路요 一人은

> 在十字街頭하야 亦無向背니 那箇在前이며 那箇在後오
> 不作維摩詰하며 不作傅大士하노니 珍重하라

해석 임제 스님이 법상에 올라 말씀하셨다.
 "한 사람은 고봉정상에 있어서 몸이 더 나아갈 길이 없고, 한 사람은 네거리에 있으면서 또한 앞뒤 어디든 갈 수가 없다. 어떤 사람이 앞에 있고 어떤 사람이 뒤에 있는가[누가 더 나은가]? 유마힐도 되지 말고 부대사도 되지 말라. 편히 쉬어라."

강설 말이 있는 것이 옳은가? 말이 없는 것이 옳은가? 길거리만을 지킬 일도 아니고 높은 봉우리만을 지킬 일도 아니다. 쉽게 풀이하면, '높고 높은 봉우리에서 더 이상 나아갈 데가 없는 사람과 어디든 갈 수 있는 네거리에 있으면서 어느 곳으로도 가지 못하는 사람과 누가 더 나은 사람인가?' 라는 말이다. 고봉정상에서 나아가지 못하는 것은 알겠는데 네거리에서 오도 가도 못한다는 것은 무슨 뜻인가? 바꿔 해석하면 사실은 오도 가도 못하는 것이 아니라 어디든지 다 갈 수 있다는 뜻이다.

 교학에 전간문(全揀門) 전수문(全收門)이라는 것이 있다. 일체를 부정하는 길과 일체를 긍정하는 길이다. 고봉정상은 일체를 부정하는 입장이고, 네거리는 일체를 긍정하는 입장이다. 공(空)과 유(有)의 경우다. 공이든 유든 모두가 치우친 견해다. 변견(邊見)이며 편견이다. 그래서는 한 걸음도 나아갈 수가 없다. 도가 아니다. 중도(中道)가 아니다. 불교가 아니다. 진정한 삶의 길이 아니다. 둘 다 틀린 것이다. 거기서 더 나은 사람을 묻는 것은 장난이다. 덫이다.

유마 대사는 유마경에서 불이(不二)법문을 말이 없음으로 표현하여 문수보살을 놀라게 했다. 그래서 말이 없음(杜口)으로써 그를 표방하고 있다. 그는 전간문의 삶이다.

그러나 부대사(傅大士, 497~569)는 그와 반대의 입장이다. 설법을 많이 한 분이다. 그래서 사방에서 수행자들이 몰려들었다. 왕궁에도 출입하며 법을 설했다. 저서도 있다. 남달리 전법활동을 많이 하여 다 수용하면서 살았다. 그는 전수문의 삶이다.

임제 스님은 경고한다. "유마힐도 되지 말고 부대사도 되지 말라." 하지만 임제 스님의 말씀에 토를 단다면 왈, "유마힐도 되고 부대사도 되거라." 임제 스님은 쌍차(雙遮)로 보이고, 필자는 쌍조(雙照)로 보였다. 그래서 결국은 차조동사(遮照同時)가 된다. 하지만 이런 말을 독자들은 알아듣기 쉬울지 모르나 여운이 없다. 역시 임제 스님의 말씀으로 끝나야 한다.

8 집안과 길거리

> 上堂云, 有一人은 論劫在途中호대 不離家舍하고 有一人은 離家舍호대 不在途中하니 那箇合受人天供養고 便下座하다

해석 임제 스님이 법상에 올라 말씀하셨다.

"한 사람은 영원히 길에 있으면서도 집을 떠나지 않고, 한 사람은 집을 떠나 있으나 길에도 있지 않다. 어느 쪽이 최상의 공양(人

天供養)을 받을 만한가?" 하시고는 곧바로 법상에서 내려 오셨다.

강설 앞에서는 치우친 견해를 들추어 그 잘못을 지적하고 이면으로는 바른 길을 제시하였다. 이 단락에서는 보다 조화로운 경우를 말하고 있으나 실은 앞의 사람은 전수문(全受門)의 삶이고, 뒤의 사람은 전간문(全揀門)의 삶이다. 긍정과 부정의 관계다.

본문을 달리 표현하면, '예컨대 한 사람은 언제나 바깥에 있으면서 집안을 한 번도 잊은 적이 없다. 또 한 사람은 집에도 있지 않고 밖에도 있지 않다.'라고 할 수 있다. 두 사람의 경우가 실은 말은 달라도 그 뜻은 같다. 이(理)와 사(事)의 두 면을 어느 것 하나도 놓치지 않고 다 잘 처리하는 사람의 경우에는 그렇다 치고, 이와 사 어느 것도 관계하지 않는 사람의 경우가 쉽게 떠오르지 않는다. 그러나 이와 사를 한 가지도 관계하지 않는다면 그는 어디에 있을까. 무엇을 할까? 실은 이와 사에 있어서 어느 면에서도 그와 같이 물들고 집착하지 않은 자세[中道]가 되어야 비로소 조화를 이룰 수 있다는 뜻이다. 이것은 깨달은 사람들의 설법원칙인 중도(中道)에 기준하여 해석한 것이다.

본래 이 내용의 원형은 이렇다. 문수는 언제나 집안일[理·智]을 담당하지만 바깥일[事·行]에도 어둡지 않고 보현은 언제나 바깥일을 담당하지만 집안일에도 어둡지 않다. 좌와 우, 아내와 남편, 이판과 사판, 국민과 정치인, 동양과 서양, 물질과 정신 등등 모든 상대적인 관계의 가장 아름다운 조화[中道]를 뜻한다. 역사상 가장 이상적인 인격자를 부처님이라고 할 때 그를 문수와 보현의 조화를 뜻하기도 한다.

9-1 삼구(三句)

> 上堂에 僧問, 如何是第一句오 師云 三要印開朱點窄〔側〕하고 未容擬議主賓分이로다 問, 如何是第二句오 師云, 妙解豈容無著問이며 漚和爭負截流機리오 問, 如何是第三句오 師云, 看取棚頭弄傀儡하라 抽牽都來裏有人이로다

해석 임제 스님이 법상에 오르자, 한 스님이 물었다.

"어떤 것이 제일구입니까?"

임제 스님이 말씀하셨다.

"삼요(三要)의 도장〔印〕을 찍었으나 붉은 글씨는 그 간격이 좁아서 숨어 있으니, 주객이 나누어지려는 것을 용납하지 않는다."

그 스님이 또 물었다.

"어떤 것이 제이구입니까?"

임제 스님이 말씀하셨다.

"묘해〔문수〕가 어찌 무착선사의 물음을 용납하겠는가마는 방편상 어찌 뛰어난 근기〔무착〕를 저버릴 수 있으랴."

그 스님이 또 물었다.

"어떤 것이 제삼구입니까?"

임제 스님이 말씀하셨다.

"무대 위의 꼭두각시 조종하는 것을 잘 보아라. 밀었다 당겼다 하는 것이 모두 그 속에 사람이 있어서 하는 것이다."

강설 이 삼구법문에 대한 이야기는 매우 구구하다. 우선 임제 스님이 직접 말씀하신 삼구에 대한 설명을 잘 이해하면 구구한 여러 가지의 이야기들을 쉽게 이해할 수 있으리라 믿는다.

제일구(第一句)〔제일의 소식, 제일의 도리〕는, 여기에 삼요라는 도장〔제대로 갖춘 진리의 도장. 제법실상의 도장〕이 하나 있다. 그 도장을 찍었을 때 아직 찍은 도장이 종이에서 떨어지기 직전이라 붉은 글씨가 나타나지 않았다. 주관에 해당되는 도장과 객관에 해당되는 붉은 글씨가 아직 나눠지기 전이다. "주객이 나눠지는 것을 용납하지 않는다."라는 말이 그 뜻이다.

다시 말해 주관과 객관이 나눠지기 이전 소식이다. 음양 이전의 태극이나 무극의 경지라고 보면 쉽다. 그러나 무극이나 태극송에는 이미 음과 양이 잠재되어 있다. 주객이 나눠지기 전에도 주객은 이미 잠재되어 있기는 하다. 한 생각 일어나기 이전〔一念不生〕의 소식이다. 무생(無生)의 경지다. 마치 '도장을 허공에다 찍은 것과 같다'라고도 표현한다. 한 순간도 흔적이라곤 찾아볼 수 없다. 본래 그대로 여여한 자리다. 부처니 보살이니 조사니 성인이니 범부니 중생이니 보리니 열반이니 하는 소리가 아이들의 동화처럼 들리는 경지다. 그래서 제일구의 소식을 알면 부처님과 조사의 스승이 된다고도 했다. 또 조사선(祖師禪)의 경지라고 설명하기도 한다.

제이구(第二句)〔제이의 소식, 제이의 도리〕는, 무착 선사가 오대산의 문수보살을 친견하러 장안에서 오대산까지 일보 일배(一步一拜)를 하면서 정성을 다해 갔다. 오대산 입구에서 한 거지노인의 모습을 한 문수보살을 만나 대화를 나눈 것이 벽암록 35칙에도 보인다. 이러한 이야기의 사실 여부를 생각할 필요는 없다. 불교에서는 대부분 뜻을 위해서 이야기를 만들어 내었다. 그러므로 그 이야기가 뜻하는 바를 알면 그뿐이다.

　문수가 무착에게 물었다.
　"어디서 오는가?"
　"남방에서 옵니다."
　"남방의 불교는 어떤가?"
　"말세의 비구들이 계율이나 조금 지키며 삽니다."
　"대중들은 얼마나 되는가?"
　"혹 3백 명, 혹 5백 명씩 모여 삽니다."
　이번에는 무착이 문수에게 물었다.
　"이곳에는 불교가 어떻습니까?"
　"범부와 성인이 함께 살고, 용과 뱀이 뒤섞여 있느니라."
　"대중들은 얼마나 됩니까?"
　"전삼삼 후삼삼(前三三 後三三)이니라."
　문수보살이 무착의 그와 같이 선사답지 못한 질문을 받고 방편으로 일일이 대화를 받아 준 것은 무착선사 같은 그 정성스런 근기를 저버릴 수 없었기 때문이다.
　주객이 나눠지긴 했으나 그렇게 흔적이 오래 남지는 않았다. 제이구의 경지를 "물에다 도장을 찍은 것과 같다."라고 했다. 찍을 때는 찍히는 것이 있으나 도장을 떼면 흔적이 없다. 허공에다 찍은 것과 비교해보라. 또 제이구의 소식을 알면 세상 사람들의 스승이 된다고 했다. 여래선(如來禪)의 경지라고 설명하기도 한다.
　제삼구(第三句)[제삼의 소식, 제삼의 도리]는, 꼭두각시나 인형을 움직일 때 잘 보면 모두가 무대 뒤에서 사람이 조종한다는 사실을 알

것이다. 인형으로 된 그 사람은 자신의 의지는 전혀 없다. 허수아비다. 사상(事相)과 경계와 상황들에 끌려 다니는 삶이다. 불교라는 냄새가 전혀 나지 않는다. 수처작주, 즉 환경이나 대상이나 경계에 끌려 다니지 말고 어디서나 주재자로 있으라는 가르침이 절실히 요구되는 경지다. 마치 도장을 진흙에다 찍은 것과 같다. 걸음 걸음이 상(相) 투성이요, 흔적 투성이다. 허공에다 도장을 찍은 것과 물에다 찍은 것과 함께 비교해 보라. 제삼구의 뜻은 알아봐야 자기 자신도 구제할 수 없다고 하였다. 의리선(義理禪)의 경지라고 설명하기도 한다.

  삼구를 경절문(徑截門)과 원돈문(圓頓門)과 염불문에 비교해 보아도 이해에 도움이 되리라. 삼구, 이구, 일구의 차원과는 멀리 벗어난 향상일구(向上一句)가 있다. 무엇이 향상일구인가? "할!"

9-2 삼현삼요(三玄三要)

> 師又云, 一句語에 須具三玄門이요 一玄門에 須具三要니 有權有用이라 汝等諸人은 作麼生會오 下座하다

해석 임제 스님이 또 말씀하셨다.

"한 구절의 말에 반드시 삼현문이 갖춰져 있고, 일현문에 반드시 삼요가 갖춰져 있어서 방편도 있고 작용도 있다. 그대들 모든 사람들은 이것을 어떻게 이해하는가?" 하시고는 법상에서 내려오셨다.

강설 진실한 자리에는 본래로 먼지 하나 두지 않는다. 그래서 공공적적하다. 이론이나 문자를 세우지도 않는다. 닦고 깨닫는 것도 인정하지 않는다. 하지만 사람들의 근기를 섭수하고 교화불사를 일으키는 마당에는 한 가지 법도 버리는 일이 없다. 그래서 좀 어수선하다. 이해하고 참아야 한다.

임제 스님은 삼현삼요에 대해서 위의 말씀 외에는 없었다. 그러나 여기에는 구구한 설명이 따라다닌다. 우선 "한마디 말에는 반드시 삼현문이 갖추어져 있다."라고 했는데 그 삼현이란 현중현(玄中玄)과 구중현(句中玄)과 체중현(體中玄)이다. 현중현은 말의 그 자체로서의 진실이다. 구중현은 말의 인식 위에 나타나는 진실이다. 체중현은 말의 실천 속에 나타나는 진실이다. 이러한 세 가지의 경우가 한 마디의 말에 다 포함되어 있다는 뜻이다.

또 이러한 설명도 가능하다. 한마디 말에 공관(空觀)의 입장과 가관(假觀)의 입장과 중도관(中道觀)의 입장이 있다. 진제(眞諦), 속제(俗諦), 중도제일의제(中道第一義諦)도 있을 수 있다. 한마디 말에서만 그런 것이 아니다. 모든 존재 모든 사물이 다 가능하다. 가능한 것이 아니라 그렇게 세 가지로 현묘하고 유현하게 볼 수 있다. 특히 사람을 만났을 때 또는 제자들을 훈도할 때 말의 활용을 나타낸 것이다. 법문의 깊고 얕음을 의미하는 것은 아니다.

일현문(一玄門)에 반드시 삼요(三要)가 갖춰져 있다는 삼요란 세 가지 중요한 것, 세 가지 요점, 즉 본질(體)과 현상(相)과 그 작용(用)이다. 이 본질과 현상과 작용이란 무슨 물건 어떤 말에도 다 존재한다. 그러나 이것 역시 사람을 제접할 때 근기의 활용을 나타낸 것이다. 법문의 얕고 깊음을 의미하는 것은 아니다. 그래서 일구

중에 삼현문이 있고, 일구 중에 구요(九要)가 갖추어져 있다.

다시 모르는 말 한마디 더한다. 제 일구를 운문종(雲門宗)으로 치면 다종다양한 부류의 근기들을 단칼에 다 잘라 버린다. 조동종(曹洞宗)으로 치면 바른 위치다. 그리고 소탕이다. 제 이구는 운문종으로 치면 하늘과 땅을 다 덮어 버린다. 조동종으로 치면 치우친 지위다. 그리고 건립이다. 제 삼구는 운문종으로 치면 파도를 따르고 물결을 쫓아간다. 조동종으로 치면 모든 것을 함께한 가운데 이른 것이다.

임제록에서 가장 까다롭다는 삼구와 삼현과 삼요다. 하지만 순전히 엉터리다. 그렇다면 엉터리가 아닌 강설은 무엇인가. 이제 여러 분도 다 아는 '할' 이다. '할' 을 하는 나다. 활발발한 무위진인이다. 오로지 이 사실만 진실이다.

시중 示衆

시중(示衆)

강설 시중이란 '대중들에게 보이다. 대중들을 위하여 가르치고 훈시하다.'라고 한다. 또 상당시중도 있다. 소참시중도 있고 대참시중도 있다. 그러나 여기서의 시중은 상당(上堂)과는 격을 좀 달리하고 있기 때문에 상당과 시중으로 나누어서 편찬하였다. 임제록에서의 예를 쉽게 설명하면, 형식도 상당은 반드시 법상에 높이 올라가서 한다. 시중은 책상을 놓고 의자에 앉아서 한다. 칠판에 판서도 해 가며 강의하듯이 하기도 한다. 그래서 법상에 올라가서 하는 법어는 극치의 법을 드러내어 드날리는, 종지를 거량하는 식이어야 한다. 대중들이 알아듣고 못 알아듣고에 크게 구애받지 않는다. 종사(宗師)가 당신의 법을 드날리면 그 다음은 청중의 책임이다.

그러나 시중은 좀 더 친절하고 자세하게 풀어서 이야기하는 경우가 많다. 간혹 시중에도 상당법어 같은 법문이 있긴 하지만 대개는 친절하게 설명하여 일러준다. 청중이 이해를 못하면 설법자는 안타까워한다. 듣는 사람들의 근기에도 맞춰야 하므로 그만큼 청중이 못 알아듣는 데 대한 책임도 있다. 성철 스님의 법어집 중에서 본지풍광(本地風光)은 상당에 해당되고 백일법문(百日法門)은 시중에 해당된다. 세존이 영산회상에서 꽃을 들어 보인 것은 상당법문이고, 경전을 설하신 것은 시중법문이라고 생각하면 이해가 갈 것이다.

10-1 사료간(四料揀)

> 師晚參에 示衆云, 有時奪人不奪境이요 有時奪境不奪
> 人이요 有時人境俱奪이요 有時人境俱不奪이니라

해석 임제 스님이 저녁법문(晚參)에서 대중들에게 말씀하셨다.
 "어느 때는 사람(주관)을 빼앗고(부정함), 경계(객관)를 빼앗지 않으며, 어느 때는 경계를 빼앗고 사람을 빼앗지 않으며, 어느 때는 사람과 경계를 함께 빼앗고, 어느 때는 사람과 경계를 모두 빼앗지 않는다."

강설 만참이라는 저녁법문은 아침에 하는 조참(早參)과 시간에 구애 없이 자유로운 시간에 하는 소참(小參)과 같이 별다른 형식이 없다. 매우 간소하다. 그러나 진지하고 알차다. 아주 길게도 한다. 임제록의 중심이 되는 법문이다. 강의나 경전해설이 모두 여기에 해당한다.
 사료간은 시중법문의 서론에 해당한다. 사료간이란 사람들을 제접할 때 법을 쓰는 네 가지 방법이다. 전광석화 가운데서 일기일경(一機一境)을 드날리면 될 것을 무엇 때문에 이렇게 힘을 들여 헤아리고 사량하고 조작하고 건립하는가. 평지에 풍파를 일으킨 격이다. 하지만 부득이해서 자비를 베풀어서 펼쳐 보인 것이다. 잘 살펴볼 일이다. 상당법어가 끝나고 시중법문에 들어서면서 여러 근기의 학인들을 제접하면서 전개될 몇 가지 경우들을 미리 말씀하신 것이다. 어쩌면 양해를 얻자는 뜻도 있다. 상당법어에서는 전광석화 속에서 바늘을 꿰지만 시중에서는 촘촘한 그물을 드리워 크고 작은 고기들을 많이 건져야 하기 때문이다.

첫째는 선지식이 찾아오는 학인의 입장은 부정하고 모든 경계는 그대로 두면서 그를 깨우친다. 둘째는 경계는 부정하고 학인은 그대로 두면서 그를 깨우친다. 셋째는 학인도 경계도 다 부정해 버리고 그를 깨우친다. 넷째는 학인도 경계도 다 인정하면서 그를 깨우친다. 아래에 일문일답이 있다.

> 時에 有僧問, 如何是奪人不奪境고 師云, 煦日發生鋪地錦이요 孾孩垂髮白如絲로다 僧云, 如何是奪境不奪人고 師云, 王令已行天下徧이요 將軍塞外絶煙塵이로다 僧云, 如何是人境兩俱奪고 師云, 幷汾絶信하야 獨處一方이로다 僧云, 如何是人境俱不奪고 師云, 王登寶殿하니 野老謳歌로다

해석 그 때 한 스님이 물었다.
"어떤 것이 사람을 빼앗고 경계를 빼앗지 않는 것입니까?"
임제 스님이 말씀하셨다.
"봄날의 따스한 햇볕이 떠오르니 땅에 비단을 편 듯하고, 어린아이의 늘어뜨린 머리카락은 명주실처럼 희구나."
스님이 또 물었다.
"어떤 것이 경계를 빼앗고 사람을 빼앗지 않는 것입니까?"
임제 스님이 말씀하셨다.

"왕의 명령이 이미 떨어지니 천하에 두루 시행되고, 변방을 지키는 장수는 전쟁을 할 일이 없어졌다."

그 스님이 또 물었다.

"어떤 것이 사람과 경계를 함께 빼앗는 것입니까?"

임제 스님이 말씀하셨다.

"병주(幷州)와 분주(汾州)는 소식을 끊고 각기 한 지방을 차지하였다."

스님이 또 물었다.

"어떤 것이 사람과 경계를 모두 빼앗지 않는 것입니까?"

임제 스님이 말씀하셨다.

"왕은 보배 궁전에 오르고 시골 노인은 태평가를 부른다."

강설 첫째, 주관[자기 자신]을 부정하고 객관을 살리면, 다시 말해서 나를 완전히 비우고 상대를 모두 인정해 주면 세상은 더 없이 아름답다. 아주 좋은 세상이다. 살 만한 세상이다. 사람과의 관계도 막 태어난 천진난만한 어린아이를 보는 듯하다. 거기에 무슨 시시비비가 있겠는가.

둘째, 남을 부정하고 나를 내세우면 일인독재(一人獨裁)다. 나라에는 임금 한 사람이 있고 절에는 주지 한 사람이 있다. 요즘은 그렇지 않지만 요순시대에는 그것이 가장 이상적이었다. 그래서 왕의 명령 하나로 전쟁까지도 멈춘 상태다.

셋째, 너를 부정하고 나를 부정했을 때 너는 너고 나는 나다. 대통령은 대통령이고 국민은 국민이다. 각자 따로 따로 유아독존이다. 그래서 변두리 지방에서는 중앙과 절교하고 딴 살림을 사는 꼴이다. 조정의 명령도 따르지 않는다. 어떤 특별한 사람을 다스리는 데는 꼭 나쁜 법은 아니다. 그러나 특수한 경우다.

넷째, 너도 인정하고 나도 인정하므로 각자가 각자의 위치에서 최선을 다하는 격이다. 그래서 왕은 궁중에서 정치를 잘하고 백성은 백성대로 태평가를 부른다.

네 가지가 나름대로 다 일리가 있다. 어느 것 하나도 버릴 것이 없다. 경우에 따라서는 이것도 필요하고 저것도 필요하다. 그러므로 선지식이 사람을 제도할 때 근기와 상황에 맞춰서 법을 쓰는 표준이 된다. 명안 종사에게 지나치게 일구법문이나 방, 할 같은 것만을 기대할 것이 아니다. 만약 한결같이 최상승 법문만을 거량하면 법당 앞에 풀이 한 길이나 자랄 것이다. 아마도 고용을 해서 풀을 뽑아야 하리라. 그러나 요즘은 너무 지나치게 세속적인 대중들의 요구를 따르고 있다. 비불교적 요소가 너무 많다. 불교는 어디로 갔는지 모를 일이다. 너무 지나치다. 잘 살펴보고 반성해야 할 일이다.

10-2 생사에 젖지 않는다

師乃云, 今時學佛法者는 且要求眞正見解니 若得眞正見解하면 生死不染하야 去住自由하야 不要求殊勝이나 殊勝自至니라

해석 임제 스님이 이어서 말씀하셨다.

"요즘 불교를 배우는 사람으로서 무엇보다 중요한 것은 참되고 바른 견해(眞正見解)를 구하는 일이다. 만약 참되고 바른 견해만 얻는다면 나고 죽음에 물들지 않고 가고 머무름에 자유로워 수승함을 구하지 않아도 수승함이 저절로 온다."

강설 참되고 바른 견해는 임제 스님이 자주 강조하는 말씀이다. 간절하게 가슴 깊이 새겨주고 싶은 법문에 들어서면서 하신 첫 말씀이다. 가장 먼저 하고 싶었는지도 모른다. 살림에는 눈이 보배고 불교 공부에는 바른 소견이 무엇보다 우선한다. 불교를 공부하는 목적은 그 동안 없었던 그 무엇을 만들어 내는 일이 아니다. 부처와 조사를 강조하지만 참되고 바른 견해만 있으면 이미 우리들 자신 안에 존재한다는 사실을 알 것이다. 생사에 물들지 않고 영원히 해탈한 경지에서 대자유를 누리는 일도 역시 우리들 내면에 이미 존재하고 있다는 사실을 알 것이기 때문이다. 참되고 바른 안목의 중요성은 아무리 강조해도 지나치지 않는다. 가장 훌륭한 삶, 최상의 인생, 역사상 가장 성공한 인생이라는 것도 달리 구하지 않아도 바르고 참된 견해만 갖추어지면 그 모든 것이 저절로 돌아온다.

> 道流야 祇如自古先德은 皆有出人底路니라 如山僧指示人處는 祇要儞不受人惑이니 要用便用하야 更莫遲疑하라 如今學者不得은 病在甚處오 病在不自信處니 儞若自信不及하면 卽便忙忙地하야 徇一切境轉하야 被他萬境回換하야 不得自由니라

해석 "도를 배우는 벗들이여! 예부터 선지식들은 모두가 그들만의 특별한 교화의 방법(路)이 있었다. 예컨대 산승(山僧)이 사람들에게 지시하고 가르치는 것은 다만 그대들이 다른 사람의 미혹을 받지 않는 것이다. 작용하게 되면 곧 작용할 뿐이다. 더 이상 머뭇거리거나 의심하지 말라.

요즘 공부하는 사람들이 그렇게 되지 못하는 것은 그 병이 어디에 있는가? 병은 스스로를 믿지 않는 데 있다. 그대들이 만약 스스로를 믿지 못하면 곧 바쁘게 돌아다니면서 일체 경계에 끌려 다닌다. 수만 가지 경계에 자신을 빼앗겨 자유롭지 못할 것이다."

강설 선지식들마다 그들 나름대로 사람들을 교화하고 가르치는 독특한 가풍(家風)이 있다. 화엄경에서 선재동자의 뒤를 따라다니면서 53선지식들을 다 친견해 봐도 역시 모두 다르다. 일개 사찰을 운영하는 방식도, 한 집안을 이끌어 가는 방식도 모두가 다르다.

임제 스님은 불수인혹(不受人惑)이라는 유명한 말씀으로 자신만의 특별한 교화방법을 삼았다. 즉, 다른 사람이 자신을 미혹하게 하고 헷갈리게 하는 일들을 받아들이지 말라는 것이다. 또 어떤 경계에도 속지 말라는 것이다. 자기 자신 이외의 어떤 훌륭한 법에도 속지 말라는 것이다. 자신이 작용하고 있는 것을 작용하게 되면 곧 작용할 뿐(要用便用) 다른 것에 눈을 돌릴 일이 아니라는 것이다.

자신이 작용하고 있는 것이 무엇인가?

"할."

풀어서 자세히 설명하자면, 보게 되면 보고 듣게 되면 들어라.

손을 움직여 보고 걸음을 걸어 보라. 견문각지(見聞覺知)하고 시위동작(施爲動作)하는 사실 외에 달리 무엇이 있는가? 바로 그것이다. 그것 외에 다른 것에는 미혹하거나 속지 말라는 것이다. 그것이 신통묘용이며 무량대복이다. 부처님 백 명을 한 곳에 모아놓은 일이다. 그 외에 어떤 불보살과 조사의 경계에도 끄달리지 말라. 자신이 작용하는 것에 대해서 더 이상 머뭇거리거나 의심하지 말라. 이것이 임제 스님만이 사람들을 지시하고 가르치는 특별한 노하우다.

불교 공부를 한다고 하면서, 또한 성불을 하기 위해서 참선, 염불, 기도, 주력, 간경 등등을 하면서도 그렇게 되지 못하는 것은 문제가 어디에 있는가? 조금도 부족함이 없이 완전무결한 자신에 대한 믿음이 없기 때문이다. 자신이 이미 대해탈인이요, 대자유인이라는 사실에 대해서 이해가 없고 믿음이 없어서 그런 것이다. 자신을 버리고 경전의 말씀과 어록의 말씀들과 그 외의 수많은 경계〔수행방법〕에 끌려 다니기 때문이다. 그렇게 되므로 부처님에게 속박 당하고, 조사들에게 속박 당하고, 일체 경계에 속박을 당하는 관계로 자유로울 수가 없다. 끌려 다니는 노예나 다를 바 없다. 여기까지를 요약하면 진정견해(眞正見解), 불수인혹(不受人惑), 요용변용(要用便用)이다. 꼭 외워야 한다.

10-3 일 없는 사람

儞若能歇得念念馳求心하면 便與祖佛不別이니라 儞欲

> 得識祖佛麼아 祇儞面前聽法底是니 學人信不及하고 便向外馳求하며 設求得者라도 皆是文字勝相이요 終不得他活祖意니라 莫錯하라 諸禪德아 此時不遇하면 萬劫千生을 輪廻三界하야 徇好境掇去하야 驢牛肚裏生이로다

해석 "그대들이 만약 능히 생각 생각에 찾아 헤매는 마음〔馳求心〕을 쉴 수 있다면 곧 할아버지인 부처님〔祖佛〕과 더불어 다름이 없느니라. 그대들이 할아버지인 부처님을 알고자 하는가? 다만 그대들이 내 앞에서 법문을 듣고 있는 그 사람이다. 공부하는 사람들의 믿음이 철저하지 못하고 곧 자신 밖을 향해 내달리면서 구하고자 하기 때문이다. 그렇게 해서 설사 밖에서 구하여 얻는다 하더라도 모두가 훌륭한 문자일 뿐이다. 마침내 살아있는 할아버지의 뜻은 얻지 못할 것이다. 착각하지 말라. 여러 선덕(禪德)들이여! 지금 이런 이치를 만나지 못하면 만겁 천생을 삼계에 윤회하여 좋아하는 경계에 이끌려 다니느라 나귀나 소의 뱃속에 태어날 것이다."

강설 기억해야 할 말이 또 나왔다. 헐득치구심(歇得馳求心)과 청법저인(聽法底人)이다. 보고 듣고 하는 자기 자신 외에 밖을 찾아 헤매는 마음만 쉬어 버리면 그대로가 할아버지 부처요, 그대로가 할아버지 스승〔祖師〕이다. 하나도 다르지 않다. 익숙한 말로 부처님이니 조사님이니 하는 사람들이란 무엇인가? 보고 듣고 할 줄 아는 살아 있는 사람이 아닌가. 자신 속에 무한한 생명과 한량없는 공덕과 신통묘용이 있어서 이렇게 보고 들을 줄 안다는 사실을 알고 더 이상 밖을 향해 찾아 헤매지 않는 사람이다.

조사와 부처를 알고자 하는가? 내 면전에서 법문을 듣고 있는 바로 그 사람이다〔聽法底人〕. 부처가 되기 위해서 수행한다는 사람들은 그 사실에 대해서 믿지 못하고 있다. 그래서 자신 밖을 향해서 부단히 찾아 헤매고 있다. 실은 찾을수록 더욱 멀어진다는 사실도 모른 채 말이다.

그렇게 해서 설사 밖에서 찾았다 하더라도 그것은 모두 문자로 쓰인 아름답고 훌륭한 이름들뿐이다. 이를테면 석가모니 · 아미타불 · 미륵불 · 비로자나불 · 문수보살 · 보현보살 · 관세음보살 · 지장보살 그리고 무슨 부처님, 무슨 보살님 천불(千佛) 만불(萬佛) 등등 대단한 이름들이 얼마나 많은가. 그러나 진정으로 살아서 피가 튀고 맥박이 뛰고, 웃고, 울고 할 줄 아는 그런 부처는 만나지 못한다.

임제 스님이 특별히 여기에서 할아버지 부처님〔祖佛〕이라고 하는 이유는 경전상에서나 볼 수 있는 아득히 먼 부처님을 바로 곁으로 끌어내린 것이다. 어릴 때 할아버지의 기억이 어떻든가? 바로 그렇게 우리들 마음에 쉽게 다가서는 그런 분이 부처님이다. 조사라는 말도 이미 많이 멀어져 있다. 할아버지 스승님이라고 풀어서 불러야 쉽고 가깝게 가슴에 와 닿는다. 보고 듣고 하는 살아있는 사람 외에는 그 무엇도 아니다. 살아있는 사람에게서 눈을 떼지 말라는 뜻이다.

이런 이치를 모르면 별의별 삶의 길로 흘러 다니게 된다. 하필 삼계윤회이겠는가. 그래서 나귀나 소가 되어 생각하는 것은 단지 욕심 채우는 일이다. 물과 풀, 그 외에는 아는 것이라곤 아무 것도 없으리라〔但念水草 餘無所知〕. 사람으로서 사람의 자리에 있지 못하면 그 순간부터 사람의 모습을 한 체 축생의 삶이요, 아수라나 아귀나 곤충이나 미물의 삶이다. 법화경의 말이다.

> 道流야 約山僧見處인댄 與釋迦不別이라 今日多般用處가 欠少什麽오 六道神光이 未曾間歇이니 若能如是見得하면 祇是一生無事人이니라

해석 도를 배우는 여러 벗들이여! 산승의 견해에 의지한다면 그대들도 석가와 더불어 다름이 없다. 오늘 여러 가지로 작용하는 곳에 모자라는 것이 무엇인가? 여섯 갈래(眼·耳·鼻·舌·身·意)의 신령스런 빛이 잠시도 쉰 적이 없다. 만약 이와 같이 이해한다면 다만 한평생 일 없는 사람일 뿐이다[一生無事人]."

강설 임제 스님은 말씀하신다. 내가 보기에는 그대들도, 이 세상 모든 사람들도 모두가 석가와 다르지 않다. 지금 이렇게 보고 듣고 하는 온갖 작용이 무엇이 부족한가? 석가보다 모자라는 것이 무엇이란 말인가? 석가도 볼 줄 알고 그대들도 볼 줄 안다. 석가도 들을 줄 알고 그대들도 들을 줄 안다. 석가도 피곤하면 자고 그대들도 피곤하면 잔다. 석가도 배고프면 먹을 줄 알고 그대들도 배고프면 먹을 줄 안다. 육근을 통해서 활발발하게 작용하는 이 무위진인은 한 순간도 쉰 적이 없다. 신통과 묘용이 어디 별것이랴. 육근을 통해서 보고 듣고 하는 이 작용이다. 이 사실을 알면 단지 한평생 일 없는 사람일 뿐 달리 '부처다, 조사다'라고 할 것이 없다. 인연

을 따라 소일하면 된다. 구태여 애쓸 것이 없다[隨緣無作].

　이것은 성불의 지름길이다. 불교의 지름길이다. 이것이 진짜 불교다. 순식간에 석가와 같지 아니한가. 이보다 더 쉽고 더 빠르고 더 간단한 길은 없다. 이보다 더 쉬운 불교가 어디 있는가? 임제록은 불교의 제1의 교재다. 임제록은 조계종의 제1의 소의경전이다. 불교 역사상 가장 뛰어난 선지식이기 때문에 사람들을 이렇게 가르칠 줄 안다. 아무나 할 수 있는 일이 아니다. 불교를 꿰뚫어 보고, 사람을 꿰뚫어 보고, 부처와 조사를 꿰뚫어 본 임제만이 할 수 있는 가르침이다. 꼭 외워야 할 말이 또 있다. 금일다반용처 흠소십마(今日多般用處 欠少什麽). 육도신광 미증간헐(六道神光 未曾間歇). 일생무사인(一生無事人).

10-4 밖에서 찾지 말라

> 大德아 三界無安이 猶如火宅이라 此不是儞久停住處니 無常殺鬼가 一刹那間에 不揀貴賤老少니라

해석 "대덕아! 삼계가 불안한 것이 마치 불타는 집과 같다. 이곳은 그대들이 오래 머물 곳이 못된다. 무상(無常)이라는 사람을 죽이는 귀신[殺鬼]이 한 찰나 사이에 귀한 사람, 천한 사람, 늙은이, 젊은이를 가리지 않는다."

강설 말씀이 좀 늘어지고 일반적이다. 소참법문답다. 우리가 사는

세상이 매우 불안하여 마치 불타는 집에 있는 것과 같다는 것은 법화경의 유명한 화택(火宅)의 비유를 인용한 것이다. 불교 공부를 하게 되는 동기는 대개 세상과 인생에 대한 부정적 사고에서 출발한다. 세존이 늙고 병들고 죽은 모습을 보고 발심(發心)한 것이 그 모델이 된다. 세월이 빠르게 흐르고 머지않아 죽음을 맞이하게 되리라는 생각은 세속적 부귀영화가 인생에 있어서 아무런 의미가 없게 한다.

빠르게 지나가는 인생무상은 그대로가 사람을 죽이는 귀신이다. 순식간에 죽음이 찾아온다. 누구도 어찌하지 못한다. 만금을 주고도 하루의 시간을 연장할 수가 없다. 특별한 사람만을 선택해서 그런 것이 아니다. 동서고금과 빈부귀천과 남녀노소를 가리지 않는다. 정말 공정하고 평등하다. 이런 사실을 가슴 깊이 새긴다면 안이한 생각으로 세상을 살맛이 나지 않을 것이다. 무엇인가 의미 있는 길을 찾게 될 것이다. 세상을 보는 관점이 달라지고 인생의 가치관이 달라질 것이다. 그것이 발심(發心)이다. 기본적으로 그런 생각을 하지 않으면 불교 공부와는 거리가 멀다.

爾要與祖佛不別인댄 但莫外求어다 爾一念心上의 淸淨光은 是爾屋裏法身佛이며 爾一念心上의 無分別光은 是爾屋裏報身佛이요 爾一念心上의 無差別光은 是爾屋裏化身佛이니 此三種身은 是爾卽今目前聽法底人이라 祗爲不向外馳求하면 有此功用이니라

해석 "그대들이 할아버지 부처님과 더불어 다르지 않고자 한다면 다만 밖으로 구하지 말라. 그대들의 한 생각 마음의 청정한 빛은 그대들 집안의 법신불(法身佛)이다. 그대들 한 생각 마음의 분별 없는 빛은 그대들 집안의 보신불(報身佛)이다. 그대들 한 생각 마음의 차별 없는 빛은 그대 집안의 화신불(化身佛)이다. 이 세 가지의 몸은 그대들이 지금 내 앞에서 법문을 듣고 있는 바로 그 사람이다. 다만 밖을 향해 헤매면서 찾지만 않으면 이런 공용(功用)이 있다."

강설 그대들 성불하고자 하는가? 별다른 공부가 없다. 다만 너 자신 밖에서만 찾지 말라. 너 자신을 떠나서는 아무 것도 없다. 부처님에게는 세 가지의 몸이 있다고 경전에서는 설명을 하지만 그것도 따지고 보면 그대들의 지금 이 순간 법문을 듣고 있는 그 사람이다. 그 외에 달리 법신이니 보신이니 화신이니 하는 것은 없다. 한 마음에서 이리 저리 나누어 설명한 것에 불과하다.

임제 스님은 "한 마음 청정한 광명[작용]이 법신불, 한 마음 분별 없는 광명[작용]이 보신불, 한 마음 차별 없이 평등한 광명[작용]이 화신불이다."라고 말씀하신다. 나누어서 약간의 설명을 붙이자면, 청정한 광명이란 한 생각도 일으키지 않아서 허공과 같은 입장을 말한다. 적멸한 성품의 신령스런 광명이다. 분별 없는 광명이란 하루 종일 수용하는 일이다. 보고 듣고 피곤하면 쉬고 배고프면 먹는 일, 추우면 옷을 더 입고, 더우면 부채질을 하는 평상심의 작용이다. 차별 없는 광명이란 하루 중에 아무리 작용해도 끝이 없고 간단이 없고 차별이 없는 작용이다. 마치 하늘에 달이 떠 있으면 일천강에 달빛이 모두 비치는 것과 같다.

또 "이 세 가지의 몸이라는 것도 그대들 지금 이 순간 내 앞에서 법문을 듣는 그 사람이다. 다만 밖을 향해서 쫓아다니며 구하지만 않는다면 법신, 보신, 화신불의 공덕 작용이 거기에 있다"라고 말씀하신다.

　사랑하고 미워하고 기뻐하고 슬퍼하고, 손이 필요하면 손을 쓰고 발이 필요하면 발을 쓴다. 이것이 법신, 보신, 화신의 공덕 작용이다. 무량공덕이다. 신통묘용이다. 무량대복이다. 이 능력을 천하를 준들 바꿀 수 있으랴. 황금으로 사람을 수미산만하게 만들어 놓았다 하더라도 울고 웃을 줄 알까. 무슨 신통이 있겠는가. 과연 임제록은 불교 최고의 경전이다. 인류역사상 최고의 가르침이다. 그래서 일개 나라를 다 주고도 바꿀 수 없다고 한다.

　법신이니 보신이니 화신이니 하는 바싹 마른 언어들을 피가 돌고 맥박이 뛰는 살아있는 사람으로 살려 놓았다. 욕을 하며 화를 내고, 웃으며 즐거워하는 바로 그대 자신으로 바꿔놓았다. 바꿔놓은 것이 아니라 본래부터 바로 그대 자신이었다. 보살, 나한, 조사, 도인이 모두 그대 자신이다. 그대 한 생각 일으켜 우주만유를 만들고, 그대 한 생각 잠재워 삼라만상을 없애버린다. 이보다 더 위대한 부처가 어디 있으랴. 이보다 더 뛰어난 신이 어디 있으랴. 그대는 모든 부처와 조사의 어머니며, 일체 만유의 주인이며 창조자다. 다시 한번 기억할 말은, 조불불별 단막외구(祖佛不別 但莫外求). 즉금 목전 청법저인(卽今目前 聽法底人).

據經論家하면 取三種身하야 爲極則이나 約山僧見處不

> 然이니 此三種身은 是名言이며 亦是三種依니라 古人云, 身依義立이요 土據體論이라하니 法性身法性土는 明知是光影이니라

해석 "경학을 공부하는 사람(經論家)에 의하면 이 세 가지 불신(佛身)을 취하여 궁극의 경지를 삼으나 산승의 견해로는 그렇지 않다. 세 가지 불신이란 이름과 말이며 또한 세 가지 의지인 것이다. 옛 사람이 말하기를 몸(佛身)이라고 하는 것은 이치에 의하여 세운 것이고, 국토는 바탕에 의거하여 논한 것이다. 법성신 법성토는 이 빛의 그림자인 줄 분명히 알아야 한다."

강설 교리에서는 이 법신, 보신, 화신을 최고의 경지라고들 한다. 그러나 임제 스님의 견해에서는 전혀 아니다. 앞의 단락에서도 말한 바와 같이 한 마음의 그림자다. 이 세 가지 몸이란 이름에 불과하다. 말에 불과하다. 그 이름에 의지하게 하는 일에 불과하다. 옛 사람도 말했다. "법신, 보신, 화신이란 의미에 따라서 성립된 것이다. 그리고 그 삼신에는 각각 의지하는 국토가 있다고 한다. 하지만 그것 역시 삼신의 본체인 마음에 의해서 논한 것이다." 그러므로 법성신(法性身)이니 법성토(法性土)니 하는 것은 모두가 마음의 그림자라는 사실을 분명히 알 수 있다.

10-5 돌아가 쉬는 곳

> 大德아 儞且識取弄光影底人하라 是諸佛之本源이요 一切處가 是道流의 歸舍處니라 是儞四大色身도 不解說法聽法하며 脾胃肝膽도 不解說法聽法하며 虛空도 不解說法聽法하나니 是什麼가 解說法聽法고 是儞目前歷歷底勿一箇形段孤明한 是這箇가 解說法聽法이니 若如是見得하면 便與祖佛不別이니라

해석 "대덕아! 그대들은 또한 그림자를 조종하는 사람을 확실히 알라. 이것이 모든 부처님의 근본이다. 그렇게 되면 모든 삶의 모습[一切處]이 도를 닦는 이들의 돌아가 쉴 곳이다. 그대들의 사대[地·水·火·風]로 된 이 육신은 설법을 하거나 법을 들을 줄 알지 못한다. 비·위·간·담(脾胃肝膽)도 설법을 하거나 법을 들을 줄 알지 못한다. 허공도 설법을 하거나 법을 들을 줄 알지 못한다. 그렇다면 무엇이 설법을 하고 법을 들을 줄 아는가?

그것은 그대들 눈앞에 역력하고 뚜렷한 아무 형체도 없이 홀로 밝은 이것이 바로 설법을 하고 법을 들을 줄 안다. 만약 이와 같이 볼 줄 안다면 곧 할아버지 부처님과 더불어 다르지 않느니라."

강설 이 단락의 말씀은 일반적인 불교 상식이라고 할 수 있는 내용이다. 즉, 사람의 육신은 마음의 그림자고 그 그림자를 조종하는 것은 우리들의 마음이다. 그 마음은 모든 부처님의 근본이다. 이 마음만 알면 모든 수행자들은 이 삶 이대로[一切處]가 집으로 돌아

가 두 다리 뻗고 편안히 쉴 곳이라고 하신다.

다음의 구절이 수많은 사람들이 즐겨 쓰는 말이다. 특히 49재 법문을 할 때 가장 자주 등장하는 말이다. 사대육신이 말을 하거나 말을 듣는 것이 아니다. 비위간담도 그렇다. 허공도 말을 하거나 듣지는 못한다. 다만 얼굴을 통해서 늘 출입하고 있으면서 아무런 흔적도 없는 그 한 물건이 말을 하고 말을 듣는다.

임제 스님은 앞에서 무위진인(無位眞人)이라 했다. 대개 한 물건〔一物〕이라는 말도 많이 쓴다. 한 물건을 가장 멋있게 표현한 고려 말 함허(涵虛, 1376~1433) 스님은 이렇게 말씀하신다.

"여기에 한 물건이 있으니 이름도 없고 모양도 없다. 무한한 과거에서 무한한 미래에까지 고금을 꿰뚫고 있다. 작은 먼지 속에 있으면서 온 천지를 다 에워싸고 있다. 안으로는 별의별 신묘불측한 능력을 갖추고 있으면서 밖으로는 온갖 상황에 다 대처한다. 과거, 현재, 미래의 주인이고 만법의 왕이다. 크고 넓고 멀어서 무엇과도 비교할 수 없고, 높고 또 높아서 짝할 자가 없다. 참으로 신기하다. 몸을 구부리고 펴는 그 사이에 있고 보고 듣는 그 자리에 있다. 참으로 멀고 아득하여라. 천지보다 먼저 있었지만 그 시작이 없고 천지보다 뒤에까지 남아 있어도 그 끝이 없다. 아, 이것이 공(空)인가, 유(有)인가. 내 그 까닭을 알 수 없도다."

청허당 서산 스님은 또 이렇게 말씀하셨다. "여기에 한 물건이 있으니 본래부터 한없이 밝고 신령하여 일찍이 생긴 것도 아니고 일찍이 없어지는 것도 아니다. 이름 지을 길 없고 그 모양 그릴 수도 없다." 이어서 주해하시기를, "한 물건이란 무엇인가? 옛 사람이 게송하시기를 '옛 부처님 나기 전에 뚜렷하게 밝았도다. 석가도 오히려 몰랐거니 가섭 존자가 어떻게 전할 수 있으랴〔古佛未生前 凝然一相圓 釋迦猶未會 迦葉豈能傳〕.' 이것이 한 물건의 생긴 것도 아니고 없어지는 것도 아니며 이름 지을 길 없고 그 모양 그릴 수 없는 이유이다." 한 단락 모두 기억해 둬야 할 내용이다. 특히 식취농광영저인(識取弄光影底人)을 유념하라. 참으로 만고의 사람들이 미칠 수 없는 법어다.

但一切時中에 更莫間斷하야 觸目皆是언마는 祇爲情生智隔하고 想變體殊로다 所以輪廻三界하야 受種種苦하나니 若約山僧見處하면 無不甚深하며 無不解脫이니라

해석 다만 모든 시간 속에 전혀 간격이 없어서 눈으로 보는 것이 모두 다 그것이지만, 그러나 감정이 생겨서 지혜가 막히고 생각이 변하여 본바탕과는 달라졌기 때문이다. 그러므로 삼계에 윤회하여 가지가지 고통을 받게 된다. 만약 산승의 견해로 본다면 깊고 깊은 경지가 아닌 것이 없고 해탈 아닌 것이 없다.

강설 이 한 물건은 모든 시간 속에서 일초의 간격도 없다. 모든 공간 속에서 조금도 자리를 비운 적이 없다. 눈에 보이는 모든 것이다. 귀에 들리는 모든 것이다. 실로 만목청산(滿目靑山)이다.
　어떤 사람이 물었다.
　"도(道)가 무엇입니까?"
　"그대는 지금 무엇을 보고 있는가?"

"방안에 사람이 있고, 병풍이 있고, 벽이 있는 것을 봅니다."
"도가 그렇게 그대의 눈을 찌르고 있건만 그래도 모르겠는가?"
"모르겠습니다."
"그러면 그대는 지금 무엇을 듣고 있는가?"
"지금 마침 비가 내려서 비오는 소리를 듣고 있습니다."
"도가 그처럼 그대의 귀를 찌르고 있건만 그래도 모르겠는가?"
라는 문답이 있다.

시간과 공간을 통해서 늘 그렇게 있건만 그것에 대한 이해가 없다. 설사 설명을 들어도 믿음이 없어서 모를 뿐이다. 여시불(汝是佛). 그대가 바로 부처라고 한들 믿지 못하니 어찌 하겠는가. 임제 스님은 보고 듣는 것을 그대로 받아들이지 못하고 공연한 감정이 생겨서 지혜가 막히고 생각이 변하여 본바탕과는 달라졌기 때문이라고 하신다. 이 말은 통현 장자의 화엄론에서 언급한 바 있다.

산승의 견해에서 보면 모두가 불가사의하고 무상심심미묘법(無上甚深微妙法)이다. 모두가 대해탈 대자유다. 무량광명, 무량복덕, 신통묘용이다. 짧은 글에 구절구절이 빛나는 다이아몬드다. 일체시중 갱막간단 촉목개시(一切時中 更莫間斷 觸目皆是). 정생지격 상변체수(情生智隔 想變體殊).

10-6 마음은 형상이 없다.

道流야 心法無形하야 通貫十方하야 在眼曰見이며 在耳曰聞이요 在鼻齅香하고 在口談論하며 在手執捉하고 在

足運奔이라 本是一精明이 分爲六和合이니 一心旣無하면 隨處解脫이로다 山僧與麼說은 意在什麼處오 祇爲道流가 一切馳求心을 不能歇하야 上他古人閑機境이니라

해석 "도를 배우는 벗들이여! 마음의 작용은 형상이 없어서 시방세계를 관통하고 있다. 눈에 있을 때는 보고, 귀에 있을 때는 들으며, 코에 있을 때는 냄새를 맡고, 입에 있을 때는 말을 하며, 손에 있을 때는 잡고, 발에 있을 때는 걸어 다닌다. 본래 이 하나의 정밀하고 밝은 것〔一精明 · 一心〕이 나누어서 우리 몸의 여섯 가지 부분과 화합하였을 뿐이다. 한 마음마저 없는 줄 알면 어디서든지 해탈이다.

산승의 이와 같은 이야기들은 그 뜻이 어디에 있는가. 다만 도를 배우는 사람들이 일체 치구심(一切馳求心)을 쉬지 못하고 저 옛사람들의 부질없는 동작과 언어와 가리키는 것들〔機境〕을 숭상하고 매달리기 때문이다."

강설 모든 사물에 있어서 형상이 있는 것은 장애가 많아서 자유롭지 못하다. 그러나 마음은 모양이나 형상이 없어서 어디든 자유롭다. 하나의 마음이 눈에 있으면 보는 작용을 하고 귀에 있으면 듣는 작용을 한다. 코에 있을 때는 냄새를 맡는다. 이와 같이 걸림이 없다. 본래 하나의 마음이지만 육근과 화합해서 일체가 있다. 삼라만상도 마음이 육근을 통해서 존재함을 안다. 그러므로 이 한 마음이 없으면 어디에 있든지 자유로운 해탈이다.

내가 왜 이런 이야기를 하는가. 모든 수행자들이 밖을 향해서 구

하는 마음을 쉬지 못하고 옛사람들의 부질없는 말이나 행위들, 즉 기경(機境)들을 높이 받들고 숭상하여 그것이 무슨 실다운 법이나 되는 줄 알고 있기 때문이다. 부처님이 꽃을 든 것이나, 가섭이 미소한 것이나, 구지화상이 손가락을 든 것이나, 할을 하고 방을 쓰는 일들을 무슨 대단한 일이나 되는 것처럼 받들어 모신다. 또 부처님이나 조사스님들의 말씀들을 귀중하게 여겨서 혹 흠이 갈까하여 애지 중지한다. 거기서 한 가지 깨달음을 얻으려고 머리를 처박는다. 그들은 사람들을 속이려고 한 것이 아닌데 사람들 스스로가 속고 있다.

　기경(機境)이라는 말은 선가에서 자주 쓰는 말이다. 또 아주 중요한 말이다. 기(機)는 안에서 일어나는 것이다. 어떤 사실을 보고 듣고 겪으면서 일어나는 마음의 작용이다. 사실이나 경지가 인격화, 또는 체(體)화 된 것이다. 경(境)은 밖에 있는 것이다. 보여주고 들려주고 경험하게 해주는 어떤 사실이다. 예컨대 세존이 꽃을 든 것은 경이다. 그리고 가섭이 미소한 것은 기다. 또 멀리 연기가 일어나는 것은 경이다. 연기를 보고 불이 있는 줄 아는 것은 기다. 불자를 들거나 방을 쓰거나 할을 하거나 선문답을 던지거나 하는 따위는 모두가 경이다. 그런 사실에 따라 반응하는 것, 상대의 마음의 작용에 따라 표현하고 답하는 것은 모두 기다. 모든 선문답은 흔히 일기 일경, 일언 일구들로 이루어져 있다.

　일기 일경, 일언 일구에서 깨닫기를 도모하는 것은 마치 아무런 탈이 없는 살갗을 긁어서 부스럼을 만드는 일이다. 또 미망의 경계에 깊이 빠져드는 일이다. 그러므로 그런 것들을 따르고 받드는 것을 임제 스님은 크게 경계하고 있다. "심법무형 관통시방(心法無形

通貫十方", 특히 이 단락에서 가슴 깊이 새겨야 할 구절이다.

道流야 取山僧見處하면 坐斷報化佛頭라 十地滿心은 猶如客作兒요 等妙二覺은 擔枷鎖漢이요 羅漢辟支는 猶如厠穢요 菩提涅槃은 如繫驢橛이니 何以如此오 祇爲道流不達三祇劫空일새 所以有此障礙니라 若是眞正道人인댄 終不如是니 但能隨緣消舊業하고 任運著衣裳하야 要行卽行하며 要坐卽坐하야 無一念心希求佛果니 緣何如此오 古人云, 若欲作業求佛이면 佛是生死大兆라하니라.

해석 "도를 배우는 벗들이여! 산승의 견해를 취할 것 같으면 보신불과 화신불의 머리를 앉은자리에서 끊는다. 십지보살(十地滿心)은 마치 식객과 같다. 등각·묘각은 죄인으로서 칼을 쓰고 족쇄를 찬 것이다. 아라한과 벽지불은 뒷간의 똥오줌과 같다. 보리와 열반은 당나귀를 매는 말뚝과 같다. 어째서 이러한가? 다만 도를 배우는 이들이 3아승지겁이 공(空)한 것임을 알지 못하기 때문에 이러한 장애가 있는 것이다.

만약 진정한 도인(道人)이라면 마침내 이와 같지 않다. 다만 인연을 따라서 구업(舊業)을 녹인다. 자유롭게 옷을 입고 가게 되면 가고 앉게 되면 앉아서 한 생각도 불과(佛果)를 바라지 않는다. 어째서 그러한가? 옛사람이 이르기를 '만약 업을 지어서 부처를 구하고자 한다면 부처가 오히려 생사의 큰 징조가 된다.'고 하였다."

강설 부처님의 설법은 활과 같이 우회하여 말씀하시고, 조사들의 설법은 활줄과 같이 직선으로 말씀하신다. 부처님은 그 표현이 아름답고 부드럽다. 그러나 조사들의 표현은 직설적이고 때로는 매정하고 비정하다. 혹독하다. 부처님이고 보살이고 전혀 안중에 없다. 보통 사람들은 종이에 불(佛)이라는 글자만 써져 있어도 그 종이를 함부로 버리지 못한다. 그런 마음으로 신행생활을 하는 후손들은 때때로 임제 스님의 말씀을 입에 담기가 민망할 때가 있다.

임제 스님의 견해는 이렇다. 매우 특별하다. 경악할 일이며 두려워서 어찌할 바를 모를 일이다. 보신불, 화신불을 앉은 자리에서 여지없이 부정해 버리고, 보살로서 최고의 경지에 오른 십지보살을 천한 나그네, 식객, 노숙자라고 하였다. 등각(等覺) 묘각(妙覺)이 어떤 자리인가. 그들을 칼을 쓰고 족쇄를 찬 죄인이라 하였다. 아라한이나 독각(獨覺)을 똥오줌이라고 하였다. 보리 열반은 당나귀를 매어두는 말뚝이라고 하였다.

보살의 수행계위를 아예 부정하지만 경전에서 나열하고 있는 것을 소개하면 다음과 같다. 능엄경에서는 57위를, 인왕경에서는 51위를, 영락경에서는 52위를, 화엄경에서는 52위, 또는 41위를, 대품경에서는 42위를, 혹은 57위를, 또는 60위를 설하고 있다. 모두가 실재하지 않는 것이다. 방편이기 때문에 그 설이 구구하다. 열면 많아지고 합하면 적어진다. 그러므로 임제 스님의 혹독한 말씀을 시원한 청량수로 받아들여야 한다.

나는 오직 나일 뿐이다. 장부는 스스로 하늘을 뚫는 기개가 있고 뜻이 있다. 부처님이 가신 길을 가지 않는다. 무위진인으로서 당당하게 살라는 뜻이다. 불보살의 멍에에서 시원스레 벗어나라는 뜻이다. 조사와 아라한 벽지불, 보리니 열반이니 하는 것도 모두가 본래로 자유로운 사람들을 옭아 묶는 올가미에 불과하다는 뜻이다. 그럼에도 사람들은 왜 그 곳에 붙들려 사는가. 삼 아승지겁을 닦아야 비로소 성불한다는 그 시간성이 본래로 공하다는 사실을 모르기 때문이라고 하였다.

  말을 들을 줄 아는 그 사람이 부처고 조사라는 사실을 아는 데 무슨 어려움이 있으며 무슨 시간이 걸리겠는가. 알려고 하는 자기 자신이 곧 그 사람인 것을. 그래서 실은 그러한 사실을 모르고 살아도 부처님이다. 조사님이다. 다이아몬드는 다이아몬드인 줄 알고 있으나 모르고 있으나 그대로 다이아몬드이기 때문이다. 이 사실만 이해하면 공부 끝이다. 일 없는 사람이다. 인연 따라 살 뿐 특별히 애쓸 일이 없다(隨緣無作). 이제 그 헐떡거리는 마음 좀 쉬어라 쉬어. 자신이 지금 그대로 부처요, 조사인데 무얼 그리 찾아 헤매는가. 참선을 하든지 간경을 하든지 염불을 하든지 반드시 이 이치를 알고 해야 한다.

  임제 스님은 다시 양나라 보지(寶誌) 화상의 대승찬(大乘讚)이라는 글을 인용하여 증명하였다. "만약 업을 지어서 부처를 구하면 부처야말로 생사의 큰 원인(大兆)이다." 업을 짓는다는 것은 부처가 되기 위해서 참선을 하고 6바라밀을 닦고 간경, 기도, 염불 등등의 모든 수행이라는 행위들을 말한다. 그러한 일을 해서 부처가 되는 것은 아니다. 오히려 생사의 구렁텅이로 빠져드는 큰 원인이 될 뿐이다.

  영가 스님도 증도가(證道歌)에서 말씀하셨다. 부처를 구하기 위해서 공을 베푼다면 그 부처가 언제 이루어 질 것인가(求佛施功早晚

成). 눈이 밝은 사람들은 한결같이 이렇게 말씀하신다. 부처란 이미 되어 있는 사람이다. 새로 만들어서 되어지는 것이 아니다. 현재의 네 모습 그대로다. 배고프면 밥을 먹고 피곤하면 쉴 줄 아는 바로 그 사람이다. 거기에서 지금 무엇이 부족한가. 더 이상 필요한 것이 무엇인가. 3아승지겁 동안 고행(苦行)을 해서 구한들 무엇이겠는가. 뼈만 남은 석가의 고행상을 구하는가. 그 고행상이 부처인가. 부처가 그것은 아닐 것이다. 슬프면 울 줄 알고 기쁘면 기뻐할 줄 아는 그 사람이 부처님이다. 배고프면 먹을 줄 알고 피곤하면 쉴 줄 아는 그 사람이 부처일 것이다. 겉으로 보기에는 화려해 보이나 생명이 없는 언어의 유희에서 눈을 돌려 피가 흐르고 맥박이 뛰는 살아 있는 사람 부처에게로 돌아와야 한다. 인불사상(人佛思想)이란 바로 그것이다.

그래서 이 임제록은 불교의 제1 교과서이다. 조계종의 제1 소의경전(所依經典)이다. 성불의 지름길이다. 우리나라의 불교가 모두 임제 스님의 법을 이은 불교이며 임제 스님의 법손임을 입만 열면 자랑을 하면서 왜 이 임제 스님의 가르침을 모르는가. 이렇게 간단하고 쉬운 불교를. 이제 우리 한국의 불자들도 이러한 본래의 불교로 돌아갈 때이다. 임제 스님의 사상으로 돌아가서 당당하게 임제 스님의 법손임을 자랑할 때이다. 참으로 천고의 일서(一書)다.

이 단락에서 거듭 새겨야 할 구절은 "수연소구업 임운착의상(隨緣消舊業 任運著衣裳), 요행즉행 요좌즉좌(要行卽行 要坐卽坐), 약욕작업구불 불시생사대조(若欲作業求佛 佛是生死大兆)"이다. 명심하고 또 명심해야 할 것이다.

10-7 연야달다가 머리를 잃다

> 大德아 時光可惜이어늘 祇擬傍家波波地에 學禪學道하며 認名認句하며 求佛求祖하며 求善知識意度이로다 莫錯하라 道流야 儞祇有一箇父母어니 更求何物고 儞自返照看하라 古人云, 演若達多失却頭라가 求心歇處卽無事로다

해석 "대덕아! 시간을 아껴야 하거늘, 다만 옆길로만 분주히 돌아다니면서 선(禪)을 배우고 도(道)를 배운다고 하는구나. 이름과 글귀를 잘못 알고 부처를 구하고 조사를 구한다고 하는구나. 선지식을 찾아가서 생각으로만 헤아리는구나. 그렇게 잘못 알지 말라.

도를 배우는 벗들이여! 그대들에게 다만 일개 부모(根本)가 있다. 다시 무슨 물건을 구하는가? 그대들 스스로 돌이켜 보라. 옛사람이 이르기를 '연야달다(演若達多)가 머리를 잃어버렸다고 생각하다가 다시 구하는 마음이 쉰 그 순간에 아무런 일이 없어졌다.'고 하였다."

강설 사람들이 불교를 공부하고 참선을 한다고 하면서 공연히 옆길로만 치닫는다. 책자를 통해서나 남의 이야기를 듣고 부처니 조사니 보살이니 하는 것을 찾는다. 그들의 말을 잘못 이해하고 나름대로 헤아리고 사량 분별한다. 그러면서 아까운 시간들을 다 써 버린다. 인생은 짧다. 시간은 흐르는 물처럼 잠깐 사이에 지나간다. 사람의 몸 만나기 어렵고 불법 공부하기 더욱 어렵다. 이렇게 어려

운 것을 다행히 만났다. 천만금을 주고도 못 얻을 불교를 만났을 때 이 문제를 해결해야 한다.

　제발 그릇 알지 말라. 우리들에게는 모두 우리들의 근본 마음자리가 있다. 그것을 버리고 다시 무슨 물건을 구하는가. 부디 잘 생각해 보라. 능엄경(楞嚴經)에서 연야달다가 어느 날 거울을 보다가 잘못 생각하여 거울 안에는 사람의 머리가 있는데 자신의 머리는 어디 있는가? 라고 하여 자신의 머리를 찾아 나섰다. 그런데 어떤 사람이 그대의 머리는 그대로 있다고 알려주었다. 그래서 갑자기 자신의 머리는 잃어버린 적이 없고 그대로 있다는 사실을 알았다. 그 순간 머리를 찾으려는 마음이 쉬어버렸다. 더 이상 아무런 일이 없어졌다. 머리가 있는데 머리를 다시 찾을 일이 있겠는가. 쓸데없는 짓 그만들 하고 자신의 머리를 만져보라. 성불한다는 일이 그와 같은 이치이다. 이것이 성불의 지름길이 아니고 무엇인가. 이것이 진짜 불교 공부다.

　두상안두(頭上安頭)라는 말이 있다. 머리 위에 다시 또 머리를 하나 올려 둔다는 뜻이다. 머리를 두 개 포개어 달고 다니는 사람이 있다고 하자. 어떻게 되겠는가. 틀림없이 요귀(妖鬼)이거나 아니면 있을 수도 없는 병신이다. 우리들은 이미 완전무결한 부처님인데 다시 부처를 찾아 헤매는 일이 그와 같다는 말이다. 속 터질 일이다. 미치고 환장할 일이다. 이 이치는 수억만 번을 강조해도 지나친 말이 아니다. 이것이야말로 진짜불교고, 공짜불교다. 돈도 들지 않으며 노력도 들지 않는다. 정말 바르고 좋은 가르침은 이렇게 쉽고 간단하고 편안하다. 그래서 과거의 모든 눈 밝은 선지식들은 전부 임제 스님의 가르침과 그 사상을 받들고 숭상한다.

법주사에 있는 벽암(碧巖, 1575~1660) 스님의 비문에 "태고(太古, 1301~1382) 스님이 중국에 들어가서 부처님의 종지를 얻어서 우리나라에 돌아와 전한 것이 그 법이 벽암 스님에게까지 여덟 번째에 이르렀으니 진실로 임제 스님의 바른 종통(宗統)이다."라고 하였다.

또 편양(鞭羊, 1581~1644) 스님의 어록에 "임제 스님의 전통을 잃어버리지 않은 사람이라야 근본과 연원이 있다고 하겠다. 우리나라의 태고 스님은 중국에 들어가서 임제 스님의 법을 이은 석옥(石屋, 1272~1352) 스님의 법을 잇고 와서 다시 환암(幻庵, 1320~1392) 스님에게 전하였다. 환암 스님은 다시 구곡(龜谷) 스님에게 전하고 구곡 스님은 다시 정심(正心) 스님에게 전하고 정심 스님은 다시 운운" 하였다.

또 대흥사에 있는 서산 청허(西山淸虛, 1520~1604) 스님의 비문에 "임제 스님이 열여덟 번째 법을 전하여 석옥 스님에게 왔고 태고 스님은 석옥 스님에게 전해 받았다. 이로부터 여섯 번 전해져서 우리 스님에게 전해졌다. 그 법의 원류가 이와 같다."라고 하였다. 이러한 전거는 부지기수다. 전거를 모두 소개하려면 따로 책을 한 권 만들어야 한다. 우리는 모두 그들의 법손이 아닌가. 그들이 물려준 불교를 하고 있지 않은가. 배불숭유(排佛崇儒)의 피눈물 나는 아픈 역사를 딛고 물려준 것이다. 그래서 스님들이 돌아가시면 반드시 "빨리 사바에 돌아오셔서 임제문중에서 길이 인천의 안목을 지으소서."라고 간절히 축원한다. 한국불교의 전통이 이와 같은데 그 정신은 모두 어디 갔는가. 하루 빨리 바르고 전통이 있는 정통(正統)불교로 돌아가야 한다.

특히 이 단락에서는 "이자반조간(儞自返照看), 연야달다실각두 구심헐처즉무사(演若達多失却頭 求心歇處卽無事)"를 사무치게 참구하다 보면 저절로 마음이 쉬어질 것이다.

> 大德아 且要平常인댄 莫作模樣하라 有一般不識好惡禿奴하야 便卽見神見鬼하며 指東劃西하며 好晴好雨하나니 如是之流는 盡須抵債하야 向閻老前하야 呑熱鐵丸有日이니라 好人家男女가 被這一般野狐精魅所著하야 便卽捏怪하니 瞎屢生이여 索飯錢有日在로다

해석 "대덕들이여! 평상 생활 그대로이기를 바란다면 다른 모양을 짓지 말라. 좋고 나쁜 것을 알지 못하는 머리 깎은 노예들이 있다. 그들은 문득 귀신을 보고 도깨비를 보며, 동쪽을 가리키고 서쪽을 구분하며, 맑은 것이 좋으니, 비 오는 것이 좋으니 한다. 이와 같은 무리들은 모두 빚을 지고 염라대왕 앞에 가서 뜨거운 쇳덩이를 삼킬 날이 있을 것이다.

공연히 아무 탈 없는 집안의 남녀들에게 일종의 여우와 도깨비의 정령이 붙어 있다. 마치 멀쩡한 눈을 비벼서 괴상망측하게 허공에서 헛꽃을 보는 일과 같이 되었다. 이 눈멀고 어리석은 것들아. 밥값을 받을 날이 있을 것이다."

강설 평상심이 도라고 했다. 도는 평상의 삶인 것이다. 그런 도를 위해서라면 아무런 조작이나 인위적인 꾸밈을 짓지 말라. 조작이

나 꾸밈은 다 가짜다. 진실이 아니다. 생각해보라. 사람이 사는 일 밖에 달리 무엇이 있는가. 도니 진리니 불법이니 하는 것은 모두가 이대로 사람이 사는 일이다. 평상의 삶이다.

그런데 여기에 아무것도 모르는 머리 깎은 노예들이 있다. 그들은 이상한 불교를 배워가지고 있지도 않은 귀신이나 도깨비들을 보고 그것의 노예가 되어 있다. 자신을 저버리고 부처를 말하고 조사를 말하는 이들도 다 그와 같다. 또 불교를 말하면서 동쪽이 어떠니 서쪽이 어떠니 하는 일도 있다. 그리고 맑은 날 비오는 날을 운운하는 괴상망측한 사람들도 많다. 관세음보살이 영험이 있느니, 지장보살이 영험이 있느니 한다. 무슨 산이 영험이 있느니, 무슨 섬이 영험이 있느니 한다. 이 진언이 좋으니, 저 다라니가 좋으니, 참선이 좋으니, 염불이 좋으니 한다. 간화선이 좋으니 묵조선이 좋으니 한다. 이 스님이 큰스님이니, 저 스님이 큰 도인이니 한다. 완전히 도깨비에 홀린 삶이다. 불교를 처음부터 다시 생각해보라. 아니면 불교를 그만 두어라. 불교는 없다. 차라리 낮잠이나 늘어지게 자라.

사람의 일상의 삶을 버리고, 또 당당한 자기 자신을 버리고 밖으로 찾아 헤매는 사람들을 임제 스님은 그와 같다고 본다. 이런 이들은 모두 염라대왕 앞에 가서 뜨거운 쇳덩이를 삼킬 날이 있을 것이다. 공연히 아무 탈 없는 집안의 사람들에게 여우나 도깨비들의 정령이 붙어서 귀신 씨 나락 까먹는 소리를 하며 돌아다니는 것이다. 또 어떤 사람이 공연히 눈을 비벼서 허공에 꽃이 가득 피어 있는 것을 보는 사람과 같다고 본다. 야, 어리석고 눈 먼 자들아, 시주들의 밥값이나 갚아라.

11 사조용(四照用)

> 示衆云, 我有時先照後用하며 有時先用後照하고 有時照用同時하며 有時照用不同時니라 先照後用은 有人在요 先用後照는 有法在요 照用同時는 駈耕夫之牛하며 奪飢人之食이니 敲骨取髓하고 痛下鍼錐요 照用不同時는 有問有答하며 立賓立主하야 合水和泥하야 應機接物이니 若是過量人인댄 向未擧已前하야 撩起便行이라 猶較些子니라

해석 임제 스님이 대중들에게 말씀하셨다. "나는 어느 때는 먼저 지혜로 비춰보고, 뒤에 작용을 하며, 어느 때는 먼저 작용을 하고 나중에 비춰 본다. 어느 때는 비춤과 작용을 동시에 하며, 어느 때는 비춤과 작용이 동시가 아닐 때도 있다.

먼저 지혜로 비추고 뒤에 작용하는 것은 사람이 있는 데 해당된다. 먼저 작용을 하고 뒤에 비춰 보는 것은 법[대상]이 있는 데 해당된다.

비춤과 작용이 동시인 경우에는 밭가는 농부의 소를 빼앗고, 굶주린 사람의 밥을 빼앗는 것처럼, 뼈를 두들겨 골수를 뽑아내고, 아픈 데다가 다시 바늘과 송곳으로 침을 꽂는 것이다.

비춤과 작용이 동시가 아닐 때는, 물음이 있으면 답이 있고 손님[객관]도 세우고 주인[주관]도 세운다. 물에 합하고 진흙에 합하여 근기에 맞춰서 사람들을 제접한다. 만약 뛰어난 사람[過量人]이라면 법을 거량하기 전에 떨치고 일어나 곧 가버린다. 그래야 조금

비슷하다고 할 수 있다."

강설 임제의 사조용이다. 이 내용은 없는 책도 있다. 서문에 나타나 있는 것을 보면 있어야 옳다. 사람들을 대하여 깨우치고 법을 쓰는 경우에 이러한 네 가지 방법이 있다. 최상의 지혜를 일깨워 주려면 먼저 사람을 잘 관찰하는 지혜의 활동이 있어야 한다. 다음으로 할을 하든지 방을 휘두르든지 하는 행동이 뒤따를 것이다. 그런 경우를 사람이 있는 데 해당한다고 한다. 그 반대의 경우도 가능하다. 탈인(奪人) 탈경(奪境)의 경우는 부정하는 것으로 드러내고, 여기서는 긍정하는 방법으로 드러낸다. 표현은 달라도 뜻은 같다. '사람이 있다. 법이 있다.'라는 것은 사람은 주체적 사람, 법은 경계며 대상이다. 사람만 두기도 하고 법만 두기도 한다는 뜻이다.

요는 비춤과 작용이 동시인 경우[照用同時]가 문제다. 밭을 가는 농부의 소를 빼앗아 버리면 어쩌자는 것인가? 굶주린 사람의 밥을 빼앗아 버리는 것은 또 어쩌자는 것인가? 뼈를 두들겨 골수를 뽑아내고, 아픈 데다가 다시 바늘과 송곳으로 침을 꽂는 것은 또 어떤가? 위와 같은 상황들은 조용(照用)을 동시에 당해 본 사람은 알 것이다. "소낙비는 오는데 끌고 가던 소는 도망을 가고, 지고 있는 짐은 무거워 걸을 수 없는데 설사까지 났다."라는 우리들의 옛 말과 유사하다. 사람을 정신없이 만든다. 혼비백산이다. 그러나 그 그림이야말로 볼 만한 가치가 있다.

비춤과 작용이 동시가 아닐 때[照用不同時]는 물음이 있으면 답이 있어서 매우 친절하다. 물에 빠진 사람을 건지기 위해 물로 뛰어드는 노파심이다. 그래서 좀 뛰어난 근기들은 재미가 없어서 떨치고 가버린다. 이 단락에서는 이 말이 좋은 말이다. 합수화니 응기접물(合水和泥 應機接物).

12-1 일이 없는 사람이 귀한 사람

> 師示衆云, 道流야 切要求取眞正見解하야 向天下橫行하야 免被這一般精魅惑亂이니라 無事是貴人이니 但莫造作이요 祗是平常이라 儞擬向外하야 傍家求過하야 覓脚手錯了也로다 祗擬求佛하니 佛是名句니라

해석 임제 스님이 대중들에게 말씀하셨다.
"도를 배우는 벗들이여! 참으로 중요한 것은 참되고 바른 견해(眞正見解)를 구해서 천하를 마음대로 다니면서 도깨비 귀신에게 홀리지 않는 것이다. 일이 없는 사람이 참으로 귀한 사람이다. 다만 억지로 조작하지 말라. 오직 평상의 생활 그대로 하라. 그대들이 밖으로 향하고 옆집을 찾아 헤매면서 방법(脚手)을 찾아봐야 그르칠 뿐이다. 단지 부처를 구하려 하나 부처란 이름이며 글귀일 뿐이다."

강설 불교 공부를 하는 일이나, 집안의 살림을 사는 일이나, 회사를 경영하는 일이나, 인생을 살아가는 일이나 모든 것에 가장 우선하는 것은 참되고 바른 견해다. 이 일에 대하여 진정견해를 가졌다면 천하를 횡행하여도 겁날 것이 없다. 부질없는 사람들의 되지 못

한 말에 놀아날 까닭이 없기 때문이다. 참선을 하고 간경을 하고 기도를 하고 6바라밀을 닦아야 성불할 수 있다는 도깨비의 혼이 붙어 귀신 씨 나락 까먹는 것과 같은 소리를 하는 것에 홀리지 않기 때문이다. 아무런 일이 없는 사람이 귀인이다. 귀인은 부처님이요, 조사다. 참사람이다. 다만 허위 조작하지 말고 평상심으로 살아라. 그렇게 하려면 자기 자신 외에 밖을 향해서 치닫지 말라. 밖을 향해 치달으며 찾은 부처는 모두가 명자(名字)에 불과하다.

이 단락에서 중요한 구절은 "무사시귀인(無事是貴人), 단막조작지시평상(但莫造作 祇是平常)"이다. 꼭 알아두라.

儞還識馳求底麼아 三世十方佛祖出來는 也祇爲求法이요 如今參學道流도 也祇爲求法이라 得法始了요 未得依前輪廻五道니라 云何是法고 法者是心法이니 心法無形하야 通貫十方하야 目前現用이언마는 人信不及하고 便乃認名認句하야 向文字中求하야 求意度佛法하니 天地懸殊로다

해석 "그대들은 바깥을 향해서 허둥대고 찾으려 하는 그 사람을 아는가? 시방 삼세의 부처님과 조사님들이 세상에 오신 것은 오로지 법을 구하기 위함이다. 지금 여기에 참여하여 도를 배우는 사람들도 또한 다만 법을 구하기 위함이다. 그래서 법을 얻어야 끝낼 수 있다. 법을 얻지 못하면 여전히 지옥·아귀·축생·천도·아수라(혹 인도)의 다섯 갈래의 길에 떨어져 윤회하게 된다."

무엇이 법인가? 법이란 마음의 법이다. 마음의 법은 형상이 없어서 온 시방법계를 관통하고 있어서 눈앞에 그대로 작용하고 있다. 그런데 사람들이 그러한 사실을 철저하게 믿지 못하고서 다만 명칭을 오인하고 글귀를 오인해서 문자 속에서 구하고 있다. 불법을 생각으로 헤아려 이해하려고 하니 하늘과 땅의 차이로 멀리 달라져 버렸다.

강설 그대들은 부처를 찾으려고 밖을 향해서 허둥대는 그대 자신을 아는가? 찾는 그 사람이 곧 찾을 사람이다. 우리들이 부처를 찾는데 어려움이 있다면 바로 이 점이다. 찾는 그 사람이 곧 찾을 사람이라는 사실이다. 그러므로 찾지 않고 그대로 있으면 될 것을 언제부터인가 이미 찾아 나서서 허둥대고 있다.

모든 부처님과 조사들이 이 세상에 오신 것은 오로지 법을 구하기 위해서다. 모든 수행자들도 마찬가지다. 불법이란 마음의 법이다. 마음의 법은 형상이 없다. 온 시방에 꽉 차 있다. 그래서 바로 눈앞에서 환하게 쓰고 있다.

그런데 법을 구하기 위해서 수행하면서도 눈앞에 있는 그것을 구하지 못하는 것은 지금 목전에서 쓰고 있는 그것이 법이라는 사실을 믿지 않기 때문이다. 즉, 구하고 있는 그 일, 그 사람이 곧 법인데도 말이다. 참으로 통탄할 노릇이다. 가슴이 터질 노릇이다. 너무 가까이 있어서인가? 가까이 있기 때문에 찾지 못한다는 것은 또 무슨 이유인가? 중생들은 참으로 이유도 많다. 진짜를 버리고 문자 속에서 가짜를 찾고 다닌다. 그렇게 하면 저 하늘 멀리 아득해 지리라. 십만 팔천 리로 멀어지리라.

옛날 구법승들은 산을 넘고 물을 건너 중국으로 인도로 숱한 고난을 겪으면서 법을 구하러 갔었다. 가서 돌아오지도 못하고 객사한 사람도 부지기수다. 법이란 마음의 법이고 마음의 법이란 그대 자신이다. 한 걸음도 옮길 필요가 없다. 스스로를 깨닫고 스스로를 증득하는 것, 그것이 불조가 법을 구하는 수행이다. 자신의 마음을 깨닫고 자신의 마음을 증득하는 것이 참다운 수행이다.

원효(元曉) 스님과 의상(義湘) 스님이 함께 법을 구해 중국으로 가다가 원효는 해골바가지의 물을 마시고 마음의 법을 깨달았다. 그리고는 구법(求法)의 행각(行脚)을 끝냈다. 그렇게 쉽고 간단한 것이다. 몽둥이 하나로 심법(心法)을 보여준 사람도 있다. 한 소리 고함으로 심법을 보여준 사람도 있다. 손가락 하나로 심법을 보여준 사람도 있다.

새벽의 별을 보고 심법을 깨달은 사람이 있었다. 꽃을 들어 보인 것을 보고 심법임을 알고 미소 지은 사람도 있었다. 어느 봄날 복사꽃이 핀 것을 보고 심법을 깨달은 사람이 있었다. 경전을 읽는 소리 한 마디에 심법을 깨달은 사람도 있었다. 변소 가는 길에 눈에 미끄러져서 심법을 깨달은 사람도 있었다. 참으로 별의별 일기일경(一機一境)과 일언일구(一言一句)에서 심법을 깨달은 사람들이 있었다.

다시 한번 생각할 구절은 법자시심법(法者是心法). 심법무형 통관십방(心法無形 通貫十方). 목전현용 인신불급(目前現用 人信不及)이다.

12-2 모든 것이면서 모든 것이 아니다

> 道流야 山僧說法은 說什麼法고 說心地法이니 便能入凡入聖하며 入淨入穢하며 入眞入俗하나 要且不是儞眞俗凡聖이라 能與一切眞俗凡聖 安著名字요 眞俗凡聖이 與此人安著名字不得이니라

해석 "도를 배우는 벗들이여! 산승의 설법은 무슨 법을 설하는가. 심지법(心地法)을 설한다. 그래서 범부에게도 들어가고 성인에게도 들어가며, 깨끗한 곳에도 들어가고 더러운 곳에도 들어가며, 진제(眞諦)에도 들어가고 속제(俗諦)에도 들어간다. 중요한 것은 그대들의 진(眞) · 속(俗) · 범(凡) · 성(聖)이 아니면서 모든 진 · 속 · 범 · 성으로 더불어 이름을 붙여 준다. 그러나 진 · 속 · 범 · 성이 이 사람(참사람, 心)에게 그런 이름을 붙일 수는 없다."

강설 임제 스님의 설법을 가만히 살펴보면 그 종지가 무위진인(無位眞人)이며, 일심(一心)이다. 그 일심이란 이 세상 모든 것이 다 될 수 있다. 그래서 곳곳에 다 들어간다. 그러나 그 일심은 일심대로 있다. 모든 것이 다 될 수 있고 모든 곳에 다 들어간다고 해서 결코 뒤섞여 분별이 없는 것은 아니다. 참사람은 차별이 없이 가만히 있는데 온갖 이름들을 다 붙여 차별된 사람을 만든다. 설사 진 · 속 · 범 · 성이 뚜렷하게 존재한다 하더라도 그 사람에게는 그런 진속범성의 이름을 붙일 수는 없다. 그는 처음부터 그렇게 규정지을 수 있는 존재가 아니다. 그러므로 변화무쌍한 세상의 차별상을 보지

말고 차별 없는 진짜 사람을 보라. 금 불상이나 금 돼지를 보지 말고 금을 보라는 말이다. 전단 나무로 중생의 모습과 불보살의 모습과 동물의 모습으로 천만 가지 형상을 조각하지만, 그 나무의 향기를 맡아보면 모두가 전단향의 향기가 난다는 사실을 알아야 한다.

  그러므로 임제 스님의 마음은 언제나 오늘 이 순간 보고 듣는 분명한 이 사람이다. 일체 진·속·범·성의 차별은 없다. 이 단락의 중요한 구절은 심지법(心地法)이다. 보살계를 설하는 내용도 심지법문이 그 종지(宗旨)가 된다. 불교는 마음을 빼 버리면 아무 것도 없다. 삼라만상과 일체만유는 모두가 이 마음이 만든 것이다. 삼계가 오직 마음이다〔三界唯心〕.

12-3 쓰게 되면 곧 쓴다

> 道流야 把得便用이요 更不著名字니 號之爲玄旨니라 山僧說法은 與天下人別하니 祇如有箇文殊普賢이 出來目前하야 各現一身問法하되 纔道咨和尙하면 我早辨了也니라 老僧穩坐에 更有道流하야 來相見時 我盡辨了也니 何以如此오 祇爲我見處別하야 外不取凡聖하며 內不住根本하야 見徹更不疑謬니라

해석 "도를 배우는 벗들이여! 잡으면 그대로 쓸 뿐 다시 무슨 이름을 붙이지 말아야 한다. 그것을 일컬어 깊은 뜻〔玄旨〕이라고 한다. 나의 법문은 천하의 누구와도 같지 않다.

가령, 문수보살 보현보살이 바로 눈앞에서 각각 한 몸을 나타내어 법을 물으려고 막 '스님께 묻습니다' 라고 하면 나는 벌써 알아 버린다.

노승이 그저 편안히 앉아 있는데 어떤 수행자가 찾아와 나를 만날 때도 나는 다 알아차린다. 어째서 그런가? 그것은 나의 견해가 다른 사람들과 달라서 밖으로는 범부와 성인을 취하지 않고 안으로는 근본 자리에도 머무르지 않는다. 견해가 철저해서 다시는 의심하거나 잘못되지 않기 때문이다."

강설 잡으면 그대로 쓸 뿐 다시 무슨 이름을 붙일 필요가 없다. 보게 되면 보고 듣게 되면 들을 뿐이다. 그 듣고 보고 하는 것을 달리 이름 붙일 것이 아니다. 보는 것인가 하면 듣는 것이다. 듣는 것인가 하면 손으로 잡는 것이다. 잡는 것인가 하면 어느새 걷는 것이다. 이것을 부처 · 조사 · 보리 · 열반 · 진여 · 불성 · 자성 · 법성 등등이라고 구태여 옳지도 않은 이름을 붙일 것이 아니다. 쓸 일이 있으면 그대로 쓸 뿐이다.

또 임제 스님은 자신의 뛰어난 안목을 당당하게 말씀하신다. 문수보살, 보현보살이 오더라도 그들의 경지를 다 알아 보며, 어떤 수행자가 오더라도 역시 그들의 경지를 다 알아본다. 그 까닭은 견해가 다르기 때문이다. 범부니 성인이니 하는 차별상에 떨어져 있지 않고, 그렇다고 근본자리에 머물러 있는 것도 아니다. 어떤 경지에도 자신을 매어 두지 않기 때문에 어떤 경지의 사람이 오더라도 다 적응하여 간파하기 때문이다. 달리 표현하면 임제 스님의 견해는 없다. 없는 견해이기 때문에 모든 견해에 적응하여 다 상대하여 알아본다는 것이다.

　파득변용(把得便用)이 중요한 말이다.

13-1 수처작주(隨處作主)하라

> 師示衆云, 道流야 佛法無用功處요 祇是平常無事니 屙屎送尿하며 著衣喫飯하며 困來卽臥라 愚人笑我나 智乃知焉이니라 古人云, 向外作工夫는 總是癡頑漢이라하니라

해석　임제 스님이 대중들에게 말씀하셨다.

　"도를 배우는 벗들이여! 불법은 애써 공을 들여서 하는 것이 아니다. 그저 평상대로 아무 일 없는 것이다. 똥 싸고 오줌 누며, 옷 입고 밥 먹으며, 피곤하면 눕는 것이다. 어리석은 사람들은 나를 비웃겠지만 지혜로운 이는 알 것이다. 옛사람이 말하기를 '자신 밖을 향해서 공부하는 사람은 모두가 어리석고 고집스런 놈들이다.'라고 하였다."

강설　우리나라 스님들은 임제가풍을 너무 좋아한 나머지 사람이 죽었을 때 영결사나 조사나 추모사를 하는 자리에서도 '할'을 한다. 임제가풍을 쓰고 싶어 몸살이 난 사람들이다. 몸살이 나지 않고서야 간절히 애도를 해야 하는 자리에서 그 같은 '할'을 할 수 있겠는가. 큰스님들의 영결식에 가서 보면 얼마든지 만나는 광경

이다. 그런데 그 외의 불교에는 실로 거품이 너무 많다. 위와 같은 임제 스님의 올곧은 가르침은 어디 갔는가. 위의 글에서 불교가 무엇이라고 했는가. "불교는 애써서 공을 들여가며 공부하는 것이 아니다. 그저 평상대로 일없이 인연 따라 살면 된다. 똥 싸고 오줌 누며, 옷 입고 밥 먹으며, 피곤하면 눕는 것이다."라고 했다.

이제는 공연히 쉬운 불교를 어렵게 만들지 말고 정통 불교로 돌아가서 이와 같이 쉽게 가르쳐야 한다. 이것이 불교의 지름길이다. 성불의 지름길이다. 옛 사람도 "자신 밖을 향해서 공부하는 사람은 모두가 어리석고 고집스런 놈들이다."라고 하지 않았는가. 이제는 불교의 거품을 모두 걷어내고 바른 불교 쉬운 불교 간단한 불교로 가야 한다. 참으로 옛 것이 새로운 것이다. 한국불교가 기왕 임제 스님의 법을 이어 받았다면 이 임제록으로써 한국불교 개혁의 선언서로 삼았으면 한다.

기억해 둬야 할 구절이다. 불법무용공처 지시평상무사(佛法無用功處 祗是平常無事). 불교를 아주 쉽고 편안하게 하는 가르침이다.

爾且隨處作主하면 立處皆眞하야 境來回換不得하야 縱有從來習氣五無間業하야도 自爲解脫大海니라 今時學者는 總不識法하고 猶如觸鼻羊이 逢著物安在口裏하야 奴郞不辨하며 賓主不分이라 如是之流는 邪心入道하야 鬧處卽入이니 不得名爲眞出家人이요 正是眞俗家人이니라

해석 "그대들이 어디를 가나 주인이 된다면 서 있는 곳마다 그대로가 모두 참된 것이 된다. 어떤 경계가 다가온다 하여도 끄달리지 않을 것이다. 설령 묵은 습기와 무간 지옥에 들어갈 다섯 가지 죄업이 있다 하더라도 저절로 해탈의 큰 바다로 변할 것이다. 요즈음 공부하는 이들은 모두들 법을 모른다. 마치 양이 코를 들이대어 닿는 대로 입안으로 집어넣는 것처럼 종과 주인을 가리지 못하며, 손님인지 주인인지를 구분하지 못한다.

이와 같은 무리들은 삿된 마음으로 도(佛敎)에 들어왔다. 그러므로 이해득실과 시시비비의 번잡스런 일에 곧바로 빠져버리니 진정한 출가인이라고 이름할 수 없다. 그야말로 바로 속된 사람(俗人)이다."

강설 임제록에서 꼭 기억해 두어야 할 구절이다. 수처작주 입처개진(隨處作主 立處皆眞). 인생을 살아가면서 꼭 잊지 말아야 할 구절이다. 어떤 경우에도 자신을 잃어버리지 말고 상황에 끄달리지 말고, 주체적 인간으로 살면 무엇을 하든 그 하는 일과 그 있는 자리가 모두 진실한 진리의 삶이다. 상황과 처지에 끌려 다니면서 자신을 잊어버리지 말고, 상황과 처지의 주체적 역할을 하라. 어떤 일일지라도 주체적 역할을 할 때 그 일은 곧 온전한 내 일이고, 온전한 나의 삶이다. 이것이 철저히 살고 철저히 죽는 전기생 전기사(全機生 全機死)며, 대기대용(大機大用)의 삶이다. 실로 천고의 명언이다. 이 한마디로 임제는 저 넓은 태평양이고, 허공이다. 수미산 꼭대기고, 히말라야 정상이다. 비상비비상천이고, 수만 광년 저 바깥이다.

그러나 백보 끌어내려서 이렇게 해석하면 어떨까.

"어디에 가건 지금 있는 그 곳이 바로 자신의 자리다. 그러므로 현재의 위치가 아닌, 지금과는 다른 상황에 처해 있기를 바라고 꿈꾸지 말라. 지금 있는 이 자리가 어떤 상황이든 만족하고 행복하라. 자신이 가고 싶은 곳에 초점을 맞추는 대신, 현재 자신이 있는 곳에 초점을 맞추어 행복을 누리라. 자신이 갖고 있지 않은 것에 초점을 맞추어 언제나 배고픈 아귀가 되지 말고, 자신이 갖고 있는 것에 초점을 맞추어 만족하고 넉넉하게 부자로 살아라."

수처작주 입처개진(隨處作主 立處皆眞)이 되면 설사 옛날에 익힌 업장과 지옥에 들어갈 다섯 가지, 즉 부모를 죽인 일이나, 성인을 죽인 일이나, 부처님의 몸을 해치거나, 청정한 승단의 화합을 깨뜨리거나 하는 따위의 죄를 지었다 하더라도 저절로 해탈의 대해에 노니는 것이 된다. 설사 인간이 저지를 수 없는 극악무도한 일을 저질렀다 하더라도 그대로 해탈이라는 뜻이다.

'어떤 상황에 있든 주인이 되라(隨處作主)'는 말은 타인으로부터 어떤 취급을 받든 자신은 거기에 흔들리지 말라는 뜻이기도 하다. 타인이 나를 때리고 욕하고 비방하고 모함하고 저주하고 질투하고 내 것을 빼앗아 가고 큰 손해를 입히고 훼방하여 큰 곤경에 처하게 하더라도 그것은 그 사람이 하는 일이고 자신은 그것에 동요하지 않고 의연히 대처하는 것, 타인이 하는 일에 끌려가지 않고 분노하지 않고 자신의 본심으로 주체자가 되어 있으면 어떤 상황에서도 다 행복하다. 그것이 진정한 수처작주 입처개진(隨處作主 立處皆眞)이다. 자신에게 불이익과 손해가 돌아오고 비방이 돌아오더라도 그것을 다 받아들이고 그것에 따라 반응할 필요는 없다. 예컨대 손님에게 맛난 음식을 잘 차려 대접하더라도[비방과 손해를 가하더라도]

손님이 그 음식을 먹지 않으면 그 음식은 결국 음식을 차려 대접한 사람에게로 되돌아가고 만다.

그런데 요즘 공부하는 이들은 이러한 마음의 법을 알지 못한다. 마치 양이 풀이고 나무고 가시고 간에 닥치는 대로 먹어치우는 것처럼 아무런 말이나 다 받아들인다. 삿된 말과 마군의 말을 잘도 받아들인다. 비방과 손해와 때리고 욕하는 일들을 잘도 받아들인다. 분별력이 전혀 없다. 방편과 진실을 전혀 가리지 못한다. 정법과 사법을 전혀 모른다. 그 말 많은 불교를 잘 변별해서 이제는 거품을 걷어내고 적확한 불교를 공부할 때다. 진정견해가 참으로 요구되는 때다.

좀 더 부연해서 말한다면 이런 무리들은 삿된 마음으로 불교에 들어와 있다. 이해득실과 시시비비 등등 정치적이거나 불교 외적인 것들에 열을 올리고 빠져들어 가히 박사가 되어 있다. 불교 외적인 일들을 열거하기로 하면 끝이 없다. 정치문제, 사회문제, 경제문제, 환경문제, 명성과 이익, 학위, 운동, 예술, 문필, 먹 거리, 마실 거리 등등 종류도 너무 많다. 이런 것들에 정신이 빠져 있으면서 불교를 운위하는 이들이 의외로 많다. 마치 양이 코를 들이대어 닿는 대로 입안으로 집어넣는 것과 같다. 임제 스님은 이런 이들을 "참다운 출가인이라 할 수 없다. 참으로 속된 사람이며 저질이며 속물 그 자체다."라고 말씀하신다. 아무리 높은 예술의 경지에 올랐다 하더라도, 또는 영웅호걸의 큰 그릇이라 하더라도 불법지견(佛法知見)과는 차원이 다르기 때문이다.

13-2 참다운 출가인

> 夫出家者는 須辨得平常眞正見解하야 辨佛辨魔하며 辨眞辨僞하며 辨凡辨聖이니 若如是辨得하면 名眞出家니라 若魔佛不辨하면 正是出一家入一家니 喚作造業衆生이요 未得名爲眞出家人이니라 祇如今에 有一箇佛魔하야 同體不分흠이 如水乳合이라 鵝王喫乳요 如明眼道流는 魔佛俱打하나니 儞若愛聖憎凡하면 生死海裏浮沈이니라

해석 "대저 출가한 사람은 모름지기 평상 그대로의 참되고 바른 안목을 잘 가려내야 한다. 그리하여 부처와 마군을 구분하고 참됨과 거짓을 구분하며 범부와 성인을 구분할 수 있어야 한다. 만일 이와 같이 가려낼 수 있다면 참된 출가라고 할 것이지만 부처와 마군을 구분하지 못한다면 그저 한 집에서 나와 또 다른 집으로 들어간 것에 불과하다. 이는 업을 짓는 중생이지 진정한 출가인 이라고 말할 수 없다.

 지금 한 개의 부처인 마군이 있어서 같은 몸이 되어 나눌 수 없는 것이 마치 물과 우유가 섞여 있는 것과 같다. 그러나 거위의 왕은 우유만 먹는다. 눈 밝은 도인이라면 마군과 부처를 함께 쳐버린다. 그대들이 만약 성인을 좋아하고 범부를 싫어한다면 생사의 바다에 떴다 잠겼다 할 것이다."

강설 출가하여 불문(佛門)에 든다는 것은 무엇을 의미하는가. 특별한 조작이 없는 평상 그대로의 참되고 바른 견해를 가려내는 일이

다. 또 무엇이 부처며 무엇이 마군인지도 가려내야 한다. 진실과 거짓, 범부와 성인도 가려낼 줄 알아야 한다. 이런 능력이 없다면 출가란 단지 한 집에서 나와 다시 한 집으로 들어가는 일에 불과하다. 업장을 소멸하러 와서 다시 업장을 짓는 중생일 뿐이다.

일개의 부처인 마군〔佛魔〕이 있다고 한다. 때로는 부처라고도 하고 때로는 중생이라고도 하고 때로는 사람이라고도 한다. 여기서는 부처인 마군이라고 하였다. 부처인 아귀도 가능하고 부처인 아수라도 가능하다. 인간은 본래로 수많은 속성을 지니고 있기 때문에 상황에 따라서 수시로 그 하는 짓이 다르다. 하지만 눈이 밝은 사람은 부처도 마군도 한꺼번에 쳐 없앤다. 그 사람 앞에는 성인도 범부도 존재할 수 없다. 범부와 성인을 나눠놓고 싫어하고 좋아한다면 생사의 바다에 출몰하는 것을 면할 길이 없을 것이다. "부처님의 마음 안에 중생이 새롭게 새롭게 부처를 짓고, 중생의 마음 안에 부처님이 순간순간 진리를 깨닫는다."라는 말도 있다.

13-3 부처도 없고 중생도 없다

問, 如何是佛魔오 師云, 儞一念心疑處가 是箇魔니 儞若達得萬法無生하면 心如幻化하야 更無一塵一法하야 處處淸淨是佛이니라 然佛與魔는 是染淨二境이라 約山僧見處하면 無佛無衆生하며 無古無今하야 得者便得하야 不歷時節이요 無修無證하며 無得無失하야 一切時中에 更無別法하니 設有一法過此者라도 我說如夢如化하노니

山僧所說이 皆是니라

해석 "무엇이 부처인 마군입니까?"

"그대의 의심하는 그 한 생각이 바로 마군이다. 그대가 만약 만법이 본래 태어남이 없는 이치〔萬法無生〕를 통달하면 마음은 환영과 같아지리라. 다시는 한 티끌 한 법도 없어서 어딜 가나 청정하리니 이것이 부처다. 그러나 부처와 마군이란 깨끗함과 더러움의 두 가지 경계다.

산승의 견해에 의한다면 부처도 없고 중생도 없으며, 옛날도 없고 지금도 없어서 얻을 것은 바로 얻는다. 오랜 세월을 거치지 않는다. 닦을 것도 없고 깨칠 것도 없으며, 얻을 것도 없고 잃을 것도 없어서 모든 시간 속에서 더 이상 다른 법은 없다. 설사 이보다 더 나은 법이 있다 하더라도 나는 그것은 꿈 같고 허깨비 같은 것이라고 말한다. 산승이 말하고자 하는 것은 모두 이것이다."

강설 흔히 하는 말로는 "한 생각 의혹이 일어나면 곧 마군이다. 그리고 일체 삼라만상이 본래로 생멸이 없는 이치를 알아서 마음이 환화(幻化)와 같이 되어, 먼지 하나 일 하나 없이 텅 비어 버리면 이것이 부처다."라고들 한다.

그러나 임제 스님의 견해에 의한다면 부처도 중생도 없다. 예도 지금도 없다. 만약 얻을 것이 있다면 곧바로 얻는다. 시간은 필요치 않다. 노력도 필요치 않다. 참선이니 간경이니 기도니 주력이니 육도만행이니 하는 것을 통해서 얻어지는 것이 아니다. 설사 그러한 것을 통해서 얻었다 손치더라도 옛날 그대로의 그 사람일 뿐이다. 달라진 것이라고는 없다. 본래 그 사람이다. 만약 달라진다면 그것은 머리 위에 머리를 하나 더 얹는 것이다. 공연히 긁어 부스럼을 낸 것이다. 한 마음이 나지 않으면 만법에 허물이 없다. 산승이 할 말은 이것이 전부다.

13-4 어느 곳에도 막히지 않는다

> 道流야 卽今目前孤明歷歷地聽者가 此人處處不滯하고 通貫十方하야 三界自在하야 入一切境差別호대 不能回換하나니 一刹那間에 透入法界하야 逢佛說佛하며 逢祖說祖하며 逢羅漢說羅漢하며 逢餓鬼說餓鬼하야 向一切處하야 游履國土하야 敎化衆生호대 未曾離一念하고 隨處淸淨하야 光透十方하야 萬法一如니라

해석 "도를 배우는 벗들이여! 바로 지금 눈앞에서 호젓이 밝고 역력하게 듣고 있는 이 사람은 어디를 가나 막힘이 없고 시방세계를 꿰뚫어 삼계에 자유 자재한다. 온갖 차별된 경계에 들어가도 그 경계에 휘말리지 않는다.

한 찰나 사이에 법계를 뚫고 들어가 부처를 만나면 부처를 말하고 조사를 만나면 조사를 말하며 나한을 만나면 나한을 말하고 아귀를 만나면 아귀를 말한다. 모든 국토를 다니며 중생들을 교화하지만 일찍이 일념을 떠난 적이 없다. 가는 곳마다 청정하여 그 빛

이 시방법계에 사무쳐서 만법이 한결같다."

강설 천고(千古)에 다시 없을 법문이다. 그러나 무슨 특별하고 기상천외한 일을 밝힌 것이 아니다. 다만 우리들 평상사이다. 모든 사람들이 매일 매일 살아가는 삶의 모습을 말하고 있다. 꾸밈 없고 조작 없는 삶의 모습 그대로 드러낸 말이다.

  지금 우리들 눈앞에서 호젓이 밝고 역력하게 듣고 있는 이 사람, 천지는 오직 이 한 사람뿐이다. 만물도 오직 이 한 사람뿐이다. 이 한 사람이 능히 천지가 되고, 이 한 사람이 능히 만물이 된다. 그러면서 이 한 사람은 천지 삼라만상에 들어가 뒤섞이거나 휘말리지 않는다. 과거 현재 미래의 주인이요, 만법의 왕이다. 그러므로 이 사람은 부처를 만나면 부처를 말하고 조사를 만나면 조사를 말하며 나한을 만나면 나한을 말하고 아귀를 만나면 아귀를 말한다. 능대 능소하는 사람이다. 그러면서 한 생각을 떠난 적이 없다. 이것이 우리들 보통 사람들의 일상사다. 모두들 그렇게 살고 있는 모습들이다.

  "통관시방 삼계자재(通貫十方 三界自在)"는 우리들의 마음을 설명한 것이다. 중요한 대목이다.

13-5 본래 일이 없다

道流야 大丈夫兒가 今日方知本來無事로다 祇爲儞信不及일새 念念馳求하야 捨頭覓頭하야 自不能歇하나니라

해석 "도를 배우는 벗들이여! 대장부라면 본래 아무런 일이 없는 줄을 오늘에야 알 것이다. 다만 그대들은 믿음이 부족하여 생각생각 내달려 구하면서 자기 머리는 놔두고 다른 머리를 찾느라 스스로 쉬지를 못하는 것이다."

강설 불교에서 대장부란 출가인만을 뜻하는 것이 아니다. 남자를 뜻하는 것도 아니다. 영웅호걸을 뜻하는 것도 아니다. 인생에 대한 올바른 견해를 가진 사람을 뜻한다. 인생에 대한 올바른 견해란 편견이나 변견에 사로잡히지 않은 사람이다. 흑백논리에 집착하지도 않는 사람이다. 아주 없다거나 영원히 존재한다거나 하는 단견(短見)에 사로잡히지 않은 사람이다. 유·무·단·상(斷常)의 삿된 견해에서 시원스레 벗어난 사람을 말한다.

그러므로 그는 본래로 할 일이 없음을 안다. 닦을 것도 깨달을 것도 처음부터 없음을 안다. 그것을 믿지 않는 사람은 열심히 자신을 두고 밖을 향해서 찾는다. 마치 자신의 머리를 두고 다른 머리를 찾는 격이다. 설사 3아승지겁 동안 6바라밀을 닦고 참선을 하고 고행을 하여 머리를 찾았다 하더라도 이미 머리가 있는데 그 머리를 어디에다 또 쓸 것인가. 쉬어라, 쉬어. 본래로 아무런 일이 없다. 이렇게 하여 아무런 일이 없는 사람이 대장부다.

본래무사(本來無事). 사두멱두 자불능헐(捨頭覓頭 自不能歇)은 이 단락에서 제일 중요한 말이다. 한번 더 되새겨야 한다.

如圓頓菩薩이 入法界現身하야 向淨土中하야 厭凡忻聖

> 이라 如此之流는 取捨未忘하고 染淨心在니 如禪宗見解는 又且不然하야 直是現今이요 更無時節이니라 山僧說處는 皆是一期藥病相治요 總無實法이니 若如是見得하면 是眞出家라 日消萬兩黃金하나니라

해석 "저 원교보살 돈교보살〔圓頓菩薩〕은 법계에 들어가 몸을 나타내어 정토에 있으며 범부를 싫어하고 성인을 좋아한다. 이런 무리는 취하고 버리는 마음을 잊지 못한다. 더럽다, 깨끗하다 하는 마음이 남아 있기 때문이다. 그러나 선종의 견해는 그렇지 않다. 바로 지금 이 순간이지 달리 다른 시절이 없다.

산승이 말하는 것은 모두가 병에 따라 그때그때 약을 쓰는 일회적인 치료일 뿐이다. 실다운 법이라고 전혀 없다. 만약 이와 같이 볼 수만 있다면 참된 출가인이다. 하루에 만 냥의 황금을 쓸 수 있을 것이다."

강설 교리에서 말하고 있는 원교(圓敎)나 돈교(頓敎)의 대승보살들은 진리의 세계에서 몸을 나타내고, 청정한 국토에 살면서 범부는 싫어하고 성인들만 좋아한다고 한다. 설사 그런 경계가 있다 하더라도 그런 사람들은 좋은 것을 취하고 나쁜 것을 버리는 편견에 사로잡혀 있다. 유·무·단·상(有無斷常)에서 벗어난 참되고 바른 견해가 아니다. 중도정견(中道正見)이 아니다. 중도정견이 못 되면 부처고 보살이고 아무 것도 아니다. 모두 가설이다.

이왕 중도라는 말이 나왔으니 좀 더 부연하겠다. 흔히 일체 법이 공(空)이기 때문에 연기(緣起)다. 어떤 작은 물질도 홀로 존재하는

것은 아무 것도 없다. 모두가 서로 의지하고 서로 관계를 맺을 때에만 존재가 가능하다는 뜻이다. 그래서 연기이기 때문에 공이다. 연기는 곧 여래(如來)요, 여래는 곧 공이다. 연기이면서 공이요, 공이면서 연기인 모든 존재의 원리가 곧 중도다. 쌍차 쌍조(雙遮雙照), 쌍민 쌍존(雙泯雙存)이다. 즉 유무 선악의 상대적 견해를 함께 부정하고 상대적 견해를 함께 긍정하며, 상대적 양면을 함께 수용하고, 긍정과 부정을 함께 받아들이는 것이 곧 중도다. 모든 경전과 어록들이 이 중도의 공식으로 설해졌다.

　중도를 설명하는 사람들은 모두 여기까지만 말한다. 그리고 여러 가지 경전의 말씀과 어록의 글들을 이끌어내어 불조가 모두 중도를 말했다고 증거한다. 틀린 말은 아니다. 그러나 어쩐지 좀 부족하고 구체적이지 못하다.

　그러나 영명연수(永明延壽, 904~975) 선사의 말씀은 매우 구체적이다. 불교인들의 일상 덕목인 육바라밀이나 불공하는 일, 불사를 짓는 일, 예불을 드리는 일 등등을 열거하며 그 일의 중도적 방향을 제시하고 있다. 예컨대, 자비를 행하되 나와 상대가 한 몸이라는 사실을 알고 하라. 인연이 없는 사람에게까지 미치게 하라. 보시는 베푸는 바 없이 베풀라. 가지는 바 없이 계행을 가지라. 우리들의 육신은 없는 줄을 알고 모양을 잘 갖추라. 법은 본래 설할 것이 없음을 알고 설법하라. 절이란 물에 비친 달빛과 같이 환상이라는 사실을 잘 알고 절을 세우고 도량을 건립하라. 텅 빈 세계지만 잘 장엄하라. 환영이요, 헛것인 공양구를 부처님께 정성 다해 올려라. 그림자요, 메아리인 여래에게 공양을 올리라. 마음의 극락인 줄 알고 왕생을 발원하라. 꿈 속의 불사인 줄 알고 크게 일으켜라.

모두가 그렇게 존재하는 것이므로 그렇게 알고 실천하라는 것이다. 중도의 원리로 존재하므로 중도적 원리대로 살라는 것이다. 세속적 논리로 보면 모두가 모순된 말이지만 편견에 치우치지 않는 철저히 중도적 길을 제시하고 있다.

산승의 설법은 모두가 병에 따라 약을 쓰는 것과 같다. 즉 방편이다. 실다운 법은 하나도 없다. 그렇게 알아야 진정한 출가자의 안목이라고 할 수 있다. 그러면 하루에 만 냥의 황금을 소비하더라도 상관없다. 빚이 되지 않는다. 그러나 말을 쫓아가서 말 속에 대단한 법이라도 있는 것으로 알면 한 방울의 물도 녹이기 어렵다. "직시현금 갱무시절(直是現今 更無時節)"이 중요한 대목이다.

13-6 지옥 업을 짓는 것

道流야 莫取次被諸方老師印破面門하야 道我解禪解道하라 辯似懸河하나 皆是造地獄業이니라 若是眞正學道人은 不求世間過하고 切急要求眞正見解니 若達眞正見解圓明하면 方始了畢이니라

해석 "도를 배우는 벗들이여! 그대들은 쉽사리 제방의 노사들에게 인가를 받아 가지고 '나는 선(禪)을 알고 도(道)를 안다.'고 지껄이지 말라. 설법이 마치 폭포수처럼 말솜씨가 유창하다 하더라도 이는 모두 다 지옥 갈 업을 짓는 것이다. 만약 참되고 바르게 도를 배우는 이라면 세상의 허물을 찾지 않는다. 참되고 바른 견해를 구

하는 일이 간절하고 급박하다. 만약 참되고 바른 견해를 통달하여 뚜렷이 밝으면 비로소 일을 마쳤다고 할 수 있을 것이다."

강설 공부한 것을 인가하는 문제다. 인가를 하는 것은 요즘도 있는 일이다. 인가하는 사람은 참으로 인가할 만해서 하는지, 받는 사람도 공부가 충분히 인가를 받을 만해서 받는지 참으로 궁금하다. 언젠가 어떤 사람이 차를 마시면서 자신도 인가를 받은 지 몇 년이나 되었는데 도대체 모르겠다는 말을 하는 것을 들었다.

아무리 생각해 봐야 자신은 아무 것도 아닌데 무엇을 인가했는지도 모르겠다는 것이다. 혹 인가를 받아서 선을 알고 도를 안다고 하여 설법하는 말솜씨가 폭포수 같다 하더라도 모두가 지옥에나 갈 업을 짓는 것이다. 그러나 남이야 어떻든 남의 허물을 탓할 것은 아니다. 지금 간절하고 다급한 일이 있다. 참되고 바른 견해를 구하는 일이다.

바른 견해란 무엇인가?

"할."

지금 목전에서 역력하게 '할'을 하고 '할'을 듣는 그 사람이 모든 것의 모든 것이라는 사실을 확실하게 아는 일이다. 아래에 또 자세한 말씀이 있다. 진정학도인 불구세간과(眞正學道人 不求世間過), 참으로 좋은 말이다. 공부인은 꼭 명심해야 할 말이다.

13-7 실다운 법은 아무 것도 없다

> 問, 如何是眞正見解오. 師云, 儞但一切入凡入聖하며 入染入淨하며 入諸佛國土하며 入彌勒樓閣하며 入毘盧遮那法界하야 處處皆現國土하야 成住壞空하나니라

해석 "무엇이 참되고 올바른 견해입니까?"

"그대들은 언제 어디서나 범부에도 들어가고 성인에도 들어가며 더러움에도 들어가고 깨끗함에도 들어간다. 모든 부처님 나라에도 들어가고 미륵의 누각에도 들어가며 비로자나불의 법계에도 들어가서 곳곳마다 국토를 나타내며 성·주·괴·공(成住壞空)을 한다."

강설 임제 스님은 일심(一心)의 활발발한 작용이 어떤 것인가를 눈여겨보는 것이 참되고 바른 견해라고 한다. 그 일심[그대들]은 범부·성인·더럽고·깨끗함 등등 온갖 곳에 다 들어간다. 즉 유무 선악의 상대적 대립관계 속에 빠져 허우적대는 것이다. 아무리 높은 경지인, 선재동자가 53선지식을 다 친견하고 최후에 들어갔다는 미륵누각이나 비로자나법계에까지도 들어간다. 일심은 곧 그 모든 것들이기 때문에 들어가는 정도가 아니라 그것들을 만든다. 이 세상에 존재하는 모든 것들을 만들어 놓고, 특히 선악 애증 청탁 등등 온갖 대립적 관계들을 만들어 놓고 그 곳에 들어가서 그 환경과 그 세계를 나타내고 거기서 생성하고[成] 거기서 머물다가 [住] 변화하고[壞] 또 사라져간다[空]. 우리들의 삶은 모두 우리가 만들어 놓은 환경과 그 상황에서 이리 딩굴고 저리 딩굴고 하면서

출물을 계속한다. 이것이 우리의 삶이다. 그 모두가 일심의 세계, 즉 우리들 자신이라는 사실이다. 유무 선악의 상대적인 대립을 멀리 벗어나면서 한편으로는 그것들을 다 수용하는 중도적 삶을 암시하고 있다.

> 佛出于世하야 轉大法輪하고 却入涅槃하되 不見有去來相貌하야 求其生死하나 了不可得이니라 便入無生法界하야 處處游履國土하야 入華藏世界하야 盡見諸法空相하야 皆無實法이니라

해석 "부처님께서는 세간에 출현하시어 큰 법륜을 굴리시고 다시 열반에 드시지만 가고 오는 모양을 볼 수가 없다. 그 자리에서는 생사를 찾아도 마침내 찾을 길 없다. 곧 무생(無生) 법계에 들어가 곳곳에서 국토를 노닌다. 화장세계에도 들어가 모든 법이 다 텅 비어있어서 전혀 실다운 법이 없음을 다 본다."

강설 세존이 이 세상에 오시어 태자로 살다가 향락의 삶을 버리고 출가하여 고행의 길을 걸었으며, 깨달음을 이루고는 진리의 가르침을 펴시다가 열반에 드시었다. 인류의 큰 스승으로서 누구나 다 아는 사실이다. 그렇게 역사적인 사실이 확실하지만 그 오고간 모습 찾을 길 없다. 태어나고 죽은 일을 찾아보아도 역시 찾을 길 없다. 모든 존재가 동일한 생멸이 없는 불생불멸(不生不滅)의 범주 안에 있으면서 온갖 삶을 다 펼친다. 철저히 공한 진공(眞空)이면서

미묘 불가사의하게도 존재하는 묘유(妙有)의 세계인 화장세계에서 노닌다. 참으로 변화무쌍한 멋진 화장세계다.

아무리 보아도 모든 존재[諸法]는 텅 비어 공한 것[空相]이다. 실다운 것이라곤 어디에도 없다. 이 이치는 세존만이 해당되는 것이 아니다. 일체 인간과 모든 생명, 모든 삼라만상이 동일하다. 있으면서 없고 없으면서 있는 유무이변(有無二邊) 어느 것도 아니다. 이것이 모든 존재의 법칙이다. 그래서 어쩔 수 없이 우리 모두는 삼라만상과 함께 중도(中道)로 존재한다.

영가 스님은 "모든 것은 무상하여 일체가 공한 것, 그것이 곧 여래의 큰 깨달음이다."라고 하였다. 그래서 교리에서는 공(空)이 곧 연기(緣起)고 연기는 곧 공이며, 곧 여래(如來, 진리)라고 한다. 그러므로 일체는 곧 공이며, 연기이며, 여래[진리]다. 그러므로 우리가 지금 들고 있는 물잔은 이미 깨어진 것으로 보아도 좋다. 올라가는 길이 곧 내려오는 길이듯이 삶은 그대로가 죽음이다. 죽음 그대로가 삶이다.

제법공상 개무실법(諸法空相 皆無實法). 반야심경의 내용과도 같다. 반야심경은 우리말로 표현하면 "나는 없다."다. 없는 것이 우리들의 삶이고 불보살의 삶이다.

唯有聽法無依道人이 是諸佛之母라 所以佛從無依生이요 若悟無依하면 佛亦無得이니 若如是見得하면 是眞正見解니라

해석 "오직 법을 듣는 사람, 어디에도 의지함이 없는 도인이 모든

부처님의 어머니다. 그러므로 부처는 의지함이 없는 데서 생겨난다. 만약 의지함이 없음을 깨닫는다면 부처라는 것도 얻을 것이 없다. 만약 이와 같이 보게 된다면 이것이야말로 참되고 올바른 견해인 것이다."

강설 부처님이나 어머니나 도인이 모두 같은 의미다. 어디에도 의지함이 없이 홀로 드러나 있는 사람. 법문을 들을 줄 아는 이 사람이 모든 부처님의 어머니다. 모든 존재의 어머니다. 그래서 부처님은 어디에도 의지함이 없는 것으로부터 생겼다. 만약 어디에도 의지함이 없는 그것을 깨달으면 부처도 또한 찾을 길 없다. 만약 이와 같이 알면 그것이 참되고 올바른 견해(眞正見解)다. 무위진인(無位眞人), 무의도인(無依道人), 무위도인(無位道人). 이 모두가 같은 뜻이다. 사람을 두고 하는 말이다. 청법무의도인 시제불지모(聽法無依道人 是諸佛之母)라는 구절도 익혀 두어야 할 말이다.

13-8 찾을수록 멀어진다

> 學人不了하야 爲執名句하야 被他凡聖名礙일새 所以障其道眼하야 不得分明이니라 祇如十二分敎는 皆是表顯之說이라 學者不會하고 便向表顯名句上生解하나니 皆是依倚라 落在因果하야 未免三界生死하나니라

해석 "도를 배우는 사람들이 그것을 알지 못하고 명칭과 글귀에

집착하여 범부니 성인이니 하는 이름에 구애되므로 훌륭한 식견〔道眼〕이 막혀 분명히 알지 못하는 것이다.

다만 저 십이분교(十二分教)도 모두 이치를 보여주기 위한 설법인데 공부하는 사람들이 이를 알지 못하고 겉으로 드러난 명칭이나 글귀에서 알음알이를 낸다. 이것은 모두 무엇에 의지하고 기댄 것이라서 인과(因果)에 떨어지며 삼계에서 생사에 윤회함을 면하지 못할 것이다."

강설 경전을 공부하고 성인의 글을 읽는 것은 매우 좋은 일이다. 사람들은 대개 자신들의 인품이 모자라고 지혜가 없기 때문에 옛 성인들이나 불조의 가르침으로써 부족한 것을 메우고 어리석음을 밝음으로 바꿔 보려 한다. 그러한 뜻으로 출발하여 경전을 공부하다가 오히려 경전의 명자나 글귀들의 장애를 입어 도(道)의 눈을 어둡게 하는 경우가 대부분이다.

도안무물(道眼無物)이라는 말이 있다. 도안으로 세상을 볼 때 그 사물에 미혹하지 않고 있는 그대로에서 텅 빈 것으로 본다는 뜻이다. 경전을 보아도 이름과 글귀에 걸리지 않고 그 말의 낙처(落處)를 잘 안다는 뜻이다.

불교에는 팔만대장경이라는 수많은 가르침이 있다. 이것을 달리 삼승(三乘) 십이분교(十二分教)라고 일컫는다. 모두 이치를 밝히기 위함이다. 그런데도 모두들 말에 의지하고 명칭에 매달려 갖가지 알음알이를 다 내어 집착하고 빠진다. 중생이다 부처다. 생이다 멸이다. 선이다 악이다. 있다 없다 등등의 상대적인 편견에 떨어진다. 편견에 떨어지는 것은 곧 인과에 떨어지는 것이다. 역시 인과를 잘 알고 인과에 미혹하지 않아야 하는데[不昧因果] 반대로 인과에 떨어지고 만다. 이렇게 되어서는 생사에 윤회함을 면할 수 없다. 그와 같은 차별적인 견해에 치우치는 일이 곧 윤회다. 그래서 집착을 떼어주기 위해서 임제 스님은 경전이나 어록들을 '똥을 닦은 휴지다.'라고 너무나 혹독한 말씀을 하기도 한다.

사람의 삶은 유무가 아니다. 생도 멸도 아니다. 부처도 중생도 아니다. 선도 악도 아니다. 그래서 육조 혜능 스님도 첫 법문에서 불사선 불사악(不思善不思惡)하라고 하지 않았던가. 그리고 마지막에 제자들에게 당부할 때도 서른여섯 가지의 대대(待對)를 제시하면서 부디 상대적 편견을 벗어나서 법을 설하라고 하지 않았던가.

爾若欲得生死去住脫著自由인댄 卽今識取聽法底人하라 無形無相하며 無根無本無住處하야 活鱍鱍地라 應是萬種施設하야 用處祇是無處일새 所以覓著轉遠이요 求之轉乖니 號之爲秘密이니라

해석 "그대들이 만약 나고 죽음과 가고 머무름을 벗어나 자유롭기를 바란다면 지금 법문을 듣는 그 사람을 알도록 하여라. 이 사람은 형체도 없고 모양도 없으며, 뿌리도 없고 바탕도 없으며 머무는 곳도 없다. 활발발하게 살아 움직이고, 수만 가지 상황에 맞추어 펼쳐진다. 그러나 그와 같은 작용에도 정해진 곳이 없다. 그러므로 찾을수록 더욱 멀어지고 구할수록 더욱 어긋난다. 그것을 일러 비밀이라고 부르는 것이다."

강설 모든 인간은 불교에서 지적하는 것을 들어보면 문제들이 너무 많다. 망상과 미혹과 생사의 윤회와 무명과 삼독을 위시한 팔만 사천 번뇌와 가고 오는 데 부자유한 것 등등이다. 불교 공부나 수행이나 일반적 신행생활들은 모두가 바로 이러한 문제들을 해결하자고 하는 것이다. 참선과 간경과 기도와 염불과 주력 등등이 모두 역시 그러한 문제해결을 위한 방편이다.

그런데 임제 스님의 가르침에 의하면 문제해결의 열쇠는 간단하다. 지금 말하고 있는 그 사람을 아는 것이 답이다. 법문을 듣는 그 사람을 알라는 것 외에 다른 방법은 없다. 그 사람이 모든 문제의 근본이기 때문이다. 문제도 그 사람에게서 일어났고 답도 그 사람이 가지고 있다. 그리고 그 사람은 모양도 형상도 없다. 뿌리도 근본도 없다. 어디에 머무는 곳도 없다. 너무나 활발발하다. 그 사람은 세상의 온갖 삼라만상에 다 응하지만 응하여 쓰는 곳도 찾아보면 실은 없다. 그래서 그 사람은 찾을수록 더욱 멀어진다. 그 사람은 구할수록 더욱 어긋난다. 비밀이라고밖에 말할 수 없다. 아는 사람만이 알기 때문이다. 아무에게도 가르쳐 주지 않는다. 가르쳐 줄 수도 없기 때문이다.

임제 스님은 처음에 스승 황벽 스님에게 불교의 대의를 물으러 갔다가 흠씬 얻어맞았다. 그 때는 몰랐으나 나중에야 그 때 얻어맞은 자신이 곧 불교의 대의라는 사실을 깨달았다. 그것이 무위진인이다. 절대현재라고도 한다. 큰 기틀, 큰 마음의 큰 작용, 즉 대기대용(大機大用)이라고도 한다. 전체작용(全體作用)이라고도 한다. 대기(大機)는 진리와 법의 인격화다. 모든 문제의 답은 이 하나다. 이 사람은 모든 것의 모든 것이기 때문이다.

불교 공부의 요체며 수행의 요체인 이 식취청법저인(識取聽法底人)을 명심하라. 그런데 그 청법저인은 멱착전원 구지전괴(覓着轉遠求之轉乖)다.

13-9 인생이 무상함을 알라

> 道流야 儞莫認著箇夢幻伴子하라 遲晚中間에 便歸無常하나니 儞向此世界中하야 覓箇什麼物作解脫고 覓取一口飯喫하고 補毳過時하야 且要訪尋知識이요 莫因循逐樂하라 光陰可惜이니 念念無常하야 麤則被地水火風이요 細則被生住異滅四相所逼이니라 道流야 今時에 且要識取四種無相境하야 免被境擺撲이어다

해석 "도를 배우는 벗들이여! 그대들은 이 꿈 같고 허깨비 같은 몸뚱이를 잘못 알지 말라. 머지않아 머뭇거리는 사이에 곧 덧없음〔無常, 죽음〕으로 돌아갈 것이다. 그대들은 이 세계 속에서 무엇을 찾아 해탈을 하겠느냐? 그저 밥 한술 찾아먹고 누더기를 꿰매며 시간을 보내는구나. 무엇보다 중요한 것은 선지식을 찾아 참문(參問)하는 일이다. 그럭저럭 즐거운 일이나 쫓아 지내지 말라. 시간을 아껴라. 순간순간 덧없이 흘러가서 크게 보면 지·수·화·풍이 흩어지는 것이고, 미세하게는 생·주·이·멸(生住異滅)의 네 가지 변화에 쫓기고 있다.

도를 배우는 벗들이여! 지금으로서 가장 중요한 것은 네 가지 지

수화풍과 생주이멸의 형상 없는 경계를 잘 알아서 그 경계에 휘말리지 않도록 하는 일이다."

강설 삶의 주체는 무엇인가. 이 육신이다. 육신을 근거로 해서 우리들의 삶이 이루어진다. 그런데 이 육신이란 꿈 같고 허깨비 같다. 잠깐 있다가 없어지는 것이 이 육신이다. 어제까지 아무렇지도 않던 사람이 오늘 갑자기 병이 나서 사경을 헤매는 경우가 있다. 또는 순식간에 저승의 사람이 되었다는 소식을 듣기도 한다.

그래서 인생무상의 문제를 불교처럼 철저하게 말한 종교도 없을 것이다. 불교의 출발이 세존께서 인생무상을 깨닫고 출가하고 고행하고 깨달음을 성취했기 때문이다. 불교가 이 문제로부터 출발했기 때문에 불교적 수행을 하려는 모든 일은 인생무상을 느끼지 못하면 불가능하다. 인생무상을 모르고 세속적 가치에 연연하면서 불교 수행을 한다는 것은 토끼의 뿔을 구하려는 일과 같고 거북의 털을 찾는 일과 같다. 그래서 부처님과 역대 조사들은 최초일구자(最初一句子)나 향상사(向上事)를 거론하시면서도 인생무상을 자주 강조하신다. 불생불멸을 주로 거량하면서 눈앞에 보이는 현실의 제행무상을 강조하는 이유가 여기에 있다.

그러므로 수행자로서 무엇보다 중요한 것은 선지식을 찾아가서 불교를 묻고 인생을 묻는 일이다. 시간은 사람을 기다려 주지 않는다. 새싹이 돋는 것을 보고 봄인가 한 것이 어제 같은데 벌써 가을바람이 스산하다. 앞산에는 물이 들고 나뭇잎도 흩날린다. 이 글을 다시 읽을 때는 어느새 겨울의 한가운데 와 있다. 한시 바삐 선지식을 찾아야 한다. 인생을 묻고 깨달아야 한다. 실로 선지식이란 나의 스승이다. 나에게 모든 깨달은 사람들의 가르침을 보여준다. 선지식이란 나의 안목이다. 나에게 부처님이 허공과 같음을 보여준다. 선지식이란 항구다. 나에게 모든 깨달은 사람들의 연못으로 들어가게 해준다.

선지식이란 어디 있는가. 화엄경에는 선재동자가 53인의 선지식을 찾아다니는 것을 이야기했다. 지금으로서는 그런 선지식이 없다. 석가 달마도 없다. 오조 육조도 없다. 황벽 임제도 없다. 원오 대혜도 없다. 그러면 그런 선지식들을 어디서 만날 것인가?

3천 년 전의 부처님을 우리는 어디서 만나는가. 그가 남긴 가르침에서 만난다. 달마 대사도 그가 남긴 가르침에서 만난다. 오조 스님, 육조 스님, 황벽 스님, 임제 스님, 원오 스님, 대혜 스님도 모두 그들이 남긴 가르침에서 만난다. 그 분들은 지금도 생생히 살아 계신다. 부처님은 열반을 앞두고 "내가 더 이상 살아 있은들 무슨 의미가 있겠는가. 나는 나의 가르침 속에 다 있다. 나의 가르침은 곧 나다. 가르침을 의지하는 것이 곧 나를 의지하는 것이다. 더 이상 나에게서 바라지 말라."고 하셨다.

13-10 사종(四種)의 무상경(無相境)

問, 如何是四種無相境고 師云, 儞一念心疑가 被地來礙하며 儞一念心愛가 被水來溺하며 儞一念心瞋이 被火來燒하며 儞一念心喜가 被風來飄하나니 若能如是辨得하면 不被境轉하고 處處用境이라 東涌西沒하며 南涌北沒

하고 中涌邊沒하며 邊涌中沒하야 履水如地하며 履地如
水하나라 緣何如此오 爲達四大如夢如幻故니라

해석 "무엇이 네 가지 형상이 없는 경계입니까?"
"그대들의 한 생각 의심하는 마음이 흙이 되어 가로막으며, 한 생각 애착하는 마음이 물이 되어 빠지게 하며, 한 생각 성내는 마음이 불이 되어 타게 하며, 한 생각 기뻐하는 마음이 바람이 되어 흔들리게 하는 것이다. 만약 이렇게 알아낼 수 있다면 경계에 끄달리지 않고 가는 곳마다 경계를 활용할 것이다.

동쪽에서 나타났다가 서쪽으로 사라지고, 남쪽에서 나타났다가 북쪽에서 사라지고, 가운데서 나타났다가 가장자리에서 사라지고, 가장자리에서 나타났다가 가운데서 사라진다. 땅을 밟듯 물을 밟고, 물을 밟듯 땅을 밟는다. 어째서 그런가 하면 사대육신(四大肉身)은 꿈과 같고 허깨비 같은 줄 통달하였기 때문이다."

강설 사람의 몸을 위시해서 물질을 형성하고 있는 네 가지 요소인 지수화풍 사대(四大)란 무엇인가? 임제 스님의 독특한 해석이다. 의심하는 마음과 애착하는 마음과 성내는 마음과 기뻐하는 마음이다. 이것이 곧 사대를 만들었다. 이 네 가지 마음은 우리들의 한 생각에서 일어난 것이다. 한 생각 일어나기 이전으로 돌아가면 그 네 가지 마음에서 일어난 지수화풍이라는 경계도 내가 끌려 다니지 않고 마음대로 자유자재하게 활용할 수 있다. 한 생각에서 일어난 팔만사천 번뇌가 헛것이듯이 그 번뇌에 의해서 생긴 지수화풍과 삼라만상도 꿈과 같고 허깨비 같은 줄 통달하였기 때문이다.

사대육신과 육신에서 일어나는 의심하고 애착하고 성내고 기뻐하는 등등의 인간의 감정들은 어째서 꿈과 같고 허깨비 같은가? 아는 이야기로 하면, 나를 형성하고 있는 몸과 마음이라는 오온은 왜 허망한가? 왜 공인가? 범소유상은 왜 개시허망인가?

 이 세상에 존재하는 그 어떤 것들도 홀로 독립해서 존재하는 것은 하나도 없다. 물질도 마음도 다 같다. 모두가 이것과 저것이 서로 의지해서 하나의 존재를 형성한다. 마치 갈대 묶음이 둘이 있을 때 서로 의지해서 서 있을 수 있듯이 물질을 이루는 가장 작은 단위인 쿼크도 끝내 독립해서 존재하는 것이 아니고 아직 밝혀지지 않은 다른 무엇과의 결합체이다. 이와 같이 물질이든 정신이든 모두가 서로 서로 의지했을 때만 존재한다. 의지하지 않으면 존재하지 않는다. 그래서 인연생기(因緣生起)하는 것이다. 이것과 저것인 원인과 조건, 곧 연기에 의해서 존재한다. 그렇게 존재하는 것은 분과 초를 다투는 시한부 존재다. 시한부 존재는 존재한다고 할 수 없다. 그것을 공(空)이라고 한다. 어떤 감정이든 어떤 물질이든 다 같다. 사랑도 미움도 본래로 공인데 시한부 인연에 의하여 한순간 존재하는 것처럼 착각을 일으킨다. 그래서 공이고 허망이고 무상이다. 그래서 연기가 곧 공이고 공이 곧 연기며 연기가 곧 여래의 큰 깨달음이다[諸行無常一切空 卽是如來大圓覺]. 또 중도(中道)다. 이 원칙에는 부처도 중생도, 미진도 우주도, 정신도 물질도 예외일 수 없다. 하물며 생로병사와 우비고뇌이겠는가. 이와 같이 모든 존재의 실상은 공이기 때문에 공으로만 보면 모든 고통과 일체의 문제를 해결한다고 반야심경에서는 말하고 있다.

 몸과 마음을 텅 비어 없는 것으로 보면 "동쪽에서 나타나서 서쪽으로 사라지고, 남쪽에서 나타나서 북쪽에서 사라지고, 가운데서 나타나서 가장자리에서 사라지고, 가장자리에서 나타나서 가운데서 사라진다. 땅을 밟듯 물을 밟고, 물을 밟듯 땅을 밟는다."고 자유자재한 대해탈의 삶을 말하고 있다. 이 한 구절로 결론짓자. "사대여몽여환(四大如夢如幻)".

13-11 그대가 살아있는 문수다

> 道流야 儞祇今聽法者가 不是儞四大로대 能用儞四大하나니 若能如是見得하면 便乃去住自由니라 約山僧見處하면 勿嫌底法이라

해석 "도를 배우는 벗들이여! 지금 법문을 듣고 있는 것은 그대들의 사대육신이 아니지만 그대들의 사대육신을 능숙하게 활용할 줄 안다. 만약 이와 같이 볼 수만 있다면 가고 머무름에 자유자재가 될 것이다. 나의 견해에 의하면 아무것도 꺼려 할 것이 없는 이치다."

강설 그대들 지금 법문을 듣고 있는 사람, 그 사람은 사대육신이 아니다. 그러나 그 사람은 그 사대육신을 마음대로 능수능란하게 활용한다. 이 이치를 제대로 알면 생사에 자유롭고, 가고 옴에 자유롭다. 사대육신을 꺼려 할 것이 아니다. 내 견해대로라면 허망한 사대육신이라 하더라도 하등 싫어할 것이 아니다. 사대육신에 구

애받을 것이 아니고 그 사대육신으로부터 자유로울 것이다. 왜냐하면 상(相)도 없고 조작도 없고 원하는 바도 없다. 무엇이든지 다 수용한다. 차를 만나면 차를 마시고 밥을 만나면 밥을 먹을 뿐이기 때문이다. 이것이 진짜 불교다. 불교는 이래야 한다. 사대육신을 가지고 지금 법문을 듣고 있는 사람, 그 사람을 잘 아는 일이다. 그 자신을 두고 달리 밖을 향해 찾을 것이 아니다. 그 사람이 모든 문제해결의 답이다. 부처님과 조사들의 가르침을 팔만대장경이라 한다. 그 팔만대장경의 가르침을 한마디로 요약하여 해인사 장경각에 걸어두었다. "부처님이 원만하게 깨달으신 그 경지가 무엇인가? 지금 우리들이 살아가고 있는 사실 바로 이것이다〔圓覺道場何處 現今生死卽是〕."

儞若愛聖하면 聖者聖之名이니라 有一般學人이 向五臺山裏求文殊하나니 早錯了也라 五臺山無文殊니라 儞欲識文殊麼아 祇儞目前用處가 始終不異하며 處處不疑가 此箇是活文殊니라

해석 "그대들이 성인을 좋아하지만 성인이란 성인이라는 이름일 뿐이다. 어떤 수행하는 이들은 모두 오대산에 가서 문수보살을 친견하려 한다. 그러나 그것은 벌써 틀린 일이다. 오대산에는 문수가 없다. 문수를 알고 싶은가? 다만 그대들의 눈앞에서 작용하는 그것, 처음과 끝이 다르지 않고 어딜 가든지 의심할 것 없는 그것이 바로 살아 있는 문수다."

강설 우선 이 말이 맞나? 틀렸나? 맞고 틀린 것은 차치하고 이러한 말씀은 자비심이 지극한 데서 나온 것이다. 대개 일이란 간절한 마음에서 생긴다. 필자의 지나친 해설도 마찬가지다. 각설하고, 불교에 신앙을 갖고 있는 사람으로서는 당연히 성인을 좋아한다. 천불(千佛) 만 불(萬佛)을 찾고 천 보살 만 보살을 부른다. 열광적으로 그 이름을 부르고 천 배 만 배 절을 하는 것을 보면 참으로 인생을 걸고 목숨을 걸고 있다. 아름답게도 보이지만 측은하게도 보인다. 성인이라고 해서 그토록 좋아하면 반대로 범부는 아주 싫어할 것이다. 선을 좋아하면 악을 싫어할 것이다. 증애심과 취사심이 그렇게 끓고 있으면 도와는 멀다. 지극한 도는 어려움이 없다. 오직 가려내고 선택하지만 말라. 다만 증애심만 없애면 환하게 밝으리라. 성인이란 단지 성인이라는 이름뿐이다. 천 보살 만 보살, 천 불 만 불이 모두 이름뿐이다. 단지 사람이 있을 뿐이다. 부처님이 있다면 사람이 부처님이다.

앞에서 임제삼구의 설명에서도 있었다. 무착 스님뿐만 아니라 수많은 불자들이 오대산에 문수보살을 친견하러 간다. 몇 년에 걸쳐 일보 일배(一步一拜)의 고행을 하면서 찾아간다. 하지만 벌써 틀린 짓이다. 오대산에는 문수보살이 없다. 청천벽력 같은 말씀이다. 하늘이 무너지고 땅이 꺼지는 말씀이다. 가슴이 천 조각 만 조각 찢어지는 말씀이다. 기존의 일반적인 신앙심을 가지고 살아가는 대다수의 사람들은 어쩌란 말인가. 저 넓은 바다의 끝없는 파도처럼 출렁대는 그 마음들을 어쩌란 말인가. 진실은 물과 같이 까딱도 하지 않는데.

그대들은 정말 문수보살을 알고 싶은가? 그대들의 목전에서 지금 활용하고 있는 그것, 시간적으로 시종일관 다르지 않고 한결 같은 그것, 공간적으로 어느 곳에서든지 분명하여 의심할 여지가 없는 그래서 너무도 구체적인 그것, 추상적이거나 애매모호한 점이라고는 어디에도 찾아볼 수 없는 너무도 확실한 그 사람, 그대가 참으로 살아있는 문수보살이다. 그대가 참으로 성인이다. 그대가 참으로 부처님이다. 다시 한 번 말하면 일체처가 문수다. 삼계유심이고 만목청산(滿目靑山)이다.

이것이 진짜 불교다. 임제 스님만이 가르칠 수 있는 불교다. 임제 스님은 수천 년의 인류사에 떠오른 천 개의 태양이다. 수억 만 가지의 방편을 다 걷어치우고 진실만 드러낸 말씀이다. 하늘땅만큼 많은 불교의 거품을 다 걷어내는 가르침이다. 온갖 이름과 모양에 목을 매고 살아가는 멀쩡한 사람들에게, 속박과 구속과 저주를 받으며 살아가는 사람들에게 이토록 시원스런 해방의 묘책을 확실하게 제시한 예는 일찍이 없었다. 이것이 진짜 불교다. 임제록은 인간해방의 대선언서(大宣言書)다. 그래서 일본의 어느 선사는 일본 열도가 다 불에 타는 일이 있어도 이 임제록 한 권만 남아 있으면 된다고까지 하였다. 오대산 무문수(五臺山無文殊). 여기서는 이 구절을 한 번 더 생각하자.

조주 스님이 행각할 때 어떤 작은 암자에서 며칠 묵었다. 떠나면서 원주에게 하직인사를 하였다. 원주가 묻기를, "어디로 갑니까?" "오대산으로 가서 문수보살을 친견하려고 합니다." "그렇다면 나에게 게송이 하나 있으니 들어보시오."

어느 청산인들 도량이 아니랴.
그런데 하필 오대산에 가서 참례하려 하는가.

구름 속에 비록 문수보살이 나타나더라도
바른 안목으로 보면 좋은 것이 아니오.
〔何處靑山不道場 何須策杖禮淸凉 雲中縱有金毛現 正眼觀時非吉祥〕

> 儞一念心無差別光이 處處總是眞普賢이요 儞一念心自能解縛하야 隨處解脫은 此是觀音三昧法이니라 互爲主伴하야 出則一時出하나니 一卽三三卽一이라 如是解得하면 始好看敎니라

해석 "그대들의 한 생각 차별 없는 빛이 어디에나 두루 비치는 것이 진짜 보현보살이고, 그대들의 한 생각 마음이 스스로 결박을 풀 줄 알아서 어딜 가나 해탈하는 그것이 바로 관음보살의 삼매법이다. 서로 주인도 되고 벗도 되어 나올 때는 한꺼번에 나오니 하나가 셋이고 셋이 하나다. 이와 같이 알 수 있다면 비로소 경전에 설해져 있는 가르침을 잘 보는 것이다."

강설 문수보살만 그렇겠는가. 보현보살과 관세음보살이 다 그렇다. 우리들의 한 마음이 어느 곳에서든지 차별 없이 빛나고 있다. 그 활동이 눈부시다. 해가 뜨고 해가 지는 것을 하나도 놓치지 않는다. 달이 지고 별이 뜨는 것을 하나도 놓치지 않고 일일이 다 살피고 감지한다. 봄이 오면 꽃이 피고 가을이면 단풍 드는 것을 잘 느낀다. 그 사람은 어떤 상황에서도 차별 없이 작용한다. 이것이 보현보살이 아니고 또 다른 어떤 보현보살이 있겠는가.

한국의 불자들이 제일 좋아하는 관세음보살도 그렇다. 우리들의 한 마음이 스스로 능히 자신의 속박을 풀고 곳곳을 다니며 다른 사람들의 속박도 벗어주는 그러한 자비행이 관세음보살의 자비삼매다. 관음삼매란 바로 그와 같은 자리이타(自利利他)의 마음으로 사람들을 위한 뜨거운 사랑의 활동이다. 연민의 실천이다.

그러므로 우리들의 한 마음과 문수보살, 보현보살, 관세음보살은 셋이면서 하나고, 하나이면서 셋이다. 한 마음을 떠나서 무엇이 있겠는가. 불교의 경전을 이렇게 알아야 제대로 이해하는 것이라고 임제 스님은 지적하신다. '간경자(看經者) 혜안통투(慧眼通透)'라는 축원이 있다. 경전을 공부하는 사람들은 모름지기 경전을 보는 지혜의 눈이 환하게 열리게 해 달라는 뜻이다. 그렇지 않으면 글자나 쫓아가고 글줄이나 헤아리는 꼴이 되고 말기 때문이다.

청매(青梅) 조사의 십종무익(十種無益)에도 심불반조 간경무익(心不返照看經無益)이라는 말이 있다. 모든 경전의 말씀을 우리들의 마음에 비춰보지 않으면 경전을 읽어도 아무런 이익이 없다는 뜻이다. 모든 경전은 마음이 마음에 의하여 마음을 설명하는 것이기 때문이다. 마음을 떠나서 해석하면 모두 틀려버린다. 반조란 사유한다는 뜻이다. 불교인은 명상하고 사유하는 습관을 길러야 한다. 법화경에는 설법을 마치고 선정에 들어 사유하였다는 말이 있다. 경전이나 어록을 읽고 깊이 사유하는 일이 매우 중요하다. 선(禪)은 번역하면 사유수(思惟修)다.

옛날 약산(藥山) 화상이 일생 동안 열반경을 읽고 있었다. 학인이 물었다.

"화상께서는 평소에 학인들이 경전 읽는 것을 허락하지 않으서 스님은 왜 보십니까?"

"나야 다만 눈을 가리고 있을 뿐이다."

"그러면 학인들도 봐도 되겠습니까?"

"안 되지. 그대들은 경을 보기를 쇠가죽을 보듯이 하므로 꼭 뚫으려고 하지 않는가."

14-1 문자에 속지 말라

> 師示衆云, 如今學道人은 且要自信이요 莫向外覓하라 總上他閑塵境하야 都不辨邪正하나니 祇如有祖有佛은 皆是教迹中事니라 有人拈起一句子語하야 或隱顯中出이면 便即疑生하야 照天照地하야 傍家尋問하야 也太忙然이로다

해석 스님께서 대중에게 말씀하셨다.

"오늘날 도를 배우는 사람들로서 무엇보다 중요한 것은 스스로를 믿는 것이다. 밖으로는 찾지 말라. 모두 다 저 부질없는 경계들을 받들어서 도무지 삿된 것과 바른 것을 구분하지 못하고 있다. 예컨대 조사니 부처니 하는 것은 모두 다 교학의 자취 가운데 일이다. 어떤 사람이 한 마디 말을 거론하였을 때 혹 그 말의 뜻이 알려지지 않은 상태[隱顯中]에서 나온 것이라면 곧바로 의심을 내어 이리저리 온갖 생각을 다해 보며 천지를 뒤진다[照天照地]. 또 옆 사람을 찾아가 물으며 몹시 바빠서 정신없이 서둔다."

강설 사람이 사람으로 살아가는 일 중에 무엇보다 중요한 것은 자신과 함께 사람을 아는 일이다. 이 사람이라는 미묘 불가사의한 존재에 대한 올바른 이해가 있으면 그것으로 성공한 인생이라고 할 수 있다. 하물며 도를 배운다는 입장에서는 더 말할 나위가 없다. 자신을 상세하게 알고 그 자신을 믿는 일이 가장 중요하다. 그럼에도 사람들은 공연히 자신의 밖을 향해서 무엇인가 찾으려고 한다. 자신 밖의 것은 그 어떤 것도 모두가 삿된 것이다. 조사와 부처도 모두 문자 상의 이름일 뿐이다. 교학적인 표현일 뿐이다. 그것을 쫓아서 얼마나 바쁘게 찾아 헤매는가. 온 천지를 다 뒤진다[照天照地]. 하늘을 우러르고 땅을 파면서 생각하고 또 생각하며, 궁리하고 또 궁리한다.

그 자신이란 무엇인가. 육조 혜능 스님은 처음 오조 스님에게서 금강경의 "응당 머무른 바 없이 그 마음을 낼 지니라."라는 말씀을 듣고 크게 깨달아 일체 만법이 제 자신의 성품을 떠나지 않은 것을 알고 이렇게 말하였다.

"내 자신의 성품이 본래 스스로 청정함을 이제야 알았습니다. 내 자신의 성품이 본래 스스로 모든 것이 구족한 것을 이제야 알았습니다. 내 자신의 성품이 본래 스스로 흔들림이 없음을 이제야 알았습니다. 내 자신의 성품이 본래 스스로 능히 만법을 만들어 내는 줄을 이제야 알았습니다."라고 하였다.

조계종(曹溪宗)이라고 하면 언필칭 조계산에서 터전을 닦은 육조 혜능 스님을 종조(宗祖)로 삼고 육조 스님의 사상을 의지한다. 그래서 육조단경을 교과서로 정해야 한다는 주장도 많다. 조계종이라는 이름이 그를 증명하며 따라서 육조 스님은 조계법맥(曹溪法脈)의 높은 산으로 섬김을 받기 때문이다. 그 가르침을 보면 표현은 약간 달라도 그 뜻은 임제 스님과 같다. 보고 듣고 하는 우리들 자신 속에 모두 갖추어져 있다는 사실이다. 그러므로 차요자신 막향외멱(且要自信 莫向外覓)을 잊지 말라.

> 大丈夫兒여 莫祇麼論主論賊하며 論是論非하며 論色論財하야 論說閑話過日하라 山僧此間에는 不論僧俗이요 但有來者하면 盡識得伊니 任伊向甚處出來나 但有聲名文句하야 皆是夢幻이니라

해석 "대장부라면 이렇게 주인이니 도적이니, 옳거니 그르거니, 색(色)이니 재물(財)이니 하며 쓸데없는 이야기로 세월을 보내지 말라. 산승의 이곳에는 승속을 논하지 않고 다만 찾아오는 사람이 있으면 모두 다 알아내 버리고 만다. 그들이 어디서 오든 간에 그들은 다만 소리나 명칭이나 문자나 글귀만 가지고 있을 뿐이다. 그것은 모두가 꿈이나 허깨비이다."

강설 불교에서 대장부란 남자를 가리키는 것은 아니다. 영웅호걸을 가리키는 것도 아니다. 의리의 사나이를 대장부라 하지도 않는다. 대장부란 양변(兩邊)에 떨어지지 않은 사람이다. 유무, 선악, 시비, 주객, 증애 등등의 양변을 벗어난 사람이다. 그래서 주인이니 도적이니 하는 것을 논하지 않는다. 도적에도 큰 도적 작은 도적 날도적이 있다. 언어나 문자의 시시비비도 논하지 않는다. 세상사

의 시시비비도 논하지 않는다. 그런데 소비할 시간이 없다. 양변을 벗어나 있으면서 또 양변을 잘 활용할 줄 아는 사람이다.

예컨대 중생이 본래로 부처인 줄 알고 제도하기를 맹세하라. 번뇌가 본래 보리인 줄 알고 끊기를 맹세하라. 법문이란 본래 배울 것이 없는 줄 알고 배우기를 맹세하라. 불도란 본래 이룰 것이 없는 줄 알고 이루기를 맹세하라. 여래란 그림자와 같고 메아리와 같은 줄 알고 정성들여 공양을 올리라. 공양구란 환영(幻影)이요, 헛것인 줄 알고 가득 가득 고여 올려라. 죄악의 성품이 본래로 텅 비어 없는 줄 알고 백만 배 천만 배 절을 하며 참회하라. 부처님이란 언제나 상주불멸(常住不滅)하는 줄 알고 이 땅에 오래 오래 계시기를 청하라. 육바라밀도 허공 꽃과 같이 본래로 없는 것인 줄 알고 열심히 실천하라. 모든 존재가 텅 비어 없는 줄 알고 씩씩하게 열심히 살라. 이렇게 사는 사람이 대장부다. 불교인이다. 중도(中道)가 무엇인지 아는 사람이다.

이처럼 모든 존재는 본래의 모습이 어느 한 쪽으로 치우쳐 존재하는 것이 아니기에 벗어나라고 하는 것이다. 존재의 법칙인 중도에 맞게 살라는 것이다. 그래서 그와 같은 치우친 소견으로 부질없이 세월을 보내지 말라는 것이다.

임제 스님은 자신의 입장에서 보면 승속을 막론하고 찾아오는 사람들은 그들의 속을 훤하게 들여다 본다. 어디서 무엇을 하고 살았더라도 그들의 살림살이는 소리와 이름과 문자에 불과하다. 그런 것은 참으로 하찮은 것들이다. 소리와 이름과 문자들을 어디에 쓸 것인가. 모두가 꿈과 같이 허망하고 허깨비와 같은 가짜들이다. 그런 가짜들을 한 걸망씩 지고 재산인 양 한다. 애석하고 안타깝고 불쌍할 뿐이다. 부디 문자에 속지 말라. 성명문구(聲名文句)가 개시 몽환(皆是夢幻)이니라.

14-2 사람에 따라 모습을 나타낸다

> 却見乘境底人하니 是諸佛之玄旨라 佛境不能自稱我是佛境이요 還是這箇無依道人이 乘境出來니라 若有人出來하야 問我求佛하면 我卽應淸淨境出하고 有人問我菩薩하면 我卽應慈悲境出하며 有人問我菩提하면 我卽應淨妙境出하고 有人問我涅槃하면 我卽應寂靜境出하야 境卽萬般差別이나 人卽不別이라 所以應物現形은 如水中月이니라

해석 "다시 경계를 부리는[사용하는] 사람들을 보니 여기에는 모든 부처님의 깊은 뜻이 드러나 있다. 부처님의 경지는 '나는 부처의 경지다.'라고 스스로 말하는 것이 아니다. 어디에도 의지함이 없는 무의도인(無依道人)이 경계를 활용하면서 나타난다.

만약 어떤 사람이 와서 나에게 부처가 되는 길을 묻는다면 나는 즉시 청정한 경지에 맞추어서 대해 준다. 어떤 사람이 나에게 보살을 묻는다면 나는 곧 자비의 경지에 맞추어서 대해 준다. 또 어떤 사람이 보리를 묻는다면 나는 곧 깨끗하고 오묘한 경지에 맞추어서 대해 준다. 또 어떤 사람이 열반을 묻는다면 나는 곧 고요한 경지에 맞추어서 대해 준다. 경계는 수만 가지로 차별하지만 사람은

차별이 없다. 그러므로 사람에 응하여 형상을 나타내는 것은 마치 물 속에 비친 달과 같다."

강설 불교에서는 자신이 아닌 다른 것을 모두 경계라고 한다. 보통 사람들의 삶은 하루 종일 자신이 아닌 다른 것에 이끌려 사는 것이 일반적이다. 여기 저기 온갖 것에 종속되어 사는 것이 습관화되어 어디에든 매이지 않으면 사는 것 같지 않다. 공허하고 허전함을 느껴서 몸둘 바를 모른다. 어디엔가 매여야만 사람으로서 사는 것 같음을 느낀다. 사람이나 텔레비전이나 전화나 무슨 일거리나 독서나 무엇에든지 매이고 싶어 한다. 그래서 경계들로부터 부림을 당한다.

그런데 경계에 끄달리지 않고 도리어 경계를 부리면서 사는 사람들이 있다. 깨달은 사람들의 깊고 오묘한 삶이 그 곳에 있다. 조주 스님이 시간에 제약을 받지 않고 시간을 마음대로 부리면서 살았듯이. 부처님의 경계라 하더라도 스스로 부처님의 경계라고 하지 않는다. 단지 어디에도 의지하지 않고 끄달리지 않은 사람〔無依道人〕일 뿐이다. 오히려 경계를 능동적으로 부리는 사람이다.

그래서 임제 스님은 "만약 어떤 사람이 와서 나에게 부처가 되는 길을 묻는다면 나는 즉시 청정한 경지에 맞추어서 대해 준다."고 한다. 그것은 곧 부처의 경계를 보여 준다는 뜻이다. "또 어떤 사람이 나에게 보살을 묻는다면 나는 곧 자비의 경지에 맞추어서 대해 준다."고 한다. 그것은 곧 보살의 자비를 바로 보여 준다는 뜻이다. 경계에 끄달리지 않고 능히 경계를 부리는 사람의 표본이다. 경계는 수만 가지지만 사람은 하나다. 마치 하늘의 달은 하나지만 물이 있는 곳에는 모두 그 물의 상태에 따라 달이 비치듯이 오는 사람의 정도에 맞춰서 그 모습을 나타낸다. 임제 스님은 응물현형 여수중월(應物現形 如水中月)하는 것이 오늘의 공부다.

14-3 대장부라야 된다

道流야 儞若欲得如法하면 直須是大丈夫兒라사 始得다 若萎萎隨隨地하면 則不得也니라 夫如甇嗄之器는 不堪貯醍醐니 如大器者는 直要不受人惑이라 隨處作主하야 立處皆眞이니라

해석 "도를 배우는 벗들이여!
그대들이 만약 여법(如法)하고자 한다면 반드시 대장부라야 비로소 할 수 있다. 만약 시들시들하고 나약하게 흐느적거려서는 안 된다. 깨어진 그릇에는 제호(醍醐) 같은 좋은 음식을 담을 수 없기 때문이다. 예컨대 큰 그릇이라면 다른 사람의 미혹을 받지 않고 어딜 가나 주인이 되어 그가 선 자리 그대로가 모두 참다운 삶이 된다."

강설 이 단락을 부연하면 이렇다.
불교의 문에 드나드는 사람들은 많다. 그러나 진정한 불교인은 드물다. 불교 공부를 아무나 하는 것은 아니다. 또 공부를 한다고 해서 아무나 이해하는 것은 아니다. 여법한 불교인이 되려면 먼저 세속적 명리(名利)를 초개같이 보아야 한다. 세상사 인생사가 모두

무상한 줄 알고 허망하다는 생각을 해야 한다. 나아가서 있다 없다, 선이다 악이다라고 하는 편견에 떨어져서도 안 된다. 그것은 모두 세속적 안목이다. 세속적 가치관을 가지고 행복을 추구하는 사람은 불교인이 아니다. 또 하나 결단력과 용기가 있어야 한다. 나약하거나 비실비실해서는 불교를 제대로 체득할 수 없다. 조사스님들은 무쇠로 지어 만든 사람, 또는 쇠말뚝 같은 사람이어야 한다고 했다.

다른 사람들의 이런 저런 주장에 미혹되어서도 안 된다. 명예와 이익과 칭찬에 좌우되어서도 안 된다. 정직해야 한다. 의롭고 떳떳하게 행동해야 한다. 어디를 가나 당당한 주인이 되어 그가 선 자리가 그대로 참되고 진실한 삶이어야 한다. 더럽고 깨진 그릇에는 좋은 음식을 담을 수가 없다. 빼어난 훌륭한 그릇이어야 그를 대장부라 한다. 불교의 문에 드나들면서 입으로 불교를 운위한다고 해서 다 불교인이라고 할 수는 없다. 머리를 깎고 중의 모습을 하고 있다고 해서 불교인이라고 할 수도 없다. 세상에서 칭송받는 의인(義人)이나 영웅호걸보다도 더욱 빼어난 사람이 불교인이다. 여기서 다시 한번 해야 할 공부는, 남에게 속지 말라. 불수인혹(不受人惑). 그리고 어디서든지 주인으로 살라. 수처작주(隨處作主). 그리하면 그대 선 곳이 모두가 참된 삶이리라. 입처개진(立處皆眞)이다.

但有來者어든 皆不得受니 儻一念疑하면 卽魔入心이라 如菩薩疑時에 生死魔得便이니라 但能息念이요 更莫外求하고 物來卽照하라

해석 "다만 찾아오는 사람이 있더라도 모두 받아들이지 말라. 그대들이 한 생각 의심하면 곧 마(魔)가 마음속으로 들어온다. 만약 보살이라도 의심을 내면 생사의 마군이 그 틈을 얻게 된다. 다만 생각을 쉬기만 하면 된다. 다시 바깥으로 구하지 말라. 사람이 다가오면 오는 대로 곧 비춰 보라."

강설 날아오는 공을 다 받을 필요는 없다. 걸려오는 전화를 다 받을 필요는 없다. 부탁하는 일이라고 다 할 것은 없다. 찾아오는 사람들을 일일이 다 받아들일 일은 아니다. 수많은 번뇌 중에서 의심하는 번뇌도 큰 번뇌에 속한다. 만약 그대들이 한 생각 의혹이 생기면 그 순간 마군이 마음속에 자리하게 된다. 경전에도 보살이 의혹이 생기면 본래 생사가 없는 데서 곧 생사의 마군이 그 틈을 엿보아 침입하게 된다고 했다. 자주 말씀하시는 불수인혹(不受人惑)이다. 다른 사람들의 의혹(속임)을 받아들이지 말라는 것이다.

　다만 한 생각 쉬어버려라. 한 생각 쉬어버리고 다시는 밖을 향해서 찾지 말라. 사람이 오거나, 사물을 대하거나, 일이 벌어지거나, 그냥 가만히 비춰보라는 것이다.

爾但信現今用底하면 一箇事也無니라 爾一念心生三界하야 隨緣被境하야 分爲六塵하니 爾如今應用處가 欠少什麼오 一刹那間에 便入淨入穢하며 入彌勒樓閣하며 入三眼國土하야 處處游履하나 唯見空名이니라

해석 "그대들이 지금 바로 작용하는 이것을 믿기만 하면 아무런 일이 없다. 그대들의 한 생각 마음이 삼계를 만들어내고 인연을 따라 경계에 끄달려서 육진경계로 나누어진다. 그대들이 지금 응하여 쓰는 그 곳에서 무슨 모자람이 있겠는가?

한 찰나 사이에 깨끗한 국토에도 들어가고 더러운 국토에도 들어가며, 미륵의 누각에도 들어가고 삼안국토(三眼國土)에도 들어가서 곳곳을 다니지만 오직 텅 빈 이름뿐이다."

강설 아마도 임제 스님이 가장 자주 말씀하시는 것이라 여겨진다. 지금 곧 사용하고 있는 것, 법문을 듣고 있는 그 사람, 그 사람을 믿고 알면 아무런 일이 없다. 일생의 일을 끝낸 사람이다. 그 사람이 모든 것의 근본이며 모든 것이 그 사람에게로 돌아온다는 사실을 믿는 일이 무엇보다 중요하다. 그런데 공연히 그대들 한 생각이 욕계와 색계와 무색계를 만들어 낸다. 그리고는 그들의 경계에 이끌리면서 또다시 여섯 가지의 경계를 만들어낸다.

다시 한번 생각해 보자. 그대들이 지금 모든 상황에 맞추어 활용하고 있는 그 사실에서 부족한 것이 무엇인가? 아무 것도 부족함이 없지 않은가? 비가 오면 비가 오는 줄을 알고, 날씨가 개이면 개인 줄을 알고, 추우면 추운 줄을 알고, 더우면 더운 줄을 알고, 피곤하면 쉴 줄을 알고, 배고프면 밥을 찾아 먹을 줄을 알지 않는가? 더 이상 무엇이 필요한가? 팔만사천 신통묘용이며 무량대복이 아닌가?

이 사람은 한 찰나 사이에 청정한 곳에도 들어가고 더러운 곳에도 들어가고 인간이 이르러 갈 수 있는 최고의 경지인 미륵누각에도 들어가고 삼안국토(三眼國土)에도 들어간다. 이렇게 곳곳을 흘러 다니지만 그것들은 헛된 이름뿐이다. 존재하는 것은 오직 그 한 사람, 지금 목전에서 활발발하게 작용하는 그 한 사람뿐이다. 다시 복습할 말이 있다. 이여금응용처 흠소십마(儞如今應用處 欠少什麽).

14-4 마음 밖에 법이 없다

> 問, 如何是三眼國土오 師云, 我共儞入淨妙國土中하야 著淸淨衣하고 說法身佛하며 又入無差別國土中하야 著無差別衣하고 說報身佛하며 又入解脫國土中하야 著光明衣하고 說化身佛하나니 此三眼國土는 皆是依變이니라 約經論家하면 取法身爲根本하고 報化二身爲用하나 山僧見處는 法身卽不解說法이라 所以로 古人云, 身依義立이요 土據體論이라하니 法性身法性土는 明知是建立之法이요 依通國土니 空拳黃葉으로 用誑小兒니라 蒺藜菱刺와 枯骨上에 覓什麽汁고 心外無法이요 內亦不可得이니 求什麽物고

해석 "무엇이 삼안국토입니까?"

"나는 그대들과 함께 청정하고 미묘한 국토에 들어가 청정한 옷을 입고 법신불을 설한다. 또 차별 없는 국토에 들어가 차별 없는 옷을 입고 보신불을 설한다. 또 해탈국토에 들어가 광명의 옷을 입고 화신불을 설한다. 이 삼안국토란 모두가 무엇에 의지하여 변화

하는 것이다. 교학자(敎學者)들은 법신을 근본으로 하고 보신과 화신을 그 작용이라 하지만 산승이 보기에는 법신도 설법을 할 줄 모른다. 그러므로 옛사람이 말하기를 '몸이란 의미에 입각하여 말하고 국토란 본체에 근거해서 논한다' 고 하였다.

이렇게 법성신과 법성토는 건립되어진 법이고 무엇에 의지해야만 통하는 국토임을 분명히 알 수 있다. 빈주먹과 누런 잎사귀로 어린아이들을 속이는 것이다. 찔레가시와 마른 뼈다귀에서 무슨 국물을 찾겠는가? 마음 밖에는 법이 없고 마음 안에서도 얻을 바가 없는데 무엇을 찾겠는가?"

강설 삼안국토를 임제 스님은 법·보·화 삼신으로 해석하였다. 그 삼신은 모두 무엇에 의지하여 변화한 것이다. 그 삼신을 설명할 때는 삼신이 갖는 의미에 알맞은 모습을 나타내서 설한다고 하였다. 교리에서는 법신을 근본으로 보지만 임제 스님은 법신마저 지엽으로 본다. 근본은 지금 이 순간 법을 듣는 그 사람이다. 그 사람 그 마음에 의지해서 나타난 것들이다. 그래서 법신도 보신도 화신도 모두 법문을 들을 줄을 모른다고 했다.

몸을 이야기 하면 그 몸이 의지하는 국토가 따라서 있기 마련이다. 그러므로 몸이니 국토니 하는 것은 모두가 조작으로 건립되어진 것이고 무엇엔가 의지해야만 성립되는 존재들이다. 다 가짜다. 내용은 아무 것도 없다. 마치 어린아이들에게 빈주먹을 보이고 주먹 안에 무엇이 있는 것처럼 속이는 것과 같다. 또 단풍이 든 나뭇잎을 돈이라고 속이는 것과 같은데 그것들이 무슨 진실이 있겠는가. 교학에서 아무리 높고 높은 경지를 말한다 해도 그것들은 모두

다 도무지 실다운 것이 없는 가짜들이다. 죽은 말들이다. 전혀 생명력이 없다. 그래서 "바짝 마른 찔레가시와 마른 뼈다귀에서 무슨 국물이 나오겠는가."라는 상당히 혹독한 표현을 하여 우리들을 경각시킨다. 대단히 강한 처방으로 병을 다스린다. 참으로 기가 막히는 말이다. 여기서 눈을 뜨지 못한다면 우리는 언제 어디 가서 눈을 뜨랴.

 마음 밖에 법이 없다. 마음 안에도 얻을 것이 없다. 어디서 무엇을 찾겠는가. 마음은 공적(空寂)한 것으로 그 체를 삼는다. 어찌 보면 허허롭지만 한편 너무도 시원하다. 마음이 있는 것이라고 생각해도 틀린다. 없는 것이라고 생각해도 또한 틀린다. 있기도 하고 없기도 하면서 있는 것도 아니고 또한 없는 것도 아니다. 있고 없음의 양변(兩邊, 偏見)을 초월해야 조금 가깝다고 할 수 있다. 그런데 무슨 법신이니 보신이니 화신이니 하는가? 모두가 일심에서 벌어진 것이다. 심외무법 내역불가득(心外無法 內亦不可得)이다.

14-5 수행이란 업을 짓는 일이다

儞諸方言道호대 有修有證이라하니 莫錯하라 設有修得者라도 皆是生死業이며 儞言六度萬行齊修라하나 我見皆是造業이니라 求佛求法은 卽是造地獄業이라 求菩薩亦是造業이요 看經看敎도 亦是造業이니 佛與祖師는 是無事人이라 所以有漏有爲와 無漏無爲가 爲淸淨業이니라

해석 "그대들이 제방에서 닦을 것도 있고 깨칠 것도 있다고 말하는데 착각하지 말아라. 설령 닦아서 얻는 것이 있다 하더라도 그것은 모두가 생사의 업이다. 그대들은 육도만행을 빠짐없이 닦는다고 하지만 내가 보기에는 모두 업을 짓는 일이다. 그러므로 부처를 구하고 법을 구하는 것은 지옥의 업을 짓는 것이고, 보살을 구하는 것도 업을 짓는 것이며, 경을 보거나 가르침을 듣는 것도 또한 업을 짓는 것이다. 부처와 조사는 바로 일 없는 사람이다. 그러므로 부처와 조사에게는 억지가 있고 조작이 있는 유루유위(有漏有爲)와 조작 없이 저절로 그러한 무루무위(無漏無爲)가 다 청정한 업이 된다."

강설 불교 역사에서 임제 스님 등 몇몇만 빼고는 모두 수행을 강조한다. 열심히 닦아야 깨달음이 있다고 하여 별의별 수행을 다 권한다. 참선, 염불, 간경, 주문, 육바라밀, 몸을 불사르고 절을 하는 것 등등이다. 그러나 임제 스님은 위와 같이 수행해서 깨닫는다는 것은 잘못 알고 있다고 한다. 수행이 전혀 필요 없는 일이다. 놀라운 말씀이다. 설사 수행을 해서 무엇인가 얻는 것이 있다손 치더라도 그것은 모두가 생사의 업이 될 뿐이다. 생사해탈을 위한 수행이 도리어 생사 속으로 빠져드는 길이란다. 육도만행을 빠짐없이 닦는 일도 다 업을 짓는 일이다.

불교는 성불이 목적이라고 하는데 부처를 구하고 법을 구하는 일이 모두 지옥의 업을 짓는 것이라고 한다. 구하는 그 사람이 곧 부처인데 그 사람을 버리고 따로 구하니 지옥 업이 될 수밖에 없다. 보살이 되기 위한 일도 경을 보거나 법문을 듣는 일도 모두가 업을 짓는 일이란다. 영가 스님도 "부처가 되기 위해서 공덕을 베푸는 것은 부처될 기약이 없는 일이다."라고 하였다. 본래로 닦아 깨닫는 부처란 없다〔無修證佛〕. 닦아서 점차적으로 되는 부처도 없다〔無漸次佛〕. 사다리 타듯이 한 계단 한 계단 올라가서 히말라야 산에라도 올라가자는 것인가.

위와 같은 가르침과 주장이 불교의 수많은 다른 가르침이나 주장보다 우선하기에 우리나라의 훌륭한 큰스님들이 모두 임제 스님의 법을 이었노라고 자랑한다. 위와 같은 임제 스님의 사상을 이어받지 않으면 불교를 제대로 아는 사람이라고 인정하지 않는다. 위와 같은 사상이 불교의 바른 사상이다. 진짜 불교다.

그렇다면 부처란 무엇인가? 일 없는 사람이다. 일 없는 사람이 부처인데 무슨 업을 그리 많이 짓는가. 일이 없는 사람인 줄 알고 나면 그 때에 가서는 조작이 있는 짓이나 조작이 없는 짓이나 모두가 업이라 할 것도 없는 청정한 업이 된다. 텅 빈〔청정한〕 업이 된다. 양변을 떠나 있으니 유나 무나, 선이나 악이나, 생이나 멸이나 어디에 있어도 그는 이제 상관없는 사람이다. 변견에 있어도 변견이 아니고, 편견에 있어도 편견이 아니다. 양변을 떠났으되 양변에 다 조화를 이루며 산다. 그래서 산은 다만 산이고 물은 다만 물일 뿐이다.

구불구법 즉시조지옥업(求佛求法 卽是造地獄業). 촌철살인의 말씀이다. 깊이깊이 사유하라.

有一般瞎禿子하야 飽喫飯了하고 便坐禪觀行호대 把捉

念漏하야 不令放起하며 厭喧求靜하나니 是外道法이니라 祖師云, 儞若住心看靜하며 擧心外照하고 攝心內澄하며 凝心入定하면 如是之流는 皆是造作이라하니라

해석 "어떤 눈멀고 머리 깎은 사람들이 밥을 배불리 먹고 나서 곧 좌선하거나 관법을 하되 생각이 새어나가는 것을 꽉 붙들어 달아나지 못하게 한다. 또 시끄러운 것을 싫어하고 조용한 것만을 찾는데 이것은 다 외도의 법이다. 조사께서 말씀하시기를 '그대들이 만약 마음을 안주시켜 고요함을 보고, 마음을 일으켜 밖으로 관조하며, 마음을 가다듬어 안으로 맑히며, 마음을 한 곳으로 모아 정(定)에 든다면 이러한 것들은 모두가 조작이다.'라고 하셨다."

강설 좌선을 하고 관법을 수행하는 스님들을 비하해서 눈멀고 머리 깎은 사람들이라고 한다. 그들은 마음이 한 곳에 집중되어 있지 않고 꾸준히 새어나가는 것을 붙잡아서 더 이상 일어나지 않도록 한다. 또는 시끄러운 것을 매우 싫어하고 조용한 것을 좋아하는 편견에 떨어져 있다. 그래서 좌선하는 사람들은 선방 부근에서 떠드는 소리가 들리거나 일을 하는 소리가 들리면 기겁을 한다. 잡아먹을 듯이 화를 낸다. 또한 생각을 가라앉히거나 한 곳에 집중하거나 숨을 쉬는 것에 예의주시하거나 자신의 하나하나의 행위를 관찰하고 주시하는 따위의 수행을 하는 자도 있다. 이런 것은 불교가 아닌 외도(外道)의 법이라고 매도한다. 불교에서 가장 심한 욕이 불자를 외도라고 부르는 것이다. 임제 스님은 그와 같은 공부를 하는 사람을 사람으로 취급하지 않는다. 그리고 또 조사스님의 말을 인

용하여 그 따위 공부는 모두 조작이며 가짜라고 한다.

마음을 안주시켜 고요히 하는 것이 공부라면 일상생활에서 피치 못할 일, 즉 밥을 먹고 대소변을 보고 하는 일을 할 때는 공부가 아니지 않은가. 또 마음을 일으켜 밖을 비춰 보거나, 마음을 가다듬어 안으로 맑히는 것이 공부라면 그렇게 하지 않을 때는 또 무엇이라고 하는가. 또 마음을 한 곳에 모아 선정에 드는 것이 공부라면 선정에 들지 않고 옷을 입거나 목욕을 하거나 할 때는 역시 공부가 아닌 것이다. 공부가 그렇게 간단이 있고 틈이 있으면 그것을 어찌 출세간의 공부라 할 것인가. 도가(道家)에서도 "도란 한 순간도 떠나있는 것이 아니다. 만약 한 순간이라도 떠나 있으면 도가 아니다."라고 하였다. 도교의 도도 이렇거늘 하물며 불교의 법이겠는가.

공부의 바른 길을 이렇게 확실하고도 명확하게 밝혔다. 최상의 수행을 한다고 하면서 길을 잘 못 든 사람이 비일비재하다. 천 원짜리 물건을 하나 사면서도 진짜인지 가짜인지를 살피는데 인생을 걸고 도를 닦는 일을 소홀히 할 수는 없다. 살피고 또 살피며 경계하고 또 경계해야 할 일이다. 무엇이 진짜인지 무엇이 가짜인지를 잘 가려야 한다. 그래서 정법(正法)을 찾아야 한다. 여시지류 개시조작(如是之流 皆是造作). 조작이 아닌 것이 불교다.

> 是儞如今與麼聽法底人을 作麼生擬修他證他莊嚴他리오 渠且不是修底物이며 不是莊嚴得底物이니라 若教他莊嚴하면 一切物을 即莊嚴得이니 儞且莫錯하라

해석 "그대들은 지금 이렇게 법문을 듣는 그 사람을 어떻게 그를 닦고, 어떻게 그를 증득하며, 어떻게 그를 장엄하려 하는가? 그것은 닦을 물건이 아니며 장엄할 수 있는 물건도 아니다. 만약 그것을 장엄할 수 있다면 무엇이든지 다 장엄할 수 있을 것이니 그대들은 잘못 알지 말아라."

강설 이 사람은 본래로 완전무결하여 더 이상 닦을 것이 없다. 내 주머니 속에 있는 물건이라 달리 어디서 가져올 일이 아니다. 너무나 잘 생겨서 더 이상 장엄하거나 꾸밀 것이 아니다. 꾸미거나 화장을 하면 오히려 더 추해진다. 닦거나 꾸미거나 장엄을 하면 마치 머리 위에 다시 머리를 하나 더 올려놓아서 멀쩡한 사람을 요귀로 만드는 격이 된다. 그 사람은 닦고 꾸미고 할 수 있는 사람이 아니다. 그런 일이 붙을 수가 없다. 그 사람이 보고 듣고 하는 일이란 그저 버드나무는 푸르고 꽃은 붉은 도리이다.

만약 그 사람을 장엄한다면 이 세상에 있는 모든 것을 장엄할 수 있으리라. "꽃은 화사하게 피어 있고 새는 아름답게 지저귄다. 산은 산대로 물은 물대로 각각 완연하다."라는 표현이 있다. 사람 사람이 본래로 구족하였고 개개가 원만하게 이루어져 있는데 달리 무슨 장엄이 필요하겠는가. 또 저 산하대지를 어떻게 장엄하려고 하는가. 제발 그르치지 말라.

14-6 사자후 일성에 뇌가 찢어진다

> 道流야 儞取這一般老師口裏語하야 爲是眞道하야 是善知識은 不思議요 我是凡夫心이니 不敢測度他老宿이라하나니 瞎屢生이여 儞一生을 祇作這箇見解하야 辜負這一雙眼하니 冷噤噤地가 如凍凌上驢駒相似로다 我不敢毀善知識이라 怕生口業이라하나니라

해석 "도를 배우는 벗들이여! 그대들은 어떤 노스님들의 설법을 듣고 그것이 참된 도라고 여긴다. 이러한 선지식은 불가사의하다고 하면서 '나는 범부의 마음이니 감히 그 노스님의 뜻을 헤아려 볼 수 없다.'고 한다. 이 눈멀고 어리석은 사람아! 그대들의 일생을 이러한 견해에 사로잡혀 멀쩡한 두 눈을 막아버리고 산다. 추워서 벌벌 떠는 모습이 마치 빙판 위를 걸어가는 당나귀의 새끼 같구나. 그리고 말하기를 '나는 감히 선지식을 비방하지 못한다. 입으로 짓는 업이 두렵다.'고 하느니라."

강설 일반 불자들은 스님의 모습을 하고 있기만 하면 젊든 늙든 무조건 믿고 따르는 경향이 있다. 하물며 주지스님, 노스님, 큰스님이라고 하면 거의 맹목적으로 그들의 말을 믿는다. 좀 알려진 큰스님이라고 하면 그를 믿는 것은 거의 절대적이고, 특별한 차원에 살고 있는 것으로 맹신한다. 그래서 그의 말은 어떤 말이든지 다 옳다고 생각하고 전전긍긍하면서 감히 비판할 생각을 갖지 못한다. 참으로 큰 문제가 아닐 수 없다. 마치 한 사람의 맹인이 많은

맹인들을 이끌고 위험한 길을 가는 격이다. "악지식(惡知識)을 비판하고 꾸짖을 수 있어야 비로소 불조의 은혜를 갚을 수 있다."는 말이 있다. 자신의 확실한 소신을 가진 이라면 정법을 위해서 큰스님도 비판하고 도인도 꾸짖을 수 있어야 한다. 맹목적으로 따르는 것보다는 차라리 그것이 그를 위하는 길이다.

> 道流야 夫大善知識이 始敢毁佛毁祖하며 是非天下하며 排斥三藏敎하며 罵辱諸小兒하야 向逆順中覓人하나니 所以我於十二年中은 求一箇業性을 如芥子許도 不可得이니라

해석 "도를 배우는 벗들이여! 큰 선지식이라야 비로소 부처와 조사를 비방할 수 있고 천하의 선지식들을 옳다 그르다 할 수 있다. 그리고 경·율·논 삼장(三藏)의 가르침을 배척할 수도 있으며, 어린애 같은 모든 무리들을 꾸짖을 수 있다. 거슬리고 순종하는 경계 속에서 사람을 찾을 수 있다. 그러므로 나는 12년 동안 업의 성품을 찾았는데 겨자씨만큼도 찾을 수 없었다."

강설 진짜 큰 선지식이라야 비로소 부처님을 훼방하고 조사님을 훼방할 수 있다. 천하 선지식들의 법을 시비할 수 있다. 또 부처님이 설한 경과 율과 논을 그르다고 배척하고 비판할 수 있다. 역행(逆行)이나 순행(順行)을 자유롭게 저지르면서 그 가운데서 좀 사람다운 사람을 찾는다. 따뜻한 자비의 손길로 어루만지기도 하고 매

섭게 꾸짖기도 하며 불같이 화를 내기도 한다. 모두가 학인들의 눈
을 열어주기 위함이다. 솟을 아홉 번이나 걸게 했다는 구정(九鼎)
조사도 있었다.

  부처와 조사를 훼방하고 삼장을 배척하면 일반적으로는 큰 죄업
을 짓는다고 한다. 당연하다. 어찌 함부로 부처님을 훼방하랴. 큰
죄업을 짓는 일이다. 하지만 임제 스님의 경우는 전혀 다르다. 스
스로 말하기를 "나는 오랜 세월 동안[12년] 업의 성품을 아무리 찾
아야 찾을 길 없었다. 겨자씨만큼도 찾을 수 없었다."라고 하였다.
마음이 텅 빈 자리에 있기 때문이다. 우리들의 천수경에도 "죄업
이란 자성이 없다. 다만 마음으로부터 일어나는 것, 마음을 비우면
죄업도 없다."라고 하였다. 임제 스님은 늘 그와 같은 경지에 있기
때문에 죄업이란 있을 수 없다. 일체 업성(業性)이 공(空)인 자리에
서 생활한다. 한없이 당당하다. 하늘을 찌를 기상과 자존심이 있
다. 수천만 불조(佛祖)가 한꺼번에 와서 질문을 하고 법을 거량하더
라도 눈 하나 깜빡이지 않는다.

  비바시불(毗婆尸佛)의 게송이 좋아서 소개한다.

> "몸이란 형상이 없는 곳으로부터 태어났다.
> 마치 요술쟁이가 여러 가지 형상을 만든 것과 같다.
> 요술쟁이가 만든 사람은 본래 마음이 없으며
> 죄도 복도 모두 공하여 머무는 곳이 없다."
> 〔身從無相中受生 猶如幻出諸形象 幻人心識本來無 罪福皆空無所住〕

若似新婦子禪師하면 便卽怕趁出院하야 不與飯喫하야 不安不樂이어니와 自古先輩가 到處人不信하고 被趁出하야 始知是貴하나니 若到處人盡肯하면 堪作什麼오 所以師子一吼에 野干腦裂이니라

해석 "만약 새색시 같은 선사라면 절에서 쫓겨나서 밥을 얻어먹지 못할까 두려워하고 불안해한다. 그러나 예로부터 뛰어난 선배는 가는 곳마다 사람들이 믿지 않아 쫓겨났다. 그리고 나중에야 비로소 귀한 사람인 줄 알았다. 만약 가는 곳마다 사람들이 인정해 준다면, 이런 사람이 무슨 쓸모가 있겠는가. 그러므로 한 번의 사자후에 여우의 머리통이 찢어지는 것이다."

강설 새색시같이 이제 막 조실이 된 선사가 있다. 새색시는 남편의 눈치도 시어머니의 눈치도 살펴야 한다. 시어머니 같은 대중들의 눈치를 살피지 않을 수 없다. 혹시라도 말을 잘못했다가는 선원에서 축출당한다. 밥을 굶을지 몰라 불안하기 이를 데 없다. 그렇게 되면 개망신이다. 그래서 새색시 같은 선사라 한다. 대개가 그와 같은 선지식들이다. 소신도 없지만 그나마 대중들에게 아부하는 경우도 있다.

하지만 옛 선배들 중에는 가는 곳마다 사람들이 믿어주지 않고 선원에서 축출을 당한 예가 있다. 대중들도 축출한 뒤에야 그가 참으로 훌륭한 선지식이라는 사실을 알게 되는 경우가 있다. 달마 대사가 그 좋은 예다. 그가 만약 양나라에서 쫓겨나지 않았다면 그의 성가가 오늘에 이를 수 있었겠는가. 만약 훌륭한 선지식을 가는 곳

마다 알아준다면 그 또한 무슨 의미가 있겠는가. 유사한 예로 오늘날의 불교도 정법(正法)을 거론하는 데는 파리를 날린다. 하지만 삿된 가르침이나 불교가 아닌 행사에는 사람들이 넘쳐난다. 그래서 진정으로 정법에 소신을 가지고 법을 펴는 사람들은 매우 외롭다. 하지만 남들이 알아주지 않더라도 섭섭해 하거나 외로워하지 않는다면 그 또한 의인군자가 아닌가.

임제 스님은 아무 것도 두려워하지 않는다. 할 말은 당당하게 한다. 그래서 임제가풍을 청천벽력이라고 한다. 청천벽력 같은 기상 천외의 사자후 일성에 자질구레한 불교 상식으로 재산을 삼고 있는 사람들은 뇌가 찢어지거나 기절하고 만다. 지금까지의 법문이 기존의 불교 상식과는 전혀 다른 놀라운 말씀들이 많았다. 아마도 뇌가 찢어지거나 기절한 사람들이 많았을 것이다. 그렇지 않으면 혀를 내둘렀을 것이다. 그것도 아니라면 이것은 불교가 아니라고 책을 던져버렸을 것이다.

최상의 근기는 최상승법을 들으면 기쁜 마음으로 곧바로 받아들인다. 중간 근기는 과연 그러한가 아닌가 하고 망설인다. 그러나 소인배 하근기는 비웃어 버린다. 소인배 하근기가 비웃지 않으면 족히 최상의 도가 되지 못한다. 사자일후 야간뇌열(師子一吼 野干腦裂). 사유해 볼 만한 구절이다.

14-7 평상심이 도다

道流야 諸方說有道可修하며 有法可證하나니 儞說證何

法修何道오 儞今用處欠少什麼物이며 修補何處오 後生小阿師不會하야 便卽信這般野狐精魅하야 許他說事하야 繫縛他人言道호대 理行相應하고 護惜三業하야사 始得成佛이라하니 如此說者는 如春細雨로다

해석 "도를 배우는 벗들이여! 제방의 선지식들이 말하기를 도를 닦을 것이 있고 법을 깨칠 것이 있다고 하는데, 그대들은 무슨 법을 깨치며 무슨 도를 닦는다고 말하는가?

그대들이 지금 쓰고 있는 것에서 무슨 모자람이 있으며, 어떤 점을 닦고 보완한다는 것인가? 못난 후학들이 잘 모르고 이들 여우와 도깨비들을 믿어서 그들의 말과 행동을 받아들인다. 그리고는 다른 사람들까지 얽어매어 말하기를 '이치와 행이 서로 부합하고 삼업(三業)을 잘 보호하고 지켜야만 비로소 성불할 수 있다'고 한다. 이와 같이 말하는 자들은 봄날의 가랑비처럼 많다."

강설 천 번 만 번 말하지만 제방의 선지식들은 모두들 닦을 것이 있고 증득할 것이 있다고 한다. 요즘 불교를 말하는 사람들은 더욱 그렇다. 세상이 이처럼 발달하고 불교도 이제 알 만큼 알건만 그래도 한결같이 닦을 것이 있고 증득할 것이 있다고들 한다. 그래서 곳곳에서 닦는다고들 야단이다. 그래도 지금까지 닦아서 얻었다는 사람은 한 사람도 나오지 않는다. 본래로 완전한 것을 다시 닦은들 무엇이 달라질 것이 있겠는가. 부처가 무슨 조각 작품도 아니고 한 점 한 점 그려가는 그림도 아니다. 과거의 수많은 부처님과 조사들을 살펴보라. 무엇이 달라진 것이 있는가. 본래 그 사람이다. 처음

부터 완전무결한 존재다. 그것은 그들만 그런 것이 아니다. 사람 사람들이 본래로 갖춘 것이고 개개인이 완전무결하게 이루어져 있는 것이다.

지금 우리들이 쓰고 있는, 잘 보고 잘 듣고 잘 느끼고 잘 아는 이것 외에 또 무엇이 있는가. 모자라는 것이 무엇인가. 신통묘용이고 무량대복인 것을. 방거사도 말하지 않았던가. 신통묘용이 물을 길어오고 땔나무를 해오는 일이라고. 이치와 행이 잘 부합하고 삼업을 잘 보호하여야 성불할 수 있다는 주장들이 저 봄날의 가랑비처럼 많다. 이치와 행이 잘 부합하고 삼업을 잘 보호하여 불에 타지 않던가. 물에 빠지지 않던가. 그것을 부처라고 하는가. 천 번 만 번 외쳐도 더 외쳐야 할 말이다. 그래서 임제 스님은 끊임없이 외치고 있다.

이금용처 흠소십마(儞今用處 欠少什麼). 너무 좋은 말이다. 길어서 어려우면 '흠소십마' 만 외우라.

> 古人云, 路逢達道人이어든 第一莫向道하라하니라 所以 言, 若人修道道不行이니 萬般邪境競頭生이라 智劍出 來無一物하야 明頭未顯暗頭明이로다 所以로 古人云, 平常心是道라하니라

해석 "옛 사람이 이르기를, '길에서 도를 아는 사람을 만나거든, 무엇보다 도에 대해서 말하지 말라' 고 하였다. 그러므로 말하기를, '만약 누구라도 도를 닦으면 도는 행하여지지 않고 도리어 수

만 가지의 삿된 경계들이 다투어 생겨난다. 지혜의 칼을 뽑아들면 아무 것도 없다. 밝은 것이 나타나기 전에 어두운 것이 밝아진다.'고 하였다. 그러므로 또 옛사람이 말하기를, '평상의 마음이 바로 도(道)다' 라고 한 것이다."

강설 이 단락에는 아주 중요한 옛 사람의 말을 세 가지를 인용하고 있다.

먼저 도를 아는 사람을 만나거든 도에 대해서 말하지 말라. 도란 본래 언급할 것이 아니기 때문이다. 임제 스님은 상당 첫 법문에서 "산승이 오늘 어쩔 수 없이 인정에 따라서 겨우 이 자리에 올랐으나 만일 조사들이 면면히 이어온 전통에 입각하여 큰일을 드날려본다면 곧바로 입을 열 수가 없다. 또 그대들이 발붙일 곳도 없다."라고 하였다. 입을 열기 전에 이미 틀려버린다. 그러니 부디 세상이 돌아가는 얘기나 할지언정 도에 대해서 말하지 말라.

또 이런 말도 인용하였다. 도를 닦는다면 도는 행해지지 않고 온갖 삿된 경계가 다투어 일어난다. 천 번 만 번 강조하지만 도는 닦는 것이 아니기 때문이다. 지혜로 비춰보면 부처도 없고 조사도 없고 중생도 범부도 아무 것도 없다. 번뇌무명이 곧 불성이고 허망한 이 육신이 곧 여래 법신이기 때문이다. 달리 어두운 것을 보내고 나서 밝은 것이 나타나는 것이 아니다. 밝은 것과 어두운 것이 둘이 아니다. 하나다. 한번 시험해보라. 어두운 방에 문을 꼭꼭 닫고 전기 스위치를 올려서 불을 밝혀 보라. 어두운 것이 그대로 밝은 것이다. 어두운 것이 어디로 빠져나가지도 않는다. 나갈 틈도 시간도 없다. 그런데 곧바로 밝아진다. 전혀 시간이 걸리는 것도 아니다. 어두운 그대로가 밝은 것이다.

그래서 또 인용하시기를, "굳이 도를 말한다면, 평상의 마음이 그대로 도다."라고 하셨다. 천고의 명언이다. 달리 무엇을 논할 것인가. 무엇을 닦고 무엇을 깨달을 것인가. 여기에서 치구심(馳求心)을 쉬어야 한다. 부처는 불상을 조각하듯이 만들어 지는 것이 아니다. 사랑하고 미워하고 기뻐하고 슬퍼하는 평상의 그 마음 그대로 도다. 즉심시불(卽心是佛). 현재 이 마음 이대로 부처다. 불교는 알고 보면 매우 간단하고 쉽다. 복잡하게 설명하는 것은 이미 불교가 아니다.

평상심시도(平常心是道). 만고의 명언이다. 이 한마디만 알면 불교공부 끝이다. 서툰 글씨라도 하나 써서 걸어두자.

14-8 그 마음 그대로 살아있는 할아버지다

> 大德아 覓什麽物고 現今目前聽法無依道人이 歷歷地分明하야 未曾欠少하니 儞若欲得與祖佛不別인댄 但如是見이요 不用疑誤니라 儞心心不異를 名之活祖니 心若有異하면 則性相別이요 心不異故로 卽性與相不別이니라

해석 "대덕아! 무엇을 찾느냐? 지금 바로 눈앞에 법문을 듣는 그 사람, 아무 것도 의지하지 않은 무의도인(無依道人)은 너무도 분명하고 결코 부족한 것이 없다. 그대들이 만약 할아버지 부처님(祖佛)

과 다르지 않기를 바란다면 다만 이와 같이 보면 된다. 의심하여 그르치지 말라. 그대들의 순간순간의 마음이 다르지 않음을 이름 하여 살아있는 할아버지(活祖)라 한다. 마음이 만약 다르면 성품과 형상이 다르게 되지만 마음이 다르지 않기 때문에 성품과 형상이 다르지 않다."

강설 완벽한 자신을 두고 더 이상 무엇을 찾아 헤매는가. 지금 눈 앞에서 법문하는 것을 듣는, 아무 것에도 의지함이 없는 그 사람은 너무도 분명하다. 이렇게 말을 하고 글을 쓴다. 참으로 명명백백하 다. 이것보다 더 확실하고 분명한 것은 없다. 조금도 모자라는 것 이 없다. 여러분들이 만약 부처나 조사가 되고 싶다면 이 사람을 부처나 조사로 알아라. 언제나 한결 같은 그 마음이 곧 살아있는 할아버지, 즉 조사다.

달라지지 아니하고 언제나 한결같은 마음이란 마음의 공적한 자 리다. 하루 종일 써도 쓴 흔적이 없는 그 자리다. 화도 내고, 웃기 도 하고 울기도 하고, 사랑도 하고 미워도 하고, 보기도 하고 듣기 도 하지만, 그 나온 자리는 언제나 텅 비어 있다. 희노애락(喜怒哀 樂)과 생로병사(生老病死)가 모두 그 자리다. 성공도 실패도, 영광도 오욕도 모두 그 자리다. 마치 물이 흐르기도 하고 멈추기도 하고, 얼기도 하고 수증기가 되기도 하고, 흐리기도 하고 맑기도 하지만, 젖는 습성(濕性)은 변함이 없는 것과 같다. 알고 보면 본래 다르지 않다.

『신심명(信心銘)』에도 "마음이 만약 달라지지 않으면 만법이 한결 같다."고 하였지만 알고 보면 본래로 다르지 않다. 성품과 형상을 달리 보지만 실은 같은 것이다. 체가 곧 용이고 용이 곧 체다. 몸이 몸짓을 하기 때문에 몸과 몸짓은 둘이 아니다. 몸은 체고 몸짓은 작용이다. 편의상 몸과 몸짓을 나누어 말하고, 물과 물결을 나누어 말하고, 체와 용을 나누어 말하고, 성과 상을 나누어 말할 뿐이다. 그러므로 오늘의 공부는 심심불이 명지활조(心心不異 名之活祖)다.

14-9 구하는 것이 있으면 괴롭다

> 問, 如何是心心不異處오 師云, 儞擬問早異了也니 性相各分이로다 道流야 莫錯하라 世出世諸法이 皆無自性하며 亦無生性하고 但有空名하야 名字亦空이어늘 儞祇麼認他閑名爲實하니 大錯了也로다 設有皆是依變之境이라 有箇菩提依와 涅槃依와 解脫依와 三身依와 境智依와 菩薩依와 佛依니라

해석 "무엇이 순간순간의 마음이 다르지 않는 경계입니까?"

"그대들이 물으려 하는 순간 벌써 달라져 버린 것이니 성품과 형상이 각각으로 나누어졌다.

도를 배우는 벗들이여! 착각하지 말아라.

세간이나 출세간의 모든 법은 다 자성이 없으며, 또한 생멸의 성품도 없다. 그저 허망한 이름뿐이며 그 이름을 쓴 글자도 또한 텅 빈 것이다. 그대들은 이처럼 그 부질없는 이름을 진실한 것으로 알고 있으니 매우 잘못 된 것이다.

설사 그러한 것들이 있다 하더라도 모두가 의지해서 변화한 경계들이다. 이른바 보리의 의지와 열반의 의지와 해탈의 의지와 세 가지 불신의 의지와 경계와 지혜의 의지와 보살의 의지와 부처의 의지 등이다."

강설 앞의 단락에서 마음과 마음이 다르지 아니한 것을 살아있는 할아버지라고 하였다. 그렇다면 어떤 것이 마음과 마음이 다르지 않은 것인가? 이렇게 묻고자 할 때 이미 달라져 버렸다. 성품과 형상도 이미 나누어 졌다. 한 생각 일어나기 이전 소식이다. 한 생각 일어나면 벌써 천 가지 만 가지 생각이 일어나고 삼라만상이 벌어진 것이다. 잘 살펴야 한다. 착각하기 쉬운 대목이다.

세간이나 출세간의 법이 다 허망하다. 실로 제행이 무상하다. 모든 것이 생기고는 없어지고 없어지고는 다시 생기는 인연에 의한 연기의 작용이다. 연기는 공이다. 공이기 때문에 또한 연기한다. 모든 존재는 이 원리대로 존재한다. 우주만유가 이 원칙을 벗어나서 존재하는 것은 아무 것도 없다. 그러므로 헛된 이름뿐이다. 이름이라는 글자조차 텅 비어 없다. 부질없는 이름을 진실한 것으로 아는 것은 참으로 잘못된 것이다. 부처나 중생이나, 성인이나 범부나, 생로병사나 상락아정(常樂我淨)이나, 세간법과 출세간법이 모두 공이요, 연기다. 독립된 자성으로서의 실체가 없다.

그래서 이 존재의 원리인 "오온이 모두 공한 줄 알면 일체 문제가 다 해결이다."라고 밤낮 외우고 있다. 고통으로 인하여 숨이 끊어지고 끊어졌다가는 다시 이어지고, 이어졌다가는 다시 끊어지고 하는 이와 같은 아픔도 모두가 공이다. 공이기 때문에 행복도 불행도 아니다. 설사 경전에서 말한 이런 저런 것들이 있다손 치더라도 그것들은 다 이 한 생각에 의지하여 변화된 가상의 경계들이다. 보리니 열반이니 해탈이니, 법신·보신·화신이니, 경계니 지혜니, 보살이니 부처니 하는 이름들이 얼마나 훌륭하고 아름답고 성스럽고 위대한가. 그 훌륭하고 성스럽고 위대한 이름들은 모두 이 한 생각에 의지하여 변화한 헛된 가상의 경계요, 이름뿐이다.

　보리·열반·해탈·법신·보신·화신·경계·지혜·보살·부처 등등의 주옥 같은 이름들, 다이아몬드처럼 빛나는 이름들, 이런 것들을 가상이요, 허상이요, 이름뿐이라고 하기엔 너무도 소중하다. 그 동안 믿고 의지하고 살아왔는데 실은 가슴을 칼로 도려내는 아픔이다. 믿고 싶지가 않다. 그 동안 공을 들인 것이 너무도 아깝다〔前功可惜〕. 그렇다고 삼을 짊어지고 금을 버릴 수〔擔麻棄金〕도 없는 노릇이다. 이것이 솔직한 심정이다. 하지만 어쩌랴, 이 가르침이 진짜 불교며 우리 한국불교의 전통인 것을. 이 가르침이 정통 불교인 것을. 역대 조사들이 이런 가르침에 매혹되어 임제 스님을 꿈에도 못 잊는다. 모두가 임제 스님의 법을 계승했노라고 자랑하지 않는가.

爾向依變國土中하야 覓什麼物고 乃至三乘十二分敎는 皆是拭不淨故紙며 佛是幻化身이요 祖是老比丘니 爾還是孃生已否아 爾若求佛하면 卽被佛魔攝이요 爾若求祖하면 卽被祖魔縛이니 爾若有求皆苦라 不如無事로다

해석 "그대들은 의지하여 변한 국토에서 무엇을 찾고 있느냐? 삼승 십이분교마저도 모두가 똥을 닦아낸 휴지다. 부처란 허깨비로 나타난 몸이며, 조사란 늙은 비구인데 그대들이 어머니가 낳아 주신 진짜 몸이 있지 않는가. 그대들이 만약 부처를 구하면 부처라는 마군(魔群)에게 붙잡히고, 조사를 구하면 조사라는 마군에게 묶이게 된다. 그대들이 만약 구하는 것이 있으면 모두가 고통이니 아무런 일도 없느니만 못하다."

강설 임제 스님의 말씀은 점입가경을 넘어서 더 이상 나아갈 데가 없는 곳까지 왔다. 막가자는 막말이다. 정말 마지막 말이다. 어찌 이렇게까지 표현할 수 있는가.

그대들은 진짜가 아닌 가짜로 만들어진 세상에서 무엇을 찾으려는가. 보리·열반·해탈·법신·보신·화신·경계·지혜·보살·부처 등등은 말할 것도 없고 부처님의 살림살이라고 할 수 있는 일생의 가르침인 삼승 십이분교는 모두 똥을 닦는 휴지다. 임제록도 예외는 아니다. 부처님은 허깨비고 조사란 늙은 비구다. 그런데 그대들에게는 어머니가 낳아준 진짜가 있지 않은가. 그것을 두고 다시 무엇을 찾는가.

여기서 할 말은 다 했다. 이 몸 당체가 곧 살아있는 부처요, 조사다. 아무리 찾아봐야 그 이상은 없다. 여러분들이 허망하다고 말하는 이 육신, 즉 환화공신(幻化空身)이 곧 여래법신이다. 만약 그대들이 그것을 두고 부처를 찾으면 부처라는 마군에게 붙잡히고 조사를 구하면 조사라는 마군에게 묶이게 된다. 구하는 것이 있으면 다 괴롭다. 아무런 일이 없는 것만 같지 못하다.

유구개고 불여무사(有求皆苦 不如無事)라는 유명한 말을 남겼다. 하근기 소인들은 임제록에서 이 한 마디만 건져도 훌륭하다. 평생의 양식은 된다. 공연히 창업한다고 퇴직금 날리고 전세금까지 날리지 말라. 집에서 청소하면서 마음 청소도 하고 빨래하면서 마음 빨래만 해도 크게 버는 일이다. 즐거움이란 구하지 않는 즐거움보다 더한 즐거움은 없다. 본래 더 구할 것이 없다. 다 갖추어져 있다. 억만 장자다. 세세생생 써도 다 못 쓴다. 더 이상 무엇을 구하는가.

14-10 형상 없는 것이 참 형상이다

> 有一般禿比丘하야 向學人道호대 佛是究竟이니 於三大阿僧祇劫에 修行果滿하야 方始成道라하니 道流야 儞若道佛是究竟인댄 緣什麽하야 八十年後에 向拘尸羅城雙林樹間하야 側臥而死去며 佛今何在오 明知 與我生死不別이니라 儞言, 三十二相八十種好是佛이라하니 轉輪聖王도 應是如來라 明知是幻化로다

해석 "어떤 머리 깎은 비구가 있어서 학인들을 향해 말하기를, '부처님은 최고 궁극적인 경지이니 삼대 아승지겁 동안 수행하여 그 결과가 다 채워져서 비로소 도를 이룬 것이다.' 라고 한다.

도를 배우는 벗들이여! 그대들이 만약 부처를 최고 궁극적인 경지라 한다면 어찌하여 부처님께서 80년 후에 쿠시나가라 성의 사

라쌍수 사이에서 옆으로 누워 돌아가셨는가? 그리고 부처님은 지금 어디에 계시는가? 우리들의 생사와 다르지 않다는 것을 분명히 알리라. 그대들은 32상과 80종호가 부처님이라고 하는데, 그렇다면 전륜성왕도 마땅히 여래이어야 할 것이다. 그것은 환영이고 허깨비임을 분명히 알리라."

강설 머리 깎은 중들만 부처님을 최고 궁극의 경지라고 생각하는 것이 아니라 모든 불자들은 다 그렇게 생각한다. 스스로만 그렇게 생각하는 것이 아니라 다른 사람들에게도 그렇게 말한다. 오랜 세월 동안 수행을 한 뒤 불과(佛果)가 원만하고 나서 비로소 성도(成道)를 하였다고 여긴다. 이야기가 더해지고 또 더해지고 해서 별의별 방편의 말이 다 생겨났다.

실제로 있는 것은 모든 사람이 다 같은 밥을 먹고 잠을 자는 그 사람이 있을 뿐이다. 부처님께서 참으로 혼자만 최고 궁극의 경지에 있다면 왜 우리들과 같이 80세에 돌아가셨는가. 지금은 어디에 있는가? 지수화풍 네 가지 요소가 뿔뿔이 다 흩어지지 않았는가. 또한 잘 생긴 모습을 가지고 부처님이라고 한다면 부처님같이 잘 생긴 전륜성왕도 부처님이라 불러야 하는가. 이런 이치는 이미 금강경에서 부처님 스스로도 밝힌 바 있다. 그도 저도 아니라면 여러분들이 최고라고 주장하는 그 부처님은 결국 아무 것도 아니지 않은가.

그렇다. 그냥 사람일 뿐이다. 보고 듣고 하는 사람일 뿐이다. 이 세상에 최고고 제일이고 가장 위대한 존재가 있다면 그것은 사람일 뿐이다. 사람이 부처님이다. 어떤 특별한 사람이 아니라 모든 사람이 다 부처님이다. 사람이 최고 궁극의 경지에 있다. 그래서 필자는 평생 인불사상(人佛思想)을 펼치고 있다. 그러므로 반드시 사람을 부처님으로 받들어 섬겨야 한다. 사람을 부처님으로 받들어 섬기면 그도 행복하고 나도 행복하다. 온 세상 사람들이 모두 행복하다. 사람을 부처님으로 받들어 섬기며 사는 길 외엔 다른 길은 없다.

> 古人云, 如來擧身相은 爲順世間情이라 恐人生斷見하야 權且立虛言이로다 假言三十二하고 八十也空聲이니 有身非覺體요 無相乃眞形이로다

해석 "옛사람이 이르기를, '여래가 갖추신 몸의 모습은 세상의 인정을 따른 것이다. 사람들이 아무 것도 없다는 단견을 갖게 될까봐 염려하시어 방편으로 세운 헛된 이름이다. 32상은 거짓 이름이고 80종호도 헛소리다. 몸이란 깨달음의 본체가 아니며, 형상 없음이 진실한 형상이다' 라고 하였다."

강설 임제 스님은 앞에서는 금강경을 인용하였고, 여기서는 다시 고인(古人)의 말씀을 인용하여 당신의 주장을 보완하고 있다. 부대사(傅大士)가 금강경을 해설하면서 하신 말씀이다. 여래의 모습은 세상 사람들의 뜻을 따른 것이다. 실은 있는 것도 아니고 없는 것도 아닌 것을 세상 사람들은 잠깐 있으면 영원히 있는 것으로 착각하고 없으면 영원히 없는 것으로 착각한다. 있고 없는 양변에 잘

떨어지고 잘 집착하는 것이 중생들의 속성이다. 여래가 있고 없음 뿐만 아니라 일상생활에서의 선과 악에도 잘 집착한다. 자신만의 기준과 틀을 만들어 놓고 일체를 그 기준에 맞춰 본다. 그런 편견을 통해서 다른 사람이 나에게 어기고 순종하는 것을 살핀다. 자신도 어기거나 순종한다. 그래서 평생을 미워하고 애착하여 취하고 버리는 일로 인생을 삼는다. 병이다. 모두가 환자다. 중환자다. 이런 상황에서 어찌 부처님을 바로 알 수 있겠는가.

몸은 깨달음의 본체가 아니다. 형상이 없는 것이 진실한 형상이다. 모든 형상에서 형상이 없음을 보아야 여래를 본다. 엑스레이적 안목을 가져라. 세상만사 보기를 마치 홀로그램 보듯이 하라. 홀로그램에 나타난 영상과 하나도 다를 바 없다. 차를 마시기 위해서 들고 있는 유리잔이 이미 깨어진 것이라고 보며 사용하라.

14-11 땅으로 걸어 다니는 신통

爾道호대 佛有六通하야 是不可思議라하니 一切諸天과 神仙阿修羅와 大力鬼도 亦有神通하니 應是佛否아 道流莫錯하라 祇如阿修羅가 與天帝釋戰戰敗에 領八萬四千眷屬하고 入藕絲孔中藏하니 莫是聖否아 如山僧所擧는 皆是業通依通이니라

해석 "그대들이 '부처님께서는 여섯 가지 신통이 있으시니 참으로 불가사의하다'고 하는데, 여러 천신들과 신선과 아수라와 힘센

귀신들도 역시 신통이 있다. 이들도 마땅히 부처님이겠구나. 도를 배우는 벗들이여! 착각하지 말아라. 아수라들이 제석천신들과 싸우다 지게 되면 팔만 사천의 권속들을 거느리고 연근 뿌리의 구멍 속으로 들어가 숨는다 하니, 이들도 성인이라 해야 하지 않겠는가? 내가 예를 든 것은 모두가 업의 신통이거나 의지한 신통들이다."

강설 불교에는 신통이라는 말이 심심치 않게 등장한다. 부처님의 위대함도 이 신통이 있다는 조건으로 훌륭한 분이라고 생각하는 경우가 있다. 여기서 사람들이 생각하는 신통이란 요즘말로 하면 초능력 같은 경우다. 해리포터에 나오는 마법(魔法)과 같은 것을 뜻한다. 아수라와 제석천신들이 싸우는 이야기는 해리포터의 마법 그대로다.

부처님의 제자 중에는 목련 존자가 신통제일이라는 칭송을 받는다. 그런데 부처님은 어느 날 목련 존자에게 신통은 정도(正道)가 아니니 쓰지 말라고 당부한 적이 있다. 그래서 목련 존자는 신통이 뛰어났음에도 불구하고 외도(外道)들로부터 구타를 당해서 열반하였다고 한다. 임제록에서 보인 바와 같이 설사 그와 같은 능력이 있다 손치더라도 그런 일은 비정상적인 것이다. 장려할 바가 아니다. 그런 능력으로써 부처님이라고 한다면 그것은 외도의 소견이다.

방거사(龐居士)의 말씀에 "신통과 묘용이란 물을 길어 오고 땔나무를 해오는 일이다."라고 하였다. 이것이 참 신통이다. 비가 오면 빗소리를 듣고 날이 개이면 화창한 날씨를 감상하는 일, 즐거운 일이 있으면 즐거워하고 몸이 아프면 '아야! 아야!' 하고 앓을 줄 아는 그것이 참다운 신통이다. 지금 이 순간 사물을 보고 소리를 들을 줄 아는 이 사실이 신통묘용이고 무량대복이며, 대자유(大自由) 대해탈(大解脫)이다.

> 夫如佛六通者는 不然하야 入色界不被色惑하며 入聲界不被聲惑하며 入香界不被香惑하며 入味界不被味惑하며 入觸界不被觸惑하며 入法界不被法惑하나라 所以로 達六種色聲香味觸法이 皆是空相이라 不能繫縛此無依道人하야 雖是五蘊漏質이나 便是地行神通이니라

해석 "대저 부처님의 육신통이란 그런 것이 아니다. 물질의 경계에 들어가지만 물질의 미혹함을 받지 않고, 소리의 경계에 들어가지만 소리의 미혹함을 받지 않으며, 냄새의 경계에 들어가지만 냄새의 미혹함을 받지 않고, 맛의 경계에 들어가지만 맛의 미혹함을 받지 않는다. 감촉의 경계에 들어가지만 감촉의 미혹함을 받지 않고, 법의 경계에 들어가지만 법의 경계의 미혹을 받지 않는다.

 그러므로 색·성·향·미·촉·법 이 여섯 가지가 모두 텅 비었음을 통달하고 있다. 어디에도 매이지 않는 무의도인을 속박할 수 없다. 비록 오온의 번뇌로 이루어진 몸이지만 바로 이것이 땅으로 걸어 다니는 신통[地行神通]이니라."

강설 부처님의 진정한 육신통이란 육진(六塵)경계를 만나 그 육진

경계들을 일일이 느끼고 감상하고 수용하면서 그 경계에 빠지지 않고 더럽혀지지 않고 속지 않는 것이다. 그 육진경계를 능동적으로 사용하는 그 사람의 작용이다. 경계는 경계일 뿐이기 때문에 어디에도 의지함이 없는 본래인(本來人)과는 상관없다. 본래인을 속박할 수는 없다. 본래인이 오온으로 된 이 육신을 떠나서는 따로 존재하는 것이 아니며 또한 육신이 본래인이다. 결론은 부처님의 신통도 이 육신이 땅으로 걸어 다닐 줄 아는 그 사실이다. 그래서 땅으로 걸어 다니는 신통이라 한다.

지행신통(地行神通). 아주 재미있는 말이다.

14-12 삼계가 오직 마음이다

> 道流야 眞佛無形이요 眞法無相이라 儞祇麼幻化上頭에 作模作樣하야 設求得者나 皆是野狐精魅요 幷不是眞佛이니 是外道見解니라 夫如眞學道人은 幷不取佛하며 不取菩薩羅漢하며 不取三界殊勝하고 迥然獨脫하야 不與物拘니라

해석 "도를 배우는 벗들이여! 참 부처는 형상이 없고 참된 법은 모양이 없다. 그대들은 그와 같은 변화로 나타난 허깨비에서 이런 모양을 짓고 저런 모양을 짓는구나. 설사 그런 것을 구하여 얻는다 하더라도 모두 여우의 혼령들이며 결코 참된 부처가 아니다. 이는 바로 외도의 견해인 것이다.

진정으로 도를 배우는 사람이라면 부처마저도 취하지 않으며 보살과 나한도 취하지 않고 삼계의 뛰어난 경계도 취하지 않을 것이다. 멀리 홀로 벗어나 사물에 전혀 구애되지 않는다."

강설 금강경에 "만약 형상으로써 부처님을 보거나 음성으로써 부처님을 구하면 이 사람은 삿된 도를 행하는 것이다. 결코 여래를 볼 수 없으리라."라고 하였다. 이 단락은 금강경의 구절로 보완 설명할 수 있을 것이다. 참 부처는 형상이 없다. 참 법도 그렇다. 또 금강경에 "일체 상을 떠난 것이 모든 부처라〔離一切相 卽名諸佛〕"고 했다. 그런데 사람들은 천 불 만 불을 만들어 놓고 거기에서 무엇을 찾는다. 설사 거기서 무엇인가를 찾았다 하더라도 그것은 다 여우의 혼령들이다. 외도들의 소견이다.

진정한 불교인은 부처님도 취하지 않는다. 보살이나 나한도 취하지 않는다. 그런 것에 걸리고 속박되지 않는다. 부처와 보살로부터 멀리 벗어난다. 선게(禪偈)에 "부처님이 있는 곳에는 머물지 말고 부처님이 없는 곳에는 급히 지나가 버리라〔有佛處不得住 無佛處急走過〕."는 말이 있다. 부처와 보살도 다 벗어났는데 다시 무엇에 걸리겠는가. 참으로 시원한 말이다. 형연독탈 불여물구(逈然獨脫 不與物拘). 참 좋은 명구다.

乾坤倒覆하야도 我更不疑하며 十方諸佛現前하야도 無一念心喜하고 三塗地獄頓現하야도 無一念心怖하나니 緣何如此오 我見諸法空相일새 變卽有하고 不變卽無니라 三

三界唯心이요 萬法唯識이니 所以로 夢幻空花를 何勞把捉
가하니라

해석 "하늘과 땅이 뒤집힌다 해도 나는 더 이상 의혹하지 않는다. 시방세계의 모든 부처님이 앞에 나타난다 하여도 한 생각도 기쁜 마음이 없다. 삼악도의 지옥이 갑자기 나타난다 하여도 한 생각도 두려운 마음이 없다. 어째서 그런가. 나는 모든 법은 공한 모습이라 변화하면 곧 있고 변화하지 않으면 없는 것으로 본다. 삼계는 오직 마음이고 만법은 오직 의식이기 때문이다. 그러므로 '꿈이요, 환상이요, 헛꽃인 것을 무엇 때문에 수고로이 붙드려는가.' 라고 하였다."

강설 모든 현상들은 이런 저런 인연과 조건들에 의해서 시시각각으로 변화를 일으키며 끝내는 소멸한다. 그리고는 다시 조건들이 맞아지면 다시 생기고, 생긴 뒤에는 끊임없이 변화를 거듭한다. 변화를 거듭하면서 다시 소멸의 길로 들어선다. 이런 과정을 쉴 새 없이 반복한다. 이것이 모든 존재의 법칙이다. 눈에 보이는 것이나 들리는 것이나 보이지 않고 들리지 않는 존재들도 역시 그렇다. 인간의 감정과 지식과 느낌 등 마음작용의 모든 것이 그렇다. 물질계에는 우리들의 육신이 그렇고 온갖 사물이 다 그렇다. 해가 지고 뜨고 비가 오고 바람이 불고 하는 일이 다 그렇다. 그래서 아이들은 성장하고 중년들은 늙어간다. 늙어가는 일과 성장하는 일이 동일하다.

　임제 스님은 그와 같은 변화에는 이제 더 이상 흔들리지 않는다

는 것이다. 눈앞에서 벌어지는 하늘과 땅과 부처와 지옥의 변화에
도 전혀 동요가 없다. 그것들은 어차피 변화하는 것이고 텅 비어
공한 것인데 인연의 힘이 존재하는 동안만 눈앞에 나타난 허망한
것임을 잘 알고 있기 때문이다. 눈앞에서 흘러가는 구름의 모습을
보는 것과 같기 때문이다. 삼라만상과 세상의 만류가 오직 마음뿐
이다. 만목청산(滿目靑山)이다. 눈앞에 펼쳐진 모습들은 오직 마음
일 뿐, 형상이 아니다. 그러므로 형상에 속지 말라는 것이다.

　삼조 승찬 대사의 『신심명(信心銘)』을 빌어서 "인생사 세상사가
모두 꿈이요, 환상이요, 헛꽃인 것을 어찌하여 수고로이 붙드려는
가. 이득과 손실과 옳고 그름을 이 순간 완전히 놓아버려라."라고
경고하고 있다.

　진부하지만 중요한 구절이다. 불교의 핵심이다. 다시 한번 기억
해 두어야 할 구절이다. 삼계유심 만법유식(三界唯心 萬法唯識). 몽환
공화 하로파착(夢幻空花 何勞把捉).

14-13 불 속에서도 타지 않는다

唯有道流의 目前現今聽法底人하야 入火不燒하며 入水
不溺하며 入三塗地獄호대 如遊園觀하며 入餓鬼畜生而
不受報하나니 緣何如此오 無嫌底法일새니라 儞若愛聖憎
凡하면 生死海裏沈浮하리니 煩惱由心故有라 無心煩惱
何拘리오 不勞分別取相하면 自然得道須臾니라 儞擬傍
家波波地學得하면 於三祇劫中에 終歸生死하리니 不如

無事하야 向叢林中하야 牀角頭交脚坐니라

해석 "오직 도를 배우는 벗들의 눈앞에 법을 듣고 있는 사람이 있다. 그 사람은 불에 들어가도 타지 않고 물에 들어가도 빠지지 않으며, 삼악도의 지옥에 들어가도 마치 정원을 구경하며 노는 듯하고, 아귀 축생에 들어가도 그 업보를 받지 않는다.

어째서 그런가 하면 꺼려할 것이 아무것도 없는 법이기 때문이다. 그대들이 만약 성인은 좋아하고 범부를 싫어한다면 생사의 바다에 떴다 잠겼다 할 것이다. 번뇌는 마음을 말미암아서 생겨나는 것이니 마음이 없다면 번뇌가 어찌 사람을 구속하겠는가?

분별하여 모양을 취하느라 헛수고하지 않으면 저절로 잠깐 사이에 도를 얻을 것이다. 그대들이 분주하게 옆 사람에게 배워서 얻으려 한다면 삼 아승지 겁 동안 애를 써도 결국은 생사로 돌아가고 말 것이다. 아무런 일 없이 총림의 선상 구석에서 두 다리를 틀고 앉아 있느니만 못하리라."

강설 모든 사물은 불에 타지 않는 것이 없다. 물에 빠지지 않는 것이 없다. 하지만 말을 하고 말을 듣는 이 사람은 불에도 타지 않고 물에도 빠지지 않는다. 뿐만 아니라 지옥에서도 정원을 거닐며 구경하는 것처럼 편안하고 행복하다. 축생이나 아귀에 들어가도 그 축생이나 아귀가 되지 않는다. 진정한 도는 꺼려할 것이 없는 법이기 때문이다[無嫌底法]. 물론 좋아할 것도 없는 법이다. 보고 듣는 이 자리에 무슨 차별이 있는가. 좋아하고 싫어할 게 어디 있는가. 그래서 혜능 조사는 선도 생각하지 말고 악도 생각하지 말라고 하였다. 취사선택하지 말고 사랑하고 미워하지 않으면 훤하게 밝다. 완전한 평화와 행복이다. 성불이고 견성이고 열반이고 깨달음이고 조사고 부처님이다. 말을 듣고 있는 이 사람이다. 너고 나다. 삼라만상이고 우주만유다.

선이라고 좋아하고 악이라고 싫어한다면 좋고 싫고 취하고 버리고 하는 일이 벌어진다. 성인이다 범부다 하는 분별이 있게 되어 사랑과 미움이 있게 된다. 편견과 치우침이 있게 되어 양변에 떨어진다. 편견과 치우침으로 양변에 떨어지면 그것이 곧 삼악도다. 지옥이다. 윤회다. 불에 타고 물에 빠지는 일이다. 분노의 불길에 휩싸이고 탐욕의 물결에 떠내려간다. 물과 불에 반복하여 윤회하게 되며, 아귀와 축생에 끌려 다니며 윤회하게 된다. 무위진인(無位眞人)을 잃어버린 것이다. 어느 곳에서든지 주체가 되지 못하고 종이 되어 끌려 다닌다. 타인이 손해를 입히고 비방을 하고 욕을 하고 때리고 모함하는 일에 휘말린다. 그런 일에 따라다니며 윤회하게 된다. 하루 종일 시시비비에 떠다닌다. 그래서 나는 없다. 온통 남이다. 경계뿐이다.

산은 산, 물은 물대로 그대로 두고 보라. 장미는 장미, 목련은 목련 그대로 두고 보라. 밤나무는 밤나무, 감나무는 감나무 그대로 두고 보라. 눈앞에 벌어진 온갖 현상들에 쫓아 다니지 말고 주인이 되라. 그러면 어디서나 행복하리라. 이것이 수처작주 입처개진(隨處作主 立處皆眞)이다.

상대적 편견에 떨어진 온갖 이론들을 애써 배우느라고 삼 아승지 겁 동안 돌아다니느니보다는 차라리 아무런 일 없이 총림의 선방 구석에서 두 다리를 틀고 앉아 있느니만 못하리라.

14-14 주객이 서로 만나다

道流야 如諸方有學人來하야 主客相見了하고 便有一句
子語하야 辨前頭善知識이라 被學人拈出箇機權語路하야
向善知識口角頭擲過하야 看儞識不識이어든 儞若識得
是境이면 把得하야 便抛向坑子裏하나니라 學人이 便卽尋
常然後에 便索善知識語하나니 依前奪之하면 學人云,
上智哉라 是大善知識이여하리니 卽云, 儞大不識好惡로다
하고 如善知識이 把出箇境塊子하야 向學人面前弄하면
前人辨得하야 下下作主하야 不受境惑이라 善知識이 便
卽現半身하야 學人便喝한대 善知識이 又入一切差別語路
中擺撲하면 學人云, 不識好惡로다 老禿奴여하야 善知識
이 歎曰, 眞正道流로다하나니라

해석 "도를 배우는 벗들이여! 예컨대 여러 곳에서 학인이 찾아왔을 때 주인과 객이 인사를 나눈 뒤 학인이 대뜸 한마디를 던져 앞에 있는 선지식을 알아보려고 한다. 이를테면 학인으로부터 한 가지〔箇〕 시험하는 말〔機權語路〕을 끄집어내어 선지식을 향해서 입씨름하는 말〔口角頭〕을 던져서, '보십시오! 스님께서는 이걸 아십니까?'라는 질문을 당하게 된다. 그 때 선지식이 만약 시험하는 말이라는 것〔是境〕을 알면 그 말을 잡아서 곧바로 학인을 궁지로 몰아넣는다〔구덩이에 던져버린다〕. 그 때 학인은 곧 태도를 고치고 평상의 자세로 돌아간 뒤 곧 선지식의 말〔가르침〕을 찾는다. 그러면 선지식은 여전히 그를 부정해버린다. 학인이 말하기를 '참으로 지혜로우십니다. 큰 선지식이십니다.'라고 한다. 그 선지식은 곧 '이 녀석은 도대체 좋고 나쁜 것도 모르는구나'라고 한다.

또 선지식이 하나의 시험하는 말(境塊子)을 학인 앞에 내놓고 희롱하면 그 학인이 알아차리고 하나하나 주제를 지어서 경계에 미혹함을 받지 않는다. 다시 선지식이 곧 진심을 조금(半身) 드러내 보이면 학인은 곧바로 "할!" 하고 고함을 친다.

선지식이 다시 여러 가지 차별된 말로 시험해 보는데, 학인이 '좋고 나쁜 것도 모르는구나. 이 늙고 머리 깎은 중아.'하면 선지식은 찬탄하기를, '진정으로 도를 배우는 벗이로다.'라고 한다."

강설 이 단락은 선지식과 학인이 만나서 오고가는 대화의 사례를 소개하고 있다. 어느 시대를 막론하고 법을 거량하는 일은 늘 있어 왔다. 제대로 깨달은 사람들의 거량은 더 이상 논할 것이 없고 위와 같은 엉터리 가짜들의 거량은 문제가 많다.

필자도 선원에서 직접 많이 보아온 경험이 있다. 모두가 대개 일방적이다. 선지식도 학인이 법을 거량하기 위해서 앞에 나와 절을 하면 다짜고짜 깔아뭉개는 식이다. 학인도 자신이 할 소리만 내뱉고 획 일어서 버린다. "백골(白骨)이 만산(滿山)이다."라고 하거나 또는 '할'을 하거나 주장자로 치거나 방바닥을 치거나 하고는 일어나 버린다. 단 두 합을 가지지 않는다. 서로 모르고 하니 그럴 수밖에 없다.

옛 검객들은 오십 합을 주고 받는 경우가 많다. 옛 선지식들도 진지하게 학인을 위해서 몇 합을 주고받다가 성의 있게 일러준다. 학인도 성의를 다하여 지시에 따른다.

요즘도 선원에서 오고 가는 질문이 있기는 하다. 어떤 곳에서는 불교에 대한 상식이 자기 수준과 엇비슷하면 인가해 준다. 공부에 관심만 좀 있어도 인가해 준다. 인가를 받은 사람이 어느 날 "인가는 받았는데 지금 생각해 보니 아무 것도 아니고, 뭐가 뭔지 아무 것도 모르겠다."고 하소연을 하는 사람도 있다. 공부에 관심이 있다는 것만으로도 지금으로서는 좋게 생각해 줘야 할는지 잘 모르겠다. 불법에 관심을 유도하는 뜻에서 좌우간 좋은 현상이다.

14-15 귀신과 도깨비들

> 如諸方善知識은 不辨邪正하야 學人이 來問菩提涅槃三身境智하면 瞎老師가 便與他解說타가 被他學人罵著하고 便把棒打他言無禮度하나니 自是儞善知識無眼이라 不得瞋他로다

해석 "제방의 여러 선지식들은 삿된 것과 바른 것을 구분하지 못한다. 그래서 학인이 찾아와서 보리와 열반과 삼신(三身)과 경계와 지혜 등을 묻는다. 눈이 먼 노사는 그에게 해설을 해 주다가 학인으로부터 힐난을 받게 되면 곧바로 몽둥이로 후려치면서 '이 예의와 법도도 모르는 놈아!' 라고 한다. 그것은 스스로 그대들 선지식들이 안목이 없기 때문이다. 그 학인에게 화를 내서는 안 되는 것이다."

강설 세상의 선지식들이 어찌 임제 스님과 같겠는가. 대개가 눈먼 이들이다. 사(邪)와 정(正)을 분별하지 못하는 이들이다. 학인의 지적을 받으면 그만 화부터 낸다. 아만은 있어서 체면이 깎이는 것은 못 참는다. 실은 화를 낼 일이 아니다. 먼저 안목이 없다는 사실을 시인하라. 자신이 안목이 없다는 사실을 알고 그것을 시인할 줄 알면 그는 참으로 대단한 분이다. 존경받을 분이다. 자신을 비우고 꼬리를 내릴 줄 안다는 것도 아무나 할 수 없는 일이다. 살림에는 눈이 보배라는 말이 있듯이, 인생을 살아가는 데도 안목이 제일이다. 불법을 공부하는 문제에 대해서는 더욱 더 그렇다. "그대의 행동은 문제 삼지 않는다. 그러나 그대의 안목은 반드시 점검하겠다."라는 고인의 말이 있다. 안목은 참으로 중요하다.

有一般不識好惡禿奴하야 卽指東劃西하며 好晴好雨하며 好燈籠露柱하나니 儞看하라 眉毛有幾莖고 這箇具機緣에 學人不會하고 便卽心狂이라 如是之流는 總是野狐精魅魍魎이니 被他好學人의 嗑嗑微笑하야 言瞎老禿奴여 惑亂他天下人이로다

해석 "좋고 나쁜 것을 모르는 머리 깎은 중들이 있어서 동쪽을 가리키다 서쪽을 가리키고, 맑은 날을 좋아하다가 비오는 날을 좋아하며, 등롱(燈籠, 등불을 켜서 어둠을 밝히는 기구)과 노주(露柱, 법당의 드러난 둥근 기둥)를 좋아한다. 그대들은 잘 보아라! 눈썹에 털이 몇 개가 남아 있는가? 이 일에는 기연(機緣)이 갖추어져 있는데 학인들

은 알지 못하고 곧 미쳐버리는 것이다. 이런 무리들은 모조리 여우 나 귀신 도깨비들이다. 그 좋은 학인들에게 '이 눈멀고 머리 깎은 늙은이가 온 천하 사람들을 미혹하고 어지럽게 만드는구나' 라는 비웃는 말을 듣게 되는 것이다."

강설 온전하지 못한 선지식들은 학인이 무엇을 물으면 그 말에 따라 별의별 이야기를 어수선하게 늘어놓는다. 눈 앞에 보이는 온갖 것들을 보이는 대로 생각나는 대로 어지럽게 늘어놓다 보니 이야기가 갈팡질팡한다. 보리니 열반이니 삼신이니 관찰할 대상인 경계니 관찰하는 지혜니 하는 등등에 대하여 펼치는 이야기가 장관이다. 팔만장경을 다 동원한다. 모두가 삿된 이야기들이다. 그렇게 삿된 말만 어지럽게 늘어놓다가 눈썹이 남아나겠는가? 삿된 말을 좋아하면 눈썹이 빠진다. 동·서·남·북이니 맑고 흐림이니 등롱이니 노주니 구모(龜毛)니 토각(兎角)이니 석녀(石女)니 하는 말로써 모두 선문답으로 여긴다. 선리(禪理)를 알지 못하고 허황된 망언만 늘어놓는다. 악지식들에게 보통 있는 관례다.

 이 도리에는 반드시 기연(機緣)과 까닭이 있다. 함부로 늘어놓아서는 안 된다. 그런 것을 여우나 도깨비나 귀신들의 장난이라고 한다. 멀쩡한 사람이 그렇게 되어서야 옳겠는가. 그 자신이 잘못 되는 것은 그렇다 치고 학인을 미치게 만든다면 그 업을 어찌하겠는가. 천하의 스승된 이들은 깊이 생각해 볼 일이다.

14-16 계율도 익히고 경론도 배웠다

> 道流야 出家兒는 且要學道니라 祇如山僧은 往日에 曾向毘尼中留心하고 亦曾於經論尋討라가 後方知是濟世藥이며 表顯之說이라 遂乃一時抛却하고 卽訪道參禪하니라 後遇大善知識하야 方乃道眼分明하야 始識得天下老和尚하야 知其邪正하니 不是娘生下便會요 還是體究練磨하야 一朝自省하니라

해석 "도를 배우는 벗들이여! 출가한 사람은 무엇보다 도를 배우는 것이 중요하다. 나는 지난날 계율에 마음을 두기도 하였고, 경론을 연구하기도 하였다. 나중에서야 그것들이 세간을 구제하는 약이며 겉으로 드러내어 표현하는 것인 줄을 알았다. 드디어 몽땅 다 버려 버리고 도에 대해서 묻고 선을 참구하였다.

그런 뒤에 큰 선지식을 만나 뵙고 나서야 마침내 도안(道眼)이 분명해져서, 비로소 천하의 노화상들이 삿된 지 바른 지를 알아볼 수 있었다. 이것은 어머니에게서 태어나면서부터 바로 안 것이 아니다. 깊이 연구하고 갈고 닦아서 어느 날 아침에 스스로 살펴볼 수 있게 된 것이다."

강설 짧은 글이지만 임제 스님께서 수도의 길을 어떻게 걸어왔는가를 엿볼 수 있다. 도에 이르는 길이 따로 정해져 있는 것은 아니지만 불교라는 오랜 전통과 체계 속에서 그 길을 모색해 온 사람들의 공통적이고 보편적인 순서와 길은 있다. 그 길을 스님은 그대로

밟아온 것이다. 옛날 관습대로라면 승려가 되어서 5, 6년은 계율(戒律)을 공부하여 수행자로서 삼천 가지 위의(威儀)와 팔만 가지 세세한 행동들을 익힌다. 그 다음에는 경전과 논을 10여 년 깊이 연찬하여 깊고 오묘한 불교교리들을 낱낱이 깨닫는다.

그리고는 사교입선(捨敎入禪)이라 하여 그 동안 배우고 익힌 교학을 모두 버리고 참선에 들어가는 것이다. 일생을 통해서 바람직한 수행자가 되기 위해서 이와 같은 과정을 반드시 거쳐야 한다. 임제 스님은 그 코스를 하나도 빠짐없이 밟아왔다. 그리고 마침내 황벽이라는 큰 선지식을 만나서 도안(道眼)을 분명하게 뜨게 되었다. 눈을 뜬 뒤에는 천하의 노화상들이 삿된 지 바른 지를 한 눈에 알아보았다. 마치 밝은 거울에 붉은 것은 붉은 대로 비치고 푸른 것은 푸른 대로 비치는 것과 같다. 이 깨달음의 눈은 어머니가 낳아준 그대로 다 알아보는 그 눈이 아니다. 피나는 노력의 결과였다.

이러한 길을 모든 수행자가 다 같이 밟아야 하는 것은 아니다. 육조 혜능 같은 이들은 나무를 팔러갔다가 금강경의 한 구절을 듣고 바로 깨닫기도 했다. 열반회상에 광액(廣額)이라는 소를 잡는 백정은 어느 한 순간에 깨달음을 얻고는 "나도 천 부처님 중의 하나다."라고 큰 소리를 친 사람도 있었다. 하지만 이와 같은 사례들은 특수한 경우다. 임제 스님이 걸으신 길을 눈여겨 볼 일이다.

14-17 부처를 만나면 부처를 죽여라

道流야 儞欲得如法見解인댄 但莫受人惑하고 向裏向外

하야 逢著便殺하라 逢佛殺佛하며 逢祖殺祖하며 逢羅漢
殺羅漢하며 逢父母殺父母하며 逢親眷殺親眷하야사 始得
解脫하야 不與物拘하고 透脫自在니라

해석 "도를 배우는 벗들이여! 법다운 견해를 터득하려면 남에게 미혹〔속임〕을 당하지 말고 안에서나 밖에서나 마주치는 대로 곧바로 죽여라. 부처를 만나면 부처를 죽이고, 조사를 만나면 조사를 죽이고, 아라한을 만나면 아라한을 죽이고, 부모를 만나면 부모를 죽이고, 친속을 만나면 친속을 죽여라. 그래야 비로소 해탈하여 사물에 구애되지 않고 투철히 벗어나서 자유 자재하게 된다."

강설 여법한 견해나 진정 견해나 모두가 같은 것이다. 수처작주도 같다. 모두가 다른 사람에게나, 나 아닌 다른 경계에 동요하지 말라는 것이다. 온갖 경계가 앞에 오거든 무조건 다 부정하고 끌려가거나 흔들리지 말라는 것이다. 나를 욕하고 나를 때리고 모함하고 손해를 입히고 하는 것뿐만 아니라 나를 유혹하는 순조로운 경계도 같은 것이다. 부처나 조사나 아라한이나 부모나 처자권속이나 모두가 다 나 아닌 경계고 내가 미혹을 당할 상대들이다. 다시 말해서 역경계나 순경계나 일체를 부정하고 벗어나라는 것이다. 거기에 끌려가지 말라는 것이다. 그래야 비로소 해탈이다. 어떤 사물로부터도 구애받지 않는다. 툭 터져서 자유자재하다.

부처님이나 조사나 아라한이나 그 어떤 권위나 관념들로부터도 벗어나라. 인정하지 말라는 것이다. 깡그리 부정해 버리고 끌려가지 말라는 뜻에서 죽이라는 표현을 쓴 것이다. 불조에 대한 모든 잘못된 관념들을 때려 부수라는 뜻이다. 이렇게 파격적이고 강도 높은 언어를 써도 강강(强剛)한, 억세고 미련한 중생들은 아무런 감동이 없다. 깊은 사유가 없어서이다.

경계는 경계의 일이고 나는 나의 일이다. 남이 나에게 어떻게 하든 나는 내 할 일 하면 된다. 내 자신을 굳게 지키고 타인의 잘잘못을 보지 말라. 흔들리고 따라가면 그 순간 내 생명은 벌써 상처를 입는다. 그가 부처든 조사든 부모든 칭찬이든 욕이든 마찬가지다. 자신을 자각하는 일은 그처럼 중요하다. 안에도 있지 말고 밖에도 있지 말고 중간에도 있지 말라. 참으로 수처작주(隨處作主)하고 입처개진(立處皆眞)하라. 불여물구(不與物拘)하고 투탈자재(透脫自在)하라. 제대로 사람답게 살려면 반드시 이 말대로 하라.

> 如諸方學道流는 未有不依物出來底라 山僧向此間은 從頭打하야 手上出來手上打하고 口裏出來口裏打하고 眼裏出來眼裏打하나니 未有一箇獨脫出來底요 皆是上他古人閑機境이니라

해석 "제방에서 도를 배우는 벗들은 말이나 형상에 의지하지 않고 내 앞에 나온 자는 하나도 없었다. 산승은 여기에서 처음부터 그들을 쳐버린다. 손에서 나오면 손으로 치고, 입에서 나오면 입으로 치며, 눈에서 나오면 눈으로 쳐버린다. 다만 홀로 벗어나서 나온 사람은 한 사람도 없고, 모두가 옛날 사람들의 부질없는 지식이나 언어나 행위들(閑機境)을 숭상하고 받드는 것이었다."

강설 임제 스님이 법을 쓰는 것은 매우 독특하다. 그 표현이 독창적이다. 파격적이고 상상을 초월한다. 그야말로 불가사의하고 기상천외하다. 밝은 대낮에 청천벽력이다. 구름 한 점 없는데 태풍이 불고 폭우가 쏟아진다. 그 밝기로는 일 천 개의 태양이 동시에 떠서 수수만년을 비추고 있다. 어디에도 의지하거나 근거를 대어 나타내는 경우가 없다.

그런데 다른 모든 이들은 그 동안 불교역사에서 축적되어진 표현들을 그대로 빌려오거나 변형을 시킨 것들이다. 원래로 법이 그렇지가 않은데 그런 식으로 나온다면 그냥 있을 수가 없어서 모두 쳐 없앤다. 어떤 입장에서 나오든지 모두 쓸어버린다.

옛 사람들의 부질없는 말이나 행위들을 흉내 내어 봐야 무슨 이익이 있겠는가. '할'을 하고 방을 써 봐야 아무런 의미가 없다. 어느 큰 참선 법회에 가서 보고 온 사람이 왈, "외계인들이 와서 놀다 가는 것과 같은 느낌이었다."는 말을 했다. 매우 적절한 평이었다.

이제는 되지 않은 옛 스님들의 격외 법문을 문자로 적어서 그것을 다시 번역하고 떠듬떠듬 읽어서 법문이랍시고 토해내는 것은 그만 하는 게 좋다. 차라리 자신이 알고 있고 확신이 가는 것만 이야기 하자. 전설 따라 삼천리도 좋고 소를 팔러 다니던 이야기도 괜찮다. 진실하게 소신껏 하면 되지 않는가. 공연히 옛 사람들의 흉내를 낸다고 자신이 옛 사람처럼 존귀하게 되는 것도 아니지 않는가.

14-18 그대는 무엇이 부족한가

> 山僧은 無一法與人이요 祇是治病解縛이니 儞諸方道流는 試不依物出來하라 我要共儞商量이라 十年五歲토록 並無一人하고 皆是依艸附葉竹木精靈과 野狐精魅니 向一切糞塊上亂咬로다

해석 "산승은 남에게 줄 법이 하나도 없다. 다만 병에 따라 치료를 해주고 묶여 있는 것을 풀어줄 뿐이다. 그대들 제방의 도를 배우는 벗들이여! 시험 삼아 사물에 전혀 의존하지 말고 나와 보아라. 나는 그대들과 법에 대해서 문답을 하고 싶구나. 15년이 지나도록 누구 한 사람 없었다. 모두가 풀이나 나무 잎사귀나 대나무나 나무에 붙어사는 귀신들이다. 또 여우나 도깨비 같은 것들이다. 모두 똥 덩어리에 달라붙어 어지럽게 씹어 먹는 것들이다."

강설 이 법은 본래로 남에게 줄 수 있는 법이 아니다. 만약 줄 수 있는 법이라면 세존은 벌써 라후라에게 주었을 것이다. 그리고 야수다라에게도 주었을 것이다. 그런데 어디에도 라후라에게나 야수다라에게 법을 주었다는 이야기는 없다. 왜냐? 줄 수 있는 법이 아니기 때문이다. 그런데도 법을 전해 준다느니, 법을 전해 받았다느니 하는 말은 단순한 인정에 불과하다. 그가 깨달은 것이 확실한가를 알아보고 확실하면 인정을 해 주는 일이다. 그와 같이 인정하는 일을 전해주었다고 한다. 오늘날까지 그 관례를 그대로 쓴다.

불교는 병에 따라 약을 쓰고 속박된 것을 풀어 준다. 8만 4천 법

문이란 중생들의 8만 4천 가지의 병에 따라 약을 처방한 것에 불과하다. 또 병이란 다른 말로 하면 속박이요, 구속이다. 있음과 없음에 구속되고, 생과 사에 구속되고, 성인과 범부에 구속되고, 중생과 부처에 구속되고, 선과 악에 구속되고, 일체 차별과 편견과 양변과 변견과 비교하는 데 구속되어 있다. 그래서 그것들로부터의 해탈을 희망한다.

간혹 선문답을 하는 데서 들을 수 있는 말로서 "부처님의 말씀이나 조사들의 말씀을 떠나서 한 마디 일러보라." 또는 "말과 행동을 쓰지 않고 한 마디 일러보라."라고 주문하는 것을 들을 수 있다. 모두가 무엇엔가 의지해서 법을 말한다. 생각하고 행동하는 것도 모두가 불조의 가르침에 근거하여 표현한다. 과거의 선배들이 남겨둔 것을 대단한 보물로 생각하여 모든 삶을 거기에 걸고 있다. 그 기준과 그 사례에 어긋나면 크게 잘못된 것으로 생각한다.

이 점에 대해서 임제 스님은 입에 담을 수 없을 만큼 혹독하고 심한 표현을 쓴다. "모두가 제 갈 길을 못 가고 구천을 떠돌다가 풀섶이나 나무나 바위 등에 붙어있는 귀신 도깨비 같은 존재들이다. 모두가 남들이 싸 놓은 똥 덩어리를 씹어 먹고 있는 꼴이다."라고 하였다.

참으로 전무후무한 극언이다. 누가 감히 그 흉내를 내겠는가. 그 용맹은 천 명의 조자룡이요, 만 명의 관운장이다. 누구의 표현처럼 임제는 활화산이고, 천기누설이고, 지뢰밭이고, 산사태고, 태풍이고, 해일이고, 홍수고, 날벼락이고, 대지진이고, 전쟁이고, 폭발이고, 분출하는 용암이다. 그 모든 것이 한꺼번에 쏟아지는 일이다.

똥 덩어리란 산처럼 쌓여있는 교학들이 그것이다. 온갖 망상으로 펼쳐 놓은 주의 주장들과 사상들이 그것이다. 닦아야 되느니 증득해야 되느니 3아승지겁 동안 6바라밀, 10바라밀을 실천해야만 된다고 하는 등등의 가르침들을 지적해서 하는 말이다. 천하의 선지식이라는 이들이 모두 거기에 의지하고 있기 때문에 임제 스님이 보기에는 갑갑하고 안타깝고 숨 막히고 몸살이 나서 죽을 맛이다. 활화산과 천기누설과 지뢰밭과 산사태와 태풍과 해일과 홍수와 날벼락과 대지진과 전쟁과 폭발과 분출하는 용암을 한꺼번에 쏟아 부어 다 쓸어버리고 싶은 심정이다.

한국불교를 대표하는 임제의 적손(嫡孫) 조계종도들이여, 그리고 세계의 불교를 선도할 임제의 적손 조계종도들이여. 이 힘과 이 용기와 이 기백과 이 용맹으로 명실상부한 선의 종주국의 깃발을 온 세계에 힘차게 드날리자.

瞎漢이여 枉消他十方信施하고 道我是出家兒라하야 作如是見解로다 向儞道하노니 無佛無法하며 無修無證하나니 祇與麼傍家에 擬求什麼物고 瞎漢아 頭上安頭라 是儞欠少什麼오

해석 "야 이 눈 먼 놈들아, 저 시방의 신도들이 신심으로 시주한 물건을 마구 쓰면서 '나는 출가한 사람이다'라고 하여 이와 같은 견해를 짓고 있구나. 나는 그대들에게 분명히 말하고자 한다. 부처도 없고 법도 없고 닦을 것도 없고 깨칠 것도 없는데, 어쩌면 그렇게들 옆집으로만 다니면서 무슨 물건을 구하는가? 야 이 눈멀고

어리석은 놈들아! 머리 위에 또 머리를 얹는구나. 너희들에게 무엇이 부족하단 말인가?"

강설 출가입산(出家入山)하여 수행 정진한다는 사람들을 두고 하는 말이다. 온갖 호설난도(胡說亂道)로 펼쳐놓은 주의주장들을 의지해서 그것이 불교인 양 살아가는 사람들의 견해를 바로잡아야 한다는 뜻이다. 불교는 그런 것이 아닌데 헛되이 신도들의 시줏밥만 축내고 출가인이라고 하다니. 불교를 사뭇 틀리게 말하는 사람, 그것마저 하지 않는 사람들은 차한에 부재다. 논할 대상이 아니다.

이미 우리들 자신이 완전무결한데, 그래서 부처도 법도 수행도 깨달음도 달리 없다. 그런데도 공연히 자기의 집을 버리고 남의 집으로 찾아 헤매고 있다. 자신의 집에 이미 무한한 보물이 있는데 남의 집에 가서 무엇을 구하자는 것인가. 야, 이 눈멀고 어리석은 놈아, 그렇게 해서 찾았다 하더라도 그것은 머리 위에 머리를 하나 더 올려놓는 격[頭上安頭]이다. 긁어서 부스럼 내는 일이다. 멀쩡한 사람을 병신으로 만드는 일이다. 머리 위에 머리를 올려놓고 어쩌자는 것인가? 무엇이 부족하여 그런 짓을 하는가?

지금 이 순간 글을 읽고 말하는 소리를 듣고 춥고 더운 것을 느끼고 하지 않는가? 거기서 다시 무엇이 더 필요한가? 이 생명 자체가 진정한 신통묘용이요, 무량대복인 것을. 참으로 천고의 명언이다. 촌철살인이다. 더 이상 나아갈 데가 없는 최후 최고의 가르침이다. 수미산 꼭대기다.

두상안두(頭上安頭). 천고의 명언이다. 흠소십마(欠少什麽). 명언 중의 명언이다.

14-19 삼계는 삼독심이다

> 道流야 是儞目前用底가 與祖佛不別이어늘 祇麽不信하고 便向外求로다 莫錯하라 向外無法이요 內亦不可得이니라 儞取山僧口裏語는 不如休歇無事去니

해석 "도를 배우는 벗들이여! 그대들 눈앞에서 작용하는 이놈이 바로 할아버지 부처님과 다르지 않다. 왜 믿지 않고 밖에서 찾는가? 착각하지 말라. 밖에도 법이 없으며 안에도 또한 얻을 것이 없다. 그대들은 산승이 이렇게 말하는 것을 듣는 것보다는 모든 생각을 쉬어서 아무 일 없이 지내는 것이 차라리 낫다."

강설 불교란 무엇인가? 도란 무엇인가? 도를 이룬 부처님이나 조사는 또 무엇인가? 그대들이 지금 이 자리에서 보고 듣고 알고 느끼고 하면서 작용하는 그 사실이다. 지금 이 순간 작용하는 그놈이 부처님과 조사와 하나도 다르지 않다. 단지 그것을 믿지 못하고 그 외의 것들을 찾아 밖으로 법을 구하고 있을 뿐이다. 그렇다고 안에 있는 것도 아니다. 안에 있는 것이 아니므로 안에서 얻을 수도 없다. 내가 하는 이 말은 이 지상에서 제일가는 법문이다. 이보다 더 위대한 법문은 없다. 팔만사천법문과 온갖 시시비비를 다 쓸어버리는 어마어마한 태풍과도 같은 말씀이다.

 하지만 산승의 이 말을 듣는 것보다는 한 생각 쉬는 것이 더 낫다. 한 생각 쉬고 아무 일 없이 지내는 것이 훨씬 훌륭하다. 뛰는 놈 위에 나는 놈이 있지만 나는 놈보다는 아예 움직이지 않고 그대

로 있는 놈이 백 배 훌륭하다.

> 已起者莫續하고 未起者不要放起하라 便勝儞十年行脚이니라 約山僧見處하면 無如許多般이요 祇是平常이니 著衣喫飯하고 無事過時니라

해석 "이미 일어난 것은 계속하지 말고, 아직 일어나지 않은 것은 일어나지 않도록 하여라. 이렇게 한다면 10년을 행각하는 것보다 더 나을 것이다. 내가 보기에는 그런 허다한 일〔소승, 대승, 출가, 속가, 수행의 단계 등〕은 없는 것이니 다만 평소대로 옷 입고 밥 먹으며 아무런 일없이 세월을 보내는 것뿐이다."

강설 스승을 잘못 만나고 한 생각 잘못하여 부처를 구하고 조사를 구하려고 어쩔 수 없이 마음을 일으켰다면 더 이상 지속하지는 말라. 만약 일어나지 않았거든 어떤 좋은 생각도 일으키지 말라. 그렇게만 하면 그대들이 공부를 위해서 10년을 행각한 것보다 훨씬 나으리라.

산승의 소견으로는 그 허다한 5위 75법이니, 5위 100법이니 하는 것이 없다. 5온 12처 18계니, 4성제 8정도 12인연도 없다. 3승 4과도 없다. 보살의 수행계위인 10신, 10주, 10행, 10회향, 10지, 등각, 묘각도 없다. 6바라밀, 10바라밀도 없다. 참선 염불도 없다. 간경 주력 기도도 없다. 다만 평소대로 옷 입고 밥 먹으며 아무런 일없이 인연 따라 살아가는 것뿐이다. 만약 산승의 소견이 틀리다

는 생각이 들거든 맞는 길을 찾아서 알아서 살라. 한국의 모든 선지식들은 이 정신, 이 가르침이 좋아서 모두들 임제 스님 밑으로 줄을 대고 있다.

> 儞諸方來者가 皆是有心이라 求佛求法하며 求解脫求出離三界하나니 癡人이여 儞要出三界하야 什麽處去오 佛祖是賞繫底名句니라 儞欲識三界麽아 不離儞今聽法底心地니 儞一念心貪은 是欲界요 儞一念心瞋은 是色界며 儞一念心癡는 是無色界라 是儞屋裏家具子니라 三界不自道我是三界요 還是道流의 目前靈靈地照燭萬般하야 酌度世界底人이 與三界安名하나니라

해석 "제방에서 온 그대들은 모두가 마음이 있다. 부처를 구하려고 하며, 법을 구하려고 하며, 해탈을 구하여 삼계를 벗어나려고 한다. 어리석은 이들아! 그대들이 삼계를 벗어나서 어디로 가려고 하는가? 부처와 조사란 보기 좋은 올가미로 만든 이름과 글귀일 뿐이다.

그대들은 삼계가 무엇인지 알고 싶은가? 지금 그대들이 법문을 듣고 있는 그 마음을 떠나 있는 것이 아니다. 그대들의 한 생각 탐내는 마음이 욕계(欲界)고, 한 생각 성내는 마음이 색계(色界)며, 한 생각 어리석은 마음이 무색계(無色界)다. 이 삼계는 바로 그대들의 집 속에 있는 살림살이들인 것이다. 삼계가 스스로 '내가 바로 이 삼계요'라고 말하는 것이 아니다. 눈앞에서 아주 분명하게 만물을

비추어 보고 세계를 가늠하는 그 사람이 삼계라고 이름을 붙인 것이다."

강설 모든 사람들은 다 마음이라는 것이 있어서 그 마음으로 부처를 구하고 법을 구하고 해탈을 구하여 삼계를 벗어나려고 한다. 다 옳은 일이다. 그런데 삼계를 벗어나서 어디로 가려고 하는가? 삼계라는 것이 진실로 있기나 한가? 참으로 있어서 벗어나려 하는가? 가나오나 지금 있는 이 자리뿐인 것을. 동쪽 사람들은 염불을 해서 서쪽으로 간다지만 서쪽 사람들은 염불을 해서 어디로 가는가? 동쪽으로 오는가?

그대들이 참으로 삼계가 무엇인지 알고자 하는가? 그대들이 지금 이 순간 법문을 듣고 있는 그 마음자리에서 떠나지 않았다. 그대들 한 생각 탐욕하는 마음과 분노하는 마음과 어리석은 마음들이 곧 욕계, 색계, 무색계다. 이 삼계란 그대들의 집에서 쓰는 가구들이다. 삼계 25유(有)가 모두 그대들의 목전에서 역력한 그것이 이름 붙인 것이다. 온갖 만물을 살피고 온 세계를 헤아리는 바로 그 사람이 이름을 지어 붙인 것이다.

또 그대들이 오매불망 구하려고 하는 부처나 조사라는 것도 모두가 금이나 은 같은 그럴듯한 좋은 올가미를 만들어 사람들을 얽어매는 것에 불과하다. 부처니 조사니 하는 말이 얼마나 근사한가. 얼마나 아름답고 훌륭한가? 사람들을 얽어매기 아주 좋은 금과 은으로 만든 올가미다. 그 올가미에 얼마나 많은 사람들이 매여 속박을 당하는가. 금이 아니라 다이아몬드로 만들어도 올가미는 사람들을 구속하는 올가미일 뿐이다. 그 외에 다른 것은 아니다. 대 해탈, 대 자유인이 곧 그대 자신이거늘 왜 올가미에 걸려드는가.

14-20 무명은 없다

> 大德아 四大色身是無常이라 乃至脾胃肝膽과 髮毛爪齒도 唯見諸法空相이니 儞一念心歇得處를 喚作菩提樹요 儞一念心不能歇得處를 喚作無明樹니라 無明無住處요 無明無始終이라 儞若念念心歇不得하면 便上他無明樹하야 便入六道四生하야 披毛戴角이요

해석 "큰스님들이여! 사대로 되어있는 이 몸뚱이는 덧없는 것이다. 비장과 위와 간과 쓸개와 머리카락과 털과 손톱과 이빨마저도 오직 모든 것이 텅 비어있는 모양임을 보여줄 뿐이다. 그대들의 한 생각 마음이 쉰 곳을 보리수라 하고, 한 생각 마음이 쉬지 못하는 곳을 무명수라 한다. 무명은 머무는 곳이 없으며, 처음과 끝이 없다. 그러므로 그대들이 만약 순간순간의 마음을 쉬지 못한다면 곧 무명수 위에 올라가서 곧바로 사생 육도(四生六道)에 들어가 털이 나고 뿔이 달리는 짐승이 될 것이다."

강설 '나는 없다.' 이 말은 반야심경을 한 마디로 표현한 것이다. 5온이 모두 텅 비어 없다. 안·이·비·설·신·의도 텅 비어 없다. 색·성·향·미·촉·법도 모두 텅 비어 없다. 4성제, 8정도, 12인연도 텅 비어 없다. 일체가 다 텅 비어 없다는 것이 반야심경의 요점

이다. 그래서 필자는 반야심경을 주력삼아 외우다가 깨달은 것이 '나는 없다'이다. 내가 없는데 다시 무엇을 위하여 헐떡거리겠는가. 생로병사와 일체 문제가 해결된 자리다.

그대들 한 생각 쉬어버린 곳이 보리수다. 그대들이 한 생각 쉬지 못한 곳이 무명수다. 그런데 무명이란 말 뿐이지 실은 없는 것이다. 무엇인가 찾으려고 헐떡거리는 마음 때문에 존재하는 것처럼 보인다. 그래서 온갖 4생(生) 6도(途)가 다 벌어진다. 다종다양한 삶이 펼쳐진다. 천태학(天台學)에 일념삼천(一念三千)이라는 말이 있다. 한 순간에 삼천 가지의 삶의 양상이 가능하다는 것이다. 한 마디로 우리가 살며 느끼고 있는 일체 현실이 모두 한 생각 쉬지 못해서 무명이 있고, 그 무명으로 인하여 환영처럼 펼쳐진 것들이다.

爾若歇得하면 便是淸淨身界니라 爾一念不生하면 便是上菩提樹라 三界神通變化하야 意生化身하야 法喜禪悅하며 身光自照니 思衣羅綺千重이요 思食百味具足하야 更無橫病이니라 菩提無住處라 是故無得者니라

해석 "그대들이 만약 쉬기만 하면 그대로가 곧 청정법신의 세계다. 그대들이 한 생각도 나지 않으면 곧 보리수에 올라 삼계에서 신통 변화하여 마음대로 화신의 몸을 나타내리라. 그래서 법의 기쁨과 선의 즐거움(法喜禪悅)으로 몸의 광명이 저절로 빛날 것이다. 옷을 생각하면 비단 옷이 천 겹으로 걸쳐지고, 밥을 생각하면 백 가지 진수성찬이 그득히 차려지며, 다시는 뜻밖의 병이나 가난으

로 오는 병에 걸리는 일도 없을 것이다. 보리는 어떤 주처가 없다. 그러므로 얻을 것도 없느니라."

강설 한 생각 쉬는 것이 곧 한 생각도 일어나지 않은 것이며, 한 생각 일어나지 않은 것이 곧 한 생각 쉰 것이다. 그 경지가 되면 이 현실 그대로가 청정법신의 세계며 곧 보리수에 올라 삼계에서 신통변화를 일으킬 것이다. 뜻대로 몸을 나타내며 법희선열(法喜禪悅)을 누리리라. 비단 옷이 넘쳐나고 온갖 진수성찬이 구족하여 병도 없으리라. 한 생각 쉬는 것이 무엇인가?

　자신에게 모든 것이 구족하여 더 이상 밖을 향해서 찾을 것이 없는 이치를 깨닫는 것이다. 설사 부처와 조사라 하더라도 자신 밖에 있는 다른 것이 아니라는 사실을 알고 밖을 향해 찾지 않는 것이다. 신통묘용과 복덕 지혜도 그렇다. 그것이 쉬는 것이며 한 생각도 일으키지 않는 것이다. 법희선열(法喜禪悅)이라는 말은 삶의 극치다. 가만히 읊조리기만 해도 그 희열이 샘솟는다.

14-21 보고 듣는 이가 누구인가

> 道流야 大丈夫漢이 更疑箇什麼며 目前用處가 更是阿誰오 把得便用하야 莫著名字를 號爲玄旨니 與麼見得하면 勿嫌底法이니라 古人云, 心隨萬境轉이나 轉處實能幽라 隨流認得性하면 無喜亦無憂라하니라

해석 "도를 배우는 벗들이여! 대장부가 또 무엇을 의심하는가? 눈앞에서 작용하는 이가 다시 또 누구인가? 잡히는 대로 쓰며 이름에 집착하지 않는 것이 심오한 뜻이다. 이와 같이 볼 수 있다면 싫어할 것이 없는 도리이다. 옛사람이 말하기를 '마음은 만 가지 경계를 따라 흘러가지만 흘러가는 그 곳이 참으로 그윽하여라. 마음이 흘러가는 그 곳을 따라 성품을 깨달으니 기쁨도 없고 근심도 없도다.' 라고 하였다."

강설 사람들의 마음은 참으로 미묘한 것이다. 매우 심오하고 불가사의한 것이다. 아무리 생각을 해도 그 높이 그 넓이에 미칠 수가 없다. 그 헤아릴 수 없는 작용은 신묘불측(神妙不測)이다. 그래서 언어로써 표현할 길이 없고 생각으로 따를 수 없다. 그것은 멀리 있는 것이 아니고 바로 지금 이 순간 보아도 보이지 않는 가운데 보고, 들어도 들리지 않는 가운데 들으며 작용하고 있는 그것이다. 그러한 이치를 잘 알아서 추호의 의심도 없고 양변에 떨어지거나 편견이 없으면 대장부다.

 옛 인도의 23조(祖)인 학륵나 존자가 아직 법을 깨닫기 전에 학의 무리들이 항상 따라다녔다. 그래서 22조 마라나 존자를 만나 그 까닭을 물었더니, "그대가 옛날 제자들을 데리고 용궁에 가서 공양을 받았는데 그 제자들이 박복하여 학의 몸을 받은 지 5겁이나 되었다. 바로 그들이다."라고 하였다. 그들이 해탈할 수 있는 길을 물으니 위와 같은 게송을 설하였다. 수많은 사람들의 입에 회자되는 유명한 게송이다.

 "마음이 흘러가는 그 곳을 따라 성품을 깨닫는다."는 말은 수처작주(隨處作主), 즉 어떤 상황에 처하더라도 그 상황의 주인이 된다는 뜻이다. 텅 빈 마음자리를 잘 누리어 남이 나를 어떻게 취급하든 나는 나의 자리를 잃지 않고, 동요하지 않고, 흔들리지 않고, 끌려 다니지 않는다는 뜻이다. 남이 나를 때렸다. 남이 나를 욕했다, 모함했다, 비방했다, 손해를 입혔다, 망신을 주었다, 내 것을 빼앗아 갔다 등등에 흔들리지 않고 의연히 대처하는 것이다. 나아가서, 온갖 몹쓸 병들이 나를 괴롭게 한다. 몸이 나를 고통스럽게 한다. 세월이 나를 늙게 한다는 등등에도 소요자재(逍遙自在)하고 여여무심(如如無心)하면 기쁨도 없고 근심도 없으리라. 본래로 그런 것이 없는 텅 빈 마음의 세계에서 자유자재하게 노닐 뿐이다. 그것은 그들의 일이고 나는 나이기 때문이다.

이 금쪽 같은 구절은 반드시 외워야 한다. 심수만경전(心隨萬境轉) 전처실능유(轉處實能幽) 수류인득성(隨流認得性) 무희역무우(無喜亦無憂). 잘 이해하면 평생의 좋은 양식이 될 것이다.

14-22 주인과 객이 서로 보다

> 道流야 如禪宗見解는 死活循然하니 參學之人이 大須子細어다 如主客相見할새 便有言論往來호대 或應物現形하며 或全體作用하며 或把機權喜怒하며 或現半身하며 或乘獅子하며 或乘象王이니라

해석 "도를 배우는 벗들이여! 선종의 견해로는 삶과 죽음이 돌고

도는 것이니, 참선을 하는 사람들은 매우 자세히 살펴야 한다. 주인과 손님이 서로 만나면 곧 말들을 주고받는데, 혹은 사람에게 맞추어서 모습을 나타내기도 하고, 혹은 전체작용(全體作用)을 하기도 하며, 혹은 기연과 방편으로 기뻐하거나 성내기도 하며, 혹은 몸을 반쯤 나타내 보이기도 하며, 혹은 사자를 타기도 하고, 혹은 코끼리를 타기도 한다."

강설 선문답의 사례들을 소개하고 있다. 정신을 똑똑히 차리고 진검승부하는 마음으로 해야 한다. 장난삼아, 또는 소영웅심리에서 선문답을 해서는 안 된다. 여기서 삶과 죽음이란 주객이 서로 만나 법을 거량하는 경우에 이기거나 지는 일을 표현한 것이다. 이기는 것은 살아나는 것을, 지는 것은 죽는 것을 의미하고 있다. 말로써 주고 받는데 이기고 지는 일이 돌고 돈다는 뜻이다. 여기서는 여섯 가지의 사례를 들고 있다.

혹 사자를 타기도 한다는 것은 문수보살의 역할을 뜻한다. 문수보살은 언제나 보현보살과 대비가 된다. 집안의 일을 맡은 사람이며 지혜를 상징한다. 코끼리를 타기도 한다는 것은 보현보살의 역할을 뜻한다. 보현보살은 바깥의 일을 맡은 사람이며 실천을 상징한다. 여섯 가지 예들이 모두 그와 같은 입장에 서서 사람을 제접한다는 것을 다 들어 보인 것이다.

如有眞正學人이 便喝하야 先拈出一箇膠盆子하면 善知識이 不辨是境하고 便上他境上하야 作模作樣하면 學人

便喝에 前人不肯放하나니 此是膏盲之病이라 不堪醫니 喚作客看主니라

해석 "만약 진정한 학인이 있어서 대뜸 '할'을 하여 아교풀을 담은 단지를 하나 내놓으면 선지식은 그것이 경계〔미끼〕인 줄 모르고 곧 그 경계에서 이런 생각 저런 생각을 지어 낸다. 이것을 본 학인이 다시 '할'을 하여도 앞의 선지식은 이를 놓아버리려 하지 않는다. 이것은 의사도 고칠 수 없는 불치〔膏盲〕의 병이다. 이런 경우를 '객이 주인을 본다〔看破〕.'라고 한다."

강설 선문답을 할 경우 주인과 객, 즉 선지식과 학인이 만났을 때 눈이 밝은 학인이 곧 '할'을 하여 마치 아교풀을 담은 단지를 앞에 내어 놓는 것과 같다. 그러면 선지식은 그것이 고기를 낚는 미끼인 줄을 모르고 덥석 물고는 이리 저리 헤아린다. 그 때 학인은 곧 '할'을 하면 선지식은 그 미끼를 놓지 않고 물고 늘어지는 예가 있다. 이것은 치료할 수 없는 병이다. 학인이 선지식을 간파하고 선지식은 간파를 당한 것이다.

 이야기가 좀 옆길로 나가보자면, 집안이 이렇게 되면 곤란하다. 한 집안이 잘 되려면 어른들이 모범이 되어야 한다. 그런데 그 반대가 되면 문제가 많다. 나라도 마찬가지다. 윗물이 맑아야 아랫물이 맑다는 것은 너무도 평범한 진리다. 나라의 모든 언론매체들은 매일 매시간 부정과 부패를 소개하느라고 정신이 없다. 부정부패가 왜 그토록 많은가? 윗사람들이 부정부패를 저지르기 때문이다.

 어느 물줄기도 맑은 곳은 없는가 보다. 특히 지도층에 있는 정치

인들, 기업인들, 공직자들, 종교인들, 교육자들이 맑아야 한다. 이런 위치에 있는 사람들이 맑지 않으면 하층에 있는 사람들은 맑을 길이 전혀 없다. 윗물이 흐린데 아랫물이 맑을 수 있겠는가? 세상에 그런 이치는 없다. 나라가 잘 되려면 모든 공장을 멈추더라도 위에서부터 정직하고 검소한 생활을 펴야 한다. 그렇지 않으면 모든 노력이 다 허사다. 도로 아미타불이다. 위에 있는 이들은 하루 빨리 깨달아야 한다. 윗사람은 아랫사람을 인도하고 선지식은 학인을 가르치는 의무가 있기 때문이다.

或是善知識이 不拈出物하고 隨學人問處하야 卽奪이라
學人被奪에 抵死不放하나니 此是主看客이니라

해석 "혹은 또 다른 경우는, 선지식이 아무 것도 내놓지 않고 학인이 물으면 묻는 대로 곧 빼앗아 버린다. 학인이 빼앗기고는 한사코 놓아버리려 하지 않으면 이것을 '주인이 객을 간파한다.'라고 한다."

강설 선문답의 또 한 예로서, 선지식은 찾아 온 학인을 두고 보다가 학인이 무엇을 물으면 선지식은 곧 그 질문을 부정해 버린다. 그 때 학인은 인정을 받기 위해서 죽자고 놓치지 않는다. 고인의 말씀을 빌리자면 "한 물건도 가져오지 않았을 때 어떻습니까?" "놓아버려라." "한 물건도 가져오지 않았는데 무엇을 놓으란 말입니까?" "놓아버리기 싫거든 가져가거라." 이와 같은 예다.

이런 경우는 선지식이 학인을 간파하고 학인은 간파를 당한 것이다. 이런 예도 크게 바람직하지는 않다. 아름답지는 않다. 왜냐하면 이미 선문답이 오고 가는 사이라면 학인도 한 칼이 있어야 하는데 물고 늘어지기만 한다. 그러나 모든 학인이 다 그러리라는 것을 기대할 수는 없다.

14-23 삿되고 바른 것을 알라

> 或有學人이 應一箇淸淨境하야 出善知識前이어든 善知識이 辨得是境하고 把得拋向坑裏하면 學人言, 大好善知識이로다 卽云, 咄哉라 不識好惡로다 學人便禮拜하나니 此喚作主看主니라

해석 "혹 어떤 학인이 일개 청정한 경계를 선지식 앞에 내놓으면 선지식이 그것이 경계인 줄 알아차리고 집어다가 구덩이 속에 던져버린다. 그래서 학인이 '참으로 훌륭한 선지식이십니다' 라고 하면 선지식은 곧 '쯧쯧, 좋고 나쁜 것도 모르는 구나' 라고 한다. 그러면 학인이 절을 하는데 이것을 '주인이 주인을 간파한다.' 고 한다."

강설 이것은 선지식과 학인 모두 눈이 밝아서 함께 간파하고 문답이 정상적으로 이루어진 예다. 마치 세존이 영산회상에서 꽃을 드니 가섭 존자가 미소를 보내고, 다시 '세존은 나의 정법안장(正法眼

藏)을 그대에게 부촉하노라.' 하면 가섭은 그 말을 기꺼이 받아들이는 광경이라고나 할까? 법을 인가하는 일과 함께 서로 주인이 되어 동시에 간파한 것이다. 임제록에서 공부를 점검하는 감변장(勘辨章)에 많이 있는 예다. 매우 바람직하고 아름다운 선문답이다.

> 或有學人이 披枷帶鎖하야 出善知識前하면 善知識이 更與安一重枷鎖라 學人歡喜하야 彼此不辨하나니 呼爲客看客이니라 大德아 山僧如是所擧는 皆是辨魔揀異하야 知其邪正이니라

해석 "혹 또 어떤 학인이 목에 칼을 쓰고 발에 족쇄를 찬 채 선지식 앞에 나타나면, 선지식이 그 위에다 다시 칼과 족쇄를 한 겹 더 씌워버리는데도 학인이 기뻐하여 피차가 서로 분간하지 못하면, 이것을 '객이 객을 간파한다.'고 한다.

큰스님들이여, 산승이 이와 같이 예를 든 것은 모두가 마군과 이단을 가려내서 삿된 것과 바른 것을 알게 하기 위해서이다."

강설 이 단락에서 간파한다는 것은 위의 사례와 비교해 볼 때 말이 좀 일정하지 않다. 객이라는 말이 학인이라는 뜻이었는데 여기서는 눈을 뜨지 못한 사람을 두고 한 말이기 때문이다. 그래서 주인도 객이 되어버린 것이다. 서로가 눈이 어두운 처지이기 때문에 이리저리 뒤엉킨 것이다. 학인이 기뻐함도 진정한 기쁨이 아니다. 동반의식에서 온 기쁨이다.

근래의 선문답을 보면 한마디로 엉망진창이다. 대개 자신을 높이고 자랑을 하려고 하는 경우가 많다. 제대로 눈을 뜬 사람이라면 어찌 자랑을 하겠는가? 자랑을 하거나 아상을 내세운다면 어찌 눈을 뜬 사람이겠는가? 그 사람됨을 알 만하다. 어릴 때 치기나 객기로 선배스님들과 일방적인 말 한마디 주고받은 것을 가지고 평생 떠들고 있는 사람이 있다. "자신이 무슨 말을 하니까 그 선지식이 대답을 못하더라."는 등 "옛 공안을 못 이르더라."는 등 입만 열면 아무 것도 모르는 시장 아낙네들에게 그런 자랑을 늘어놓는다.

임제록을 강설하면서 이런 말을 하는 필자도 실은 한없이 부끄럽다. 혹 학인과 문답을 한다 하더라도 서로 모르고 하니 제대로 될 리가 없는 것은 불을 보듯 뻔한 노릇이다. 흉내만 내는 것이다. 그런 것도 기록해 두었다가 책이 되어 돌아다닌다. 지금도 또 어디선가 자랑을 하고 있으리라 생각하니 참으로 아득하다.

이 법에 눈을 제대로 뜬 사람과 그렇지 못한 사람을 알아내는 기준이 있다. 여덟 가지 바람[八風]이다. 이익 · 손해 · 훼방 · 추켜세움 · 칭찬 · 놀림 · 고통 · 즐거움이다. 이 여덟 가지의 바람에 흔들리지 않으면 그 위인이 어지간하다고 할 수 있다. 안팎으로 모두 흔들리지 않아야 한다. 밖으로는 아무런 동요가 없는 것 같으나 속마음이 흔들리면 그는 아니다. 지사나 의인이나 호걸도 이익이나 손해, 명예나 칭찬, 비방 등에 흔들리지 않는다. 하물며 마음공부에 달통한 도인이겠는가? 그런 까닭에 임제 스님은 마와 이단을 잘 가리고 사와 정을 알아야 한다고 하였다.

14-24 신 값을 갚을 날이 있을 것이다

> 道流야 寔情大難이요 佛法幽玄이나 解得可可地니라 山僧竟日에 與他說破나 學者總不在意하고 千徧萬徧을 脚底踏過하야 黑沒焌地로다 無一箇形段하야 歷歷孤明이언만 學人信不及하고 便向名句上生解하야 年登半百토록 祇管傍家負死屍行하며 擔却擔子天下走하나니 索草鞋錢有日在로다

해석 "도를 배우는 벗들이여! 진실한 마음을 내기는 매우 어려운 것이고 불법은 심오하지만 알고 보면 별것이 아닌 당연한 일〔可可〕이다. 산승은 온 종일 그들로 더불어 설파해 주지만 공부하는 이들은 도대체 마음을 쓰지 않는다. 천 번 만 번 밟고 다니면서도 도무지 깜깜하다. 아무런 형체도 없으면서 밝고 뚜렷한 이것을 학인들은 믿지 못하고 명자와 글귀 위에서 이해하려 한다. 나이가 오십이 넘도록 단지 송장을 짊어지고 밖으로만 다니는구나. 이렇게 짐을 지고 천하를 돌아다녔으니 짚신 값을 받을 날이 있으리라."

강설 이 지구상에서 불교를 좋아하는 사람들은 대단히 많다. 그러나 불교에 대해서 진실로 발심한 사람은 그리 많지 않다. 진실한 발심은 쉬운 것이 아니기 때문이다. 불교란 사람이 살아가는 모든 문제에 있어서 최고의 가치를 추구하는 일이기 때문이다. 인생 최고의 가치인 도를 깨닫는 일이 만만치가 않다.

소인들은 도에 대해서 설명을 들으면 비웃는다. 보통 사람들은

그런가 저런가 망설인다. 하지만 대인은 흔쾌히 받아들인다. 소인들이 비웃지 않으면 족히 도가 될 수 없다. 보통 사람들이, 더구나 대부분 소인의 성향을 가진 말세의 인간들이 도에 대해서 진정으로 마음을 내기란 참으로 어려운 일이다. 오욕락과 세상사 인간사에 홀딱 반하고 깊이 빠져서 벗어나올 길이 전혀 없는 사람들이 도에 무슨 관심이 있겠는가? 진정한 불교에 무슨 뜻이 있겠는가? 불법을 공부한다는 것은 가치관의 문제다. 삶에 대한 가치관이 바뀌지 않는 한 어려운 일이다. 그래서 임제 스님은 진실한 마음을 내기가, 진정으로 발심하기가 매우 어렵다고 한다.

그러나 불교는 깊고 오묘하다. 설사 깊고 오묘하더라도 알고 보면 별 것이 아니다. 작은 일이다. 쉽고 간단한 일이다. 너무도 당연한 일이다. 임제 스님은 처음 대우 스님에게 가서 불법을 깨닫고 나서 "황벽의 불법이 간단하구나."라고 하지 않았던가. 지극히 당연한 일이기 때문이다. 누구나 옷 입고 밥 먹고 보고 듣는 일이기 때문이다. 그러나 학인들은 그 쉬운 것을 믿지 않는다. 한 걸음도 옮기지 않은 그 자리, 곧 자기 자신이지만 문자나 이론을 따라가며 사량 분별을 하고 머리를 굴린다. 옆길로 옆길로 생명 없는 송장을 메고 천하를 돌아다닌다. 짚신은 얼마나 닳았을까? 짚신 값도 만만치 않을 것이다.

14-25 움직임과 움직이지 않음을 다 쓴다

大德아 山僧이 說向外無法하면 學人不會하고 便卽向裏

> 作解하야 便卽倚壁坐하며 舌拄上齶하고 湛然不動하야 取此爲是祖門佛法也하나니 大錯이로다 是儞若取不動淸淨境하야 爲是면 儞卽認他無明爲郞主라 古人云, 湛湛黑暗深坑이 實可怖畏라하니 此之是也니라

해석 "큰스님들이여! 산승이 밖에는 법이 없다고 말하면 공부하는 이들이 알아듣지 못하고 곧 안으로 알음알이를 지어서 벽을 보고 앉아 혀를 입천장에 붙이고 가만히 움직이지 않고 있다. 그리고는 이것을 조사문중[祖門]의 불법이라 여기는데 크게 잘못 아는 것이다. 그대들이 만약 움직임이 없는 청정한 경계를 옳다고 여긴다면 그대들은 저 무명(無明)을 주인으로 잘못 아는 것이다. 옛사람이 이르기를, '깊고 깊어 캄캄한 구덩이는 참으로 무섭고 두렵다.'라고 하였는데, 이것을 두고 한 말이다."

강설 이 단락은 참선공부의 일종인 묵조사선(默照邪禪)을 비판하는 이야기다. 그 때는 화두의 성격을 띤 법어는 많이 있었으나 특별히 그 법어를 오늘날 화두처럼 참구하도록 지도하는 일은 없었다. 선문답을 알아듣지 못하면 스스로 참구하고 사유할 뿐이었다. 또 묵조사선이라고 지칭하는 말도 없었다. 뒷날 그런 폐단이 너무 많기 때문에 그것을 바로잡기 위해 나온 말이다. 그러나 마음의 눈을 뜨는 공부에 있어서 묵묵히 앉아 안으로 관하면서 생각이 움직이지 않고 가만히 있는 것만으로 조사문중(祖師門中)의 불법이라고 여기는 것은 크게 잘못된 것이다.

다시 말해서 무기공(無記空)에 떨어진 것이라고 할 수 있다. 캄캄

한 무명의 상태를 대기대용(大機大用), 전체작용(全體作用)의 주인공, 무위진인으로 오인한 것이다. 활발발하게 살아있는 큰 생명이 목석처럼 멍청한 상태가 되어있다는 것은 매우 잘못된 것이다. 임제 스님이 삼도발문(三度發問) 삼도피타(三度被打)를 통하여 깨달은 경위를 생각해 보면 알 수 있다. 불법의 대의를 알고자 하다가 생각이 이러한 무기공의 상태로 기울어지는 경우가 비일비재하였기 때문이다. 그래서 그와 같은 병을 없애기 위해 뒷날 대혜(大慧) 스님은 선문답의 언어인 화두를 들고 참구할 것을 권하게 되었고, 화두를 참구하는 공부가 불교를 깨닫는 최 첩경의 방편이라 생각하여 오늘에 이른 것이다.

儞若認他動者是면 一切艸木이 皆解動하니 應可是道也니라 所以動者是風大요 不動者是地大니 動與不動이 俱無自性이니라 儞若向動處捉他하면 他向不動處立하고 儞若向不動處捉他하면 他向動處立하나니 譬如潛泉魚가 鼓波而自躍이니라 大德아 動與不動은 是二種境이니 還是無依道人은 用動用不動하나니라

해석 "그대들이 만약 움직이는 것을 오인해서 옳다고 한다면 온갖 초목들도 다 움직일 줄 아니 그것도 응당 도이리라. 그러므로 움직이는 것은 바람의 성질이고 움직이지 않는 것은 땅의 성질이다. 움직이는 것과 움직이지 않는 것이 모두 다 고정된 자성이 없다. 그대들이 만약 움직이는 곳에서 그것을 붙잡으려 하면 그것은

움직이지 않는 곳에 서 있다. 또 그대들이 만약 움직이지 않는 곳에서 그것을 붙잡으려 하면 그것은 움직이는 곳에 서 있다. 비유하자면 마치 물 속에 있는 물고기가 물결을 치면서 뛰어오르는 것과 같다. 큰스님들이여, 움직임과 움직이지 않음이 두 가지 경계이다. 의지함이 없는 도인(無依道人)이라야 움직임도 쓰고 움직이지 않음도 쓴다."

강설 우리들의 마음이 움직이는 것이 옳으냐? 움직이지 않는 것이 옳으냐? 하는 문제다. 불교를 한마디로 표현할 때 가장 많이 등장하는 말이 중도(中道)다. 움직임과 움직이지 않음은 선과 악의 상대적 견해와 같은 것이다. 그러므로 중도의 관점에서 볼 때 어느 쪽으로든 치우쳐 있으면 그것은 편견이고 변견(邊見)이다. 잘못된 견해다. 그래서 어디에도 의지함이 없는 무의진인은 움직임과 움직이지 않음을 다 쓰고 다 수용한다. 양변을 멀리 벗어나서 치우치지 않는다. 차(遮)와 조(照)의 동시적 삶을 산다. 그것이 불교적 삶이다.

왜냐하면 선과 악과 움직임과 움직이지 않음과 있음과 없음과 사랑하고 미워함과 주관과 객관과 번뇌무명과 보리열반과 부처와 중생과 성인과 범부 등 이 모든 것이 본래로 공인데 다만 연기에 의해서만 존재하는 것이기 때문이다. 연기에 의해서 존재하므로 공이다. 공이기 때문에 연기에 의해서만 존재한다. 이런 이치를 한마디로 표현하면 중도라고 한다. 존재의 법칙이라고 한다. 이런 이치를 알아서 거기에 맞게 살면 그것이 중도적 삶이다. 중도적 삶을 사는 사람을 무의도인, 무위진인이라고 한다. 부처요, 조사라고 한다. 그들은 혹은 동을 쓰고 혹은 부동을 쓴다. 영가 스님이 말씀하시기를, "행할 때도 선이고 앉을 때도 선이다. 어·묵·동·정에 그 마음 편안하다."라고 하였다.

14-26 삼종근기로 판단한다

> 如諸方學人來하면 山僧此間은 作三種根器斷이라 如中下根器來하면 我便奪其境而不除其法하고 或中上根器來하면 我便境法을 俱奪하고 如上上根器來하면 我便境法人을 俱不奪하고 如有出格見解人來하면 山僧此間은 便全體作用하야 不歷根器니라

해석 "제방의 학인들이 찾아오면 산승은 여기서 세 가지의 근기로 그들을 판단한다. 중하근기가 오면 나는 곧 경계만 빼앗고 그 법을 없애지 않는다. 혹 중상근기가 오면 나는 곧 경계와 법을 함께 빼앗는다. 만약 상상의 근기가 오면 나는 곧 경계와 법과 사람을 다 빼앗지 않는다. 만약 격을 벗어난 뛰어난 견해를 가진 사람이 오면 나는 여기서 곧 전체작용을 나타내어 근기를 따지지 않는다."

강설 사람들의 근기는 다양하다. 어찌 세 가지 근기뿐이겠는가. 부처님은 다양한 근기를 모두 헤아려서 알맞게 대처한다. 그러나 조사들은 법을 씀에 있어서 간단명료하다. 첫째 사람이 의지할 만

한 것이 될 경계는 부정해버리고 그 이치〔법〕는 그대로 두고 상대한다. 둘째 경계와 법을 모두 다 부정하고 상대한다. 그렇게 되면 사람이 어디에 몸둘 바를 모른다. 셋째 경계와 법과 사람을 그대로 두고 상대한다. 이것은 좀 더 높은 차원이다.

 그러나 모두 상식 안에서 법을 쓴다. 그러나 격을 벗어난 뛰어난 견해를 가진 사람이 오면 근기를 헤아리지 않고 전체를 작용한다. 이런 사람은 근기에 해당시키지 않는다. 전체작용이란 임제 스님이 처음 황벽 스님에게 불법의 대의를 물었을 때 황벽 스님이 방을 써서 보여준 경우다〔黃蘗山頭 曾遭痛棒〕.

 전체작용(全體作用) 불력근기(不歷根器). 좋은 말이다. 임제 스님의 대기대용이 엿보인다.

大德아 到這裏하야 學人著力處니라 不通風하며 石火電光도 卽過了也니라 學人이 若眼定動하면 卽沒交涉이니 擬心卽差요 動念卽乖라 有人解者하면 不離目前이니라

해석 "큰스님들이여, 여기에 이르게 되면 공부하는 이가 힘을 한껏 써야 한다. 바람도 통하지 않고 전광석화까지도 곧 지나가 버린다. 학인이 만약 눈만 깜박여도 곧 교섭이 없어진다. 마음으로 헤아리려 하면 곧 틀리며, 생각을 움직였다 하면 바로 어긋나 버린다. 그러나 아는 사람은 눈앞을 여의지 않을 것이다."

강설 불교의 대의를 물었는데 사정없이 방을 후려친 그 전체작용

에 대해서 무어라고 입을 뗄 것인가? 있는 힘을 다 해야 하리라. 바람도 통하지 않는 자리다. 전광석화보다도 빠르다. 날아오는 총알을 세 번 네 번 쪼개는 칼바람도 어쩌지 못한다. 학인이 눈도 깜박이지 못하는 자리다. 1초는 12찰나고, 1찰나에 9백 번 생멸한다는 그 마음작용으로 무어라 일러도 이미 틀려버리고 어긋나 버린다. 너무 느려서 벌써 십만 팔천 리로 어긋나 버린 것이다. 사유심(思惟心)으로 전체작용의 경계를 헤아려서야 되겠는가. 이미 멀리 달아나서 그 낙처를 알 수 없다. 그러나 아는 사람은 안다. 지금 이 순간 목전에서 떠나있지 않다는 것을.

大德아 儞擔鉢囊屎擔子하고 傍家走하야 求佛求法하니 即今與麼馳求底를 儞還識渠麼아 活鱍鱍地하야 祇是勿根株라 擁不聚하며 撥不散하야 求著即轉遠이니 不求면 還在目前하야 靈音屬耳어니 若人不信하면 徒勞百年이니라

해석 "큰스님들이여, 그대들은 바랑에 똥짐을 짊어지고 옆으로 내달리며 부처를 구하고 법을 구하는데, 지금 그렇게 구하는 바로 그 사람이 누구인지 그대들은 아는가? 활발발하게 작용하지만 그 뿌리가 없으니 움켜잡아도 모이지 않고 펼쳐도 흩어지지가 않는다. 구할수록 더욱 멀어지고, 구하지 않으면 도리어 눈앞에 있다. 신령스런 소리가 귓전에 들리는데 만약 이것을 사람들이 믿지 않는다면 백년 세월을 헛수고만 할 뿐이다."

강설 "똥자루를 짊어지고 옆으로만 내달린다." 옆이란 무엇인가? 치우친 소견이다. 유무, 선악, 동정, 고락, 증애, 역순, 시비 등등의 양변에 떨어진 견해다. 육조 스님도 도명을 만나 첫 법문에 "선도 생각하지 말고 악도 생각하지 말라."고 하였다. 선악 시비의 옆길을 헤매지 말라는 뜻이다. 세존이 처음 성도하시고 다섯 비구들을 찾아간 것도 고행의 삶과 쾌락의 삶, 그 어느 것에도 치우치지 말고 중도적 삶을 살기를 권하기 위해서다. "나는 중도를 깨달았노라."라는 '중도 대 선언(中道大宣言)'이 세존의 첫 일성이었다.

본래로 시비, 선악, 고락, 유무를 벗어난 지금 구하고 있는 그 사람을 아는 것이 문제의 열쇠다. 인간은 본래 그와 같은 치우친 견해가 아니다. 어디에도 치우치지 않은 그 본래 사람을 알라는 것이다. 그 사람은 온 우주적 작용을 하지만 무슨 뿌리나 줄기가 있는 것도 아니다. 그래서 움켜잡을 수도 없다. 흩어도 흩어지지가 않는다. 그래서 구하거나 찾으면 찾아질 것 같으나 찾을수록 멀어지는 것이 또한 이 사람이다. 차라리 찾지 않으면 눈앞에 있다. 저 바람소리가 그 사람의 소리인가? 그 사람이 저 바람 소리인가? 지금 이 사람은 비시, 선악, 고락, 유무인가?

14-27 모두다 놓아버리라

道流야 一刹那間에 便入華藏世界하며 入毘盧遮那國土하며 入解脫國土하며 入神通國土하며 入淸淨國土하며 入法界하며 入穢入淨하며 入凡入聖하며 入餓鬼畜生이나

處處討覓尋하야도 皆不見有生有死하고 唯有空名이로다
幻化空花를 不勞把捉이니 得失是非를 一時放却하라

해석 "도를 배우는 벗들이여! 한 찰나 사이에 연화장 세계에 들어가고 비로자나불의 국토에도 들어간다. 해탈국토에도 들어가고 신통국토에도 들어가고 청정국토에도 들어간다. 법계에도 들어가며 깨끗한 곳에도 들어가고 더러운 곳에도 들어간다. 범부의 세계에도 들어가고 성인의 세계에도 들어가며, 아귀·축생의 세계에도 들어간다. 그러나 곳곳마다 찾고 또 찾아보아도 아무 곳에도 생사가 있음을 보지 못하고 허망한 이름만 있을 뿐이다. 환영이며 허깨비며 헛꽃인 것을 애써서 붙잡으려 하지 말고 이득과 손실과 옳고 그름을 일시에 모두다 놓아버려라."

강설 사람의 마음은 미묘 불가사의하다. 사람이 보고 듣고 감지하고 창조해내는 그 능력도 역시 무궁무진하다. 촌보도 움직이지 않고 일체 세계를 다 돌아다닌다. 한 순간에 삼천 가지의 삶을 산다〔一念三千〕. 지옥, 아귀, 축생, 성인, 범부 등 없는 것이 없다. 작은 먼지 속에 앉아서 무한한 세계를 나타낸다. 그러나 그와 같은 사실이 분명하지만 그 종적을 찾아보면 어디에도 태어나고 죽고 가고 오고 하는 일이 없다. 허망한 이름뿐이다. 극락세계도 화장세계도 지옥세계도 해탈도 신통도 청정하고 더러운 곳도 범부도 성인도 아귀도 축생도 모두가 헛된 이름뿐 실체는 없다.

그 인생이 어디쯤 왔든지 뒤돌아보면 영광도 오욕도 기쁨도 슬픔도 성공도 실패도 승리도 패배도 텅 비어 없다. 누구나 똑 같다.

부귀빈천 남녀노소 그 누구에게나 한결같다. 한바탕 꿈이고 스쳐 가는 환영이다. 인생사 일체가 환영이며 허깨비며 헛꽃인 것을 애써서 억지로 붙잡으려 하지 말라. 이득과 손실과 옳고 그름을 일시에 모두다 놓아버려라. 깃털처럼 가볍게 살라. 물처럼 흘러가는 대로 마음 가는 대로 살라.

이런 노래가 있다. "굽이쳐 넘실대며 흘러가는 길고 긴 강물, 그 물결에 휩쓸리듯 옛 사람들 모두 다 사라졌네. 옳고 그르고 이기고 지는 일 모두가 허망하여라. 청산은 예와 다름없건만 서산의 붉은 해는 몇 번이나 넘어갔던가. 고금의 많고 많은 일들 한바탕 웃음에 붙여 보낸다."

신심명의 글이다. 다시 한번 음미해야 한다. 환화공화(幻化空花) 불노파착(不勞把捉). 득실시비(得失是非) 일시방각(一時放却). 인생은 결국 이것이다.

14-28 전통과 계보가 있어야 한다

道流야 山僧佛法은 的的相承하야 從麻谷和尙과 丹霞和尙과 道一和尙과 廬山與石鞏和尙하야 一路行徧天下하나 無人信得하고 盡皆起謗이로다 如道一和尙用處는 純一無雜이라 學人三百五百이 盡皆不見他意요 如廬山和尙은 自在眞正하니 順逆用處를 學人不測涯際하고 悉皆忙然이요 如丹霞和尙은 翫珠隱顯하야 學人來者가 皆悉被罵요 如麻谷用處는 苦如黃檗하야 皆近不得이요 如

石鞏用處는 向箭頭上覓人하니 來者皆懼로다

해석 "도를 배우는 벗들이여! 산승의 불법은 확실하고 분명한 선문의 정통을 계승한 것이다. 위로부터 내려온 마곡 화상과 단하 화상(738~823)과 도일 화상(709~788)과 여산 화상과 석공 화상은 한 길로 조사선의 가풍을 천하에 두루 폈는데 아무도 믿지 않고 모두들 비방만 하고 있다.

예컨대 도일 화상이 법을 쓴 것은 매우 순수하여 잡티가 없었다. 그 분에게 도를 배우던 3백에서 5백이나 되는 학인들은 모두 다 화상의 뜻을 보지 못하였다. 여산 화상은 자재하시고 참되고 바른 분이었다. 순으로 혹은 역으로 법을 쓰는 것을 학인들이 그 경계를 측량하지 못하고 모두 다 갈팡질팡하였다. 단하 화상은 구슬을 굴리는 솜씨가 자유자재하여 보였다 안 보였다 한다. 찾아오는 학인들마다 모두 꾸지람을 들었다. 마곡 화상이 법을 쓰는 것은 그 쓰기가 소태나무와 같아서 모두들 가까이하지 못하였다. 또 석공 화상이 법을 쓰는 것은 화살 끝에서 사람을 찾는 것이어서 오는 사람들이 모두 두려워하였던 것이다."

강설 세존이 자신의 정법안장(正法眼藏)을 가섭에게 전하고, 가섭은 다시 아난에게 전하고, 아난은 다시 상나화수에게 전하고, 상나화수는 다시 우바국다에게 전하였다. 이렇게 하여 28대에는 보리달마에게 전해졌다. 보리달마는 동토(東土)에 와서 초조(初祖)가 되고 그 후에는 2조 혜가, 3조 승찬, 4조 도신, 5조 홍인, 6조 혜능으로 전해졌다. 다시 남악에서 마조로, 마조에서 백장으로, 백장에서 황벽으로, 황벽에서 임제로 전해졌다.

　본문에서 소개된 조사들은 모두 그 전통이 뚜렷하며 법을 활용하는 가풍이 독특하고 파격적이다. 그래서 사람들이 쉽게 알아보지 못했다. 조사들의 가풍이 제각각인 것을 생각해보면 깨달음의 경지는 같다고 하더라도 그 활용에 있어서는 다 타고난 성격에 따라 판이하게 다른 것을 알 수 있다. 한 사람도 같은 이가 없다. 그렇다면 깨달음의 삶이란 결국 지금 사람 사람들이 살아가고 있는 모습 그대로인 것이다. 단지 존재 일체를 보는 시각이 좀 달라졌을 뿐이다. 깨달았다고 해서 사람이 달라지는 것도 아니고 달라질 필요도 없다. 각양각색의 다른 삶의 모습 그대로 깨달은 삶의 모습이다. 복숭아꽃은 붉고 배꽃은 희다. 황새 다리는 길고, 오리 다리는 짧다. 감나무에는 감이 열리고 밤나무에는 밤이 열린다. 산은 산, 물은 물 그대로다. 깨닫기 전이나 깨달은 후나 차별한 것은 여전히 차별하고 평등한 것은 여전히 평등한 그대로다.

14-29 옷 입은 것에 속지 말라 1

如山僧今日用處는 眞正成壞하며 翫弄神變하야 入一切境호대 隨處無事하야 境不能換이니라 但有來求者하면 我卽便出看渠하나 渠不識我일새 我便著數般衣하면 學人生解하야 一向入我言句하나니 苦哉라

해석 "산승이 오늘날 법을 쓰는 것은 진정으로 만들기도 하고 부

수기도 하며 가지고 놀기도 하고 신통변화를 부리기도 한다. 일체 경계에 들어가지만 가는 곳마다 아무 일이 없어서 경계가 나를 빼앗지 못한다. 누가 찾아와서 구하는 이가 있으면 나는 곧바로 그를 알아보지만 그는 나를 알아보지 못한다. 그래서 내가 곧 몇 가지 옷을 입어 보이면 학인들은 알음알이를 내어 한결같이 나의 말 속으로 끌려 들어오고 마니 슬픈 일이다."

강설 앞에서 다섯 분 선지식의 가풍을 간략히 소개하고 여기서는 임제 스님 자신이 법 쓰는 가풍의 일부를 이야기하고 있다. 진정으로 만들고 부순다. 마술하는 사람이 구슬을 가지고 희롱하듯 보였다가 감췄다가 한다. 또는 하나를 보이다가 여러 개를 보이기도 한다. 그 신묘한 변화는 현란하다.

그리고 모든 경계에 자유자재로 드나든다. 청정한 경계나 더러운 경계나 성인의 경계나 범부의 경계나 부처의 경계나 중생의 경계에 다 드나든다. 그러나 그 모든 경계에서 아무런 일이 없다. 그래서 경계가 나를 빼앗거나 바꾸어 놓지 못한다. 수처작주(隨處作主)다. 어떤 상황이든 나는 그 상황에 따라가지 않고 나는 나로서 당당하게 주인으로 산다. 명예와 이익이 나를 유혹하더라도, 칭찬과 비방이 나를 흔들더라도 나는 여여히 동요하지 않는다. 가난과 고통이, 병고와 몰락이, 패배와 오욕이 나를 나락으로 빠뜨리더라도 나는 당당하고 유유자적하다. 내가 하는 일에 시기와 질투로써 헐뜯고 모함하고 욕하고 방해하더라도 나는 연민의 정을 가지고 그들을 가엾고 불쌍하게 생각한다. 가르치고 제도해야 할 사람들로 생각한다. 함께 덩달아 열을 올리거나 시비를 삼지 않는다. 수처작주, 수처작주한다.

　법을 씀에 있어서 사람들이 찾아오면 나는 그들을 곧 알아차린다. 여러 가지 옷을 바꿔 입어가며 변신을 해 보이듯이 작용에 변화를 보이면 학인들은 그 뜻을 모른 채 말에만 끌려 다닌다. 마치 흙덩이를 쫓아가는 삽살개 같다. 흙덩이를 던지는 그 사람을 물 줄 모른다. 슬프고 안 된 일이다.

> 瞎禿子無眼人이 把我著底衣하야 認靑黃赤白이로다 我脫却하고 入淸淨境中하면 學人一見하고 便生忻欲타가 我又脫却하면 學人失心하야 忙然狂走하야 言我無衣로다 我卽向渠道호대 儞識我著衣底人否아하면 忽儞回頭하야 認我了也로다

　해석 "눈멀고 머리 깎은 중이나 안목 없는 사람들이 내가 입은 옷을 가지고 푸르거나 누르거나 붉거나 흰 것으로 오인하고 있다. 내가 옷을 벗어버리고 텅 빈 경계에 들어가면 학인은 한번 보고 기꺼운 생각을 낸다. 또 내가 다시 벗어버리면 마음 둘 바를 몰라 바쁘게 달아나면서 나에게 옷이 없다고 말한다. 내가 그들에게 '그대는 내가 옷을 입는 그 사람을 아는가?'라고 물으면, 홀연히 머리를 돌려버리고 나를 잘못 알고 만다."

　강설　보통 사람들도 몇 가지의 옷을 입고 변화를 부린다. 중국영화에 변검(變劍)이라는 것이 있다. 소매를 휘저으면 눈 깜짝할 사이

에 가면이 바뀌는 신기한 중국 전통의 가면술을 영화화한 것이다.
인간의 한 면을 보여주는 사례다. 선지식이 사람을 교화하는 방편
으로써는 근기에 따라 상황에 따라 갖가지 옷을 바꿔 입는 것은 당
연하다. 혹은 옷을 다 벗어버리기도 한다. 중요한 것은 옷이 아니
라 옷을 입는 그 사람을 알아보는 일이다. 차별 없는 참사람, 곧 무
위진인(無位眞人)이다. 무위진인을 어떻게 아는가? 지금 무엇이 무
위진인인가? 하는 그 사람이다. 그것도 아니면 바람소리를 듣고
청명한 하늘을 바라보고 있는 그 사람이다. 불법을 물으러 갔다가
죽도록 얻어맞은 그 사람이다. 그래도 모르겠으면 '할'이다.

14-30 옷 입은 것에 속지 말라 2

> 大德아 儞莫認衣하라 衣不能動이요 人能著衣하나니 有箇
> 淸淨衣하며 有箇無生衣와 菩提衣와 涅槃衣하며 有祖衣
> 有佛衣니라 大德아 但有聲名文句하야 皆悉是衣變이라
> 從臍輪氣海中鼓激하야 牙齒敲磕하야 成其句義니 明知
> 是幻化니라

해석 "큰스님들이여! 그대들은 옷을 잘못 알지 말라. 옷은 제 스
스로 움직일 수 없다. 사람이 능히 옷을 입을 수 있다. 청정한 옷이
있고, 생사가 없는 옷이 있으며 보리의 옷과 열반의 옷이 있으며,
조사의 옷과 부처의 옷도 있다. 큰스님들이여! 다만 소리와 명칭
과 문구 따위로만 있을 뿐 모든 것은 옷에 따라 변화하는 것들이

다. 배꼽 아래 단전으로부터 울려 나와서 이빨이 딱딱 부딪쳐 그 글귀와 의미를 이루는 것이니, 이것은 분명히 환화임을 알아야 한다."

강설 옷이 날개라는 말이 있듯이 사람은 옷을 입는 것에 따라 달리 보인다. 도둑놈 사기꾼도 승복만 입고 있으면 수행하는 스님으로 보인다. 옷으로써 의식의 변화와 법을 쓰는 작용을 상징하여 말씀하신 것은 매우 뛰어난 발상이다. 선지식이라고 해서 다 할 수 있는 법어가 아니다. 옷에는 여러 가지가 있다. 위에서 열거한 것처럼 불교의 여러 가지 고급스런 옷들을 걸어놓고 전을 편다. 가끔씩 입어보이기도 한다. 그런데 옷만 입고 있어도 실제로 그와 같은 존재가 있는 것으로 속는다. 눈이 없는 사람들은 곧바로 사기를 당한다. 옷을 입었다 벗었다 하는 그 사람은 옷에 관계없이 늘 그 사람이며 차별 없는 참사람이다.

　청정이니, 생사가 없느니, 보리니, 열반이니, 조사니, 부처니 하는 명칭을 일컫는 소리는 모두 옷에 불과하다. 그 소리들은 사람이 소리를 질러서 나오는 음성이다. 먼 하늘 가에 메아리 되어 흩어지고 만다. 불을 아무리 말해도 입은 타지 않는다. 아무리 조사와 부처를 말하더라도 말을 하는 즉시 흩어지고 만다. 그보다 천만 배 수승한 말을 하더라도 역시 마찬가지다. 허망 그 자체다. 환영이다. 실체가 없는 환상이다.

　그렇다면 무엇이 있는가? 있는 것은 무엇인가? 과연 있는 것은 있는가? 무위진인을 말하고 있으나 그 역시 옷이다. 본체는 공적한 것이다. 먼 하늘 가로 흩어지고 마는 메아리일 뿐이다. 어떤 원인과 조건에 의해서 잠깐 존재할 뿐이다. 그 역시 환영이요, 환상일 뿐이다. 공이다. 원인과 조건이 효과가 있는 동안만 잠깐 있는 듯하다가 공으로 돌아간다. 그래서 본래 공이라고 한다. 그러므로 무위진인도 연기(緣起)며 공이다. 공(空)이며 연기다. 이것이 모든 존재의 법칙인 중도의 원리다.

> 大德아 外發聲語業하며 內表心所法하고 以思有念은 皆悉是衣니 儞祇麽認他著底衣爲實解하면 縱經塵劫하야도 祇是衣通이라 三界循環하야 輪廻生死하나니 不如無事니라 相逢不相識하고 共語不知名이로다

해석 "큰스님들이여! 밖으로 소리 내어 말을 하고 안으로 마음먹은 것을 표현하며 생각으로 헤아리는 것은 모두가 옷에 지나지 않는다. 그대들이 그렇게 걸치고 있는 옷을 오인하여 실다운 견해라고 여긴다면 한량없는 세월을 보내더라도 다만 옷에 대해서만 통달할 뿐이다. 삼계에 돌고 돌며 생사에 윤회하게 되니 차라리 아무일 없는 것만 같지 못하다. 서로 만나도 알아보지 못하고 함께 이야기해도 상대의 이름을 알지 못하는 격이다."

강설 생각하고 말하는 것 모두가 옷이다. 주의 주장과 사상과 개념이 모두 옷이다. 의식 사량 계교 분별이 모두 옷이다. 사람들의 의식의 세계에서 펼치는 모든 것이 옷이다. 옷을 오인하여 실다운 견해라고 생각한다면 아무리 오랜 세월이 지나더라도 헛일이다.

다만 옷에 대해서만 도통을 했을 뿐이다. 사량 분별과 세지변총(世智辯聰)만 발달해봐야 삼계를 돌고 돌며 생사에 윤회할 뿐이다. 아무런 일이 없는 것만 같지 못하다. "서로 만나도 알지 못하고 함께 이야기를 나누어도 상대의 이름을 모른다."라는 말은 매우 적절한 인용이다.

우리가 사람을 안다는 것이 도대체 무엇을 안다는 것인가? 과연 알기나 하는 것인가? 평생을 함께 살아도 실로 아는 것은 아무 것도 없다. 마찬가지로 불교를 알고 이치를 알고 진리를 알고 부처를 알고 조사를 알고 보살을 알고 나한을 안다는 것이 역시 그렇다. 다만 그와 같은 말과 외형을 따라 끝없이 윤회할 뿐이다.

불여무사(不如無事). 상봉불상식(相逢不相識). 공어불지명(共語不知名). 거듭 음미해볼 말이다. 사유하고 반성하라.

14-31 명자(名字)를 잘못 알고 있다

> 今時學人不得은 蓋爲認名字爲解니라 大策子上에 抄死老漢語하야 三重五重으로 複子裏하야 不敎人見하고 道是玄旨라하야 以爲保重하나니 大錯이로다 瞎屢生이여 儞向枯骨上하야 覓什麼汁고

해석 "오늘날 학인들이 깨닫지 못하는 것은 대개가 이름과 문자를 잘못 알아서 알음알이를 내기 때문이다. 큰 공책에다가 죽은 노인들의 말씀을 베껴 가지고 세 겹 다섯 겹 보자기에 싸서 다른 사

람들이 보지 못하게 하고 그것을 오묘한 이치라 하며, 애지중지하는데 아주 잘못된 일이다. 눈멀고 어리석은 바보들아! 그대들은 말라빠진 뼈다귀에서 무슨 국물을 찾고 있는가?"

강설 모든 사람들이 불교를 공부하지만 불교를 알지 못하는 것은 불교를 설명한 책이나 경전들을 바르게 이해하지 못하기 때문이다. 공책에다 돌아가신 노인들의 말씀을 기록하여 세 겹 네 겹 싸서 애지중지한다고 하는데 여기서 노인들이란 부처님과 역대 조사들을 함께 일컫는 말이다. 그러므로 일체 경전과 어록들을 사람들이 잘 못 알고 있는 것을 꾸짖는 말이다. 경전의 문자란 단지 말에 불과하다. 말을 기록한 먹과 종이에 불과하다. 사과를 설명한 책을 아무리 들여다 봐야 사과는 아니다. 불 이야기를 아무리 해 봐야 입을 태우지는 않는다. 불에 대해서 이야기를 한다고 불이 나오겠는가? 사과 이야기를 한다고 사과가 나오겠는가? 눈멀고 어리석은 이들이여, 마른 뼈다귀에서 국물을 기대하지 말라. 정나미 떨어지는 표현이다. 임제는 결코 점잖은 선지식은 아니다.

고골상 멱십마즙(枯骨上 覓什麼汁). 비정한 표현이다. 이렇게까지 말했는데도 지금껏 그 마른 뼈다귀를 물고 빨고 있는가?

有一般不識好惡하야 向敎中하야 取意度商量하야 成於句義하나니 如把屎塊子하야 向口裏含了라가 吐過與別人하며 猶如俗人이 打傳口令相似하야 一生虛過로다 也道我出家라하나 被他問著佛法하면 便即杜口無詞하야 眼似

漆突하며 口如楄擔하니라 如此之類는 逢彌勒出世호대
移置他方世界하야 寄地獄受苦니라

해석 "좋고 나쁜 것도 모르는 어떤 무리들이 있어서 경전을 자기 나름대로 이리저리 따져서 의미를 만들어낸다. 이것은 마치 똥 덩어리를 입 속에 넣었다가 다시 뱉어서 다른 사람에게 먹여주는 것과도 같다. 또 속인들이 비밀한 말을 입에서 입으로 전하는 것과 같으니 일생을 헛되이 보내는 것이다. 그러면서 '나는 출가한 사람이다.'라고 떠벌리지만 불법에 대해서 질문을 받으면 입을 꾹 다물고 한마디도 못한다. 멍하니 쳐다 보는 눈은 새까만 굴뚝 같고 입은 서까래를 건 것 같구나. 이와 같은 무리들은 미륵 부처님이 나오시더라도 다른 세계로 옮겨가서 지옥에 살면서 고통을 받을 것이다."

강설 불교를 강의하고 경전을 설하는 사람들이 꼭 들어 두어야 할 말씀이다. 똥 덩어리를 입 속에 넣었다가 다시 뱉어서 다른 사람에게 먹여주는 일이라는 것을 알고 하자. 꼭 꼭 씹고 잘게 씹어서 세상을 향하여 냄새를 더욱 독하게 풍기면서 말이다. 불교를 강의하고 경전을 설하는 것을 업으로 살아가는 사람들이 얼마나 많은가. 모두가 똥을 씹는 업이다. 온 세상에 악취를 풍기는 일이다. 필자도 예외는 아니다. 이것은 좀 다른 뜻이지만 실은 불교를 이야기하는 사람들이 더욱 더 많아야 한다. 온 세상을 똥 세상으로 만들어서 모든 사람들을 악취에 질식하도록 해야 한다.

불교의 진실은 어디 가고 터무니없이 와전된 것을 꾸짖는 말씀이다. 말을 소리 내지 않고 입이 움직이는 모양만 보고 짐작하여 그 짐작한 것을 또 다른 사람에게 입 모양만 보여주고 한다. 이렇게 전하고 또 전하여 많은 사람에게 전했을 때 그 본의가 얼마나 와전되었을까? 얼마나 헛된 일일까? 그러면서도 입만 벌리면 "나는 출가하여 불교를 전문적으로 공부하는 사람이다."라고 떠든다. 하지만 진정한 불교를 물으면 눈은 멍하니 초점을 잃어서 혼이 나간 사람 같다. 입은 꼭 다문 것이 한 일[一]자 입을 하고 있다. 미륵불이 출세하더라도 불교를 깨칠 날이 없을 것이다.

14-32 참 부처는 형상이 없다

> 大德아 儞波波地往諸方하야 覓什麼物하야 踏儞脚板潤고 無佛可求며 無道可成이며 無法可得이니라 外求有相佛하면 與汝不相似니 欲識汝本心인댄 非合亦非離로다 道流야 眞佛無形이요 眞道無體요 眞法無相이라 三法混融하야 和合一處니 旣辨不得을 喚作忙忙業識衆生이니라

해석 "큰스님들이여! 그대들은 바쁘게 제방을 쏘다니며 무엇을 구하느라고 그대들의 발바닥이 부르트도록 걸어 다녔는가? 부처는 구할 수 없고, 도는 이룰 수 없으며, 법은 얻을 것이 없다. 밖으로 형상이 있는 부처를 구한다면 그대들과는 닮지 않은 것이다. 그대들의 본래 마음을 알고자 하는가? 함께 있는 것도 아니고 떠나 있는 것도 아니다. 도를 배우는 벗들이여! 참된 부처는 형상이 없

고, 참된 도는 실체가 없으며, 참된 법은 모양이 없다. 이 세 가지 법이 섞이고 융통하여 한 곳에 화합한 것이니, 이러한 이치를 알지 못하는 것을 망망한 업식중생이라고 한다."

강설 불교를 알기 위해서 얼마나 많은 시간을 소비하였는가? 불법을 깨닫기 위해서 천하의 선지식을 찾아 얼마나 많이 헤매었던가? 당시에 계셨던 모든 선지식들을 다 찾아보지 않았던가? 읽어보고 찾아본 성인들의 말씀과 경전 어록들은 또 얼마나 되는가? 모든 인간적인 것들을 다 포기한 채 잠을 쫓아가며 먹을 것을 참아가며 살아 온 날들이 그 얼마던가? 인간으로서의 모든 미련들을 끊기 위하여 "한 번 청산에 들어가면 다시는 세상에 돌아오지 않으리라(一入靑山更不還)."는 구절을 염불을 외듯 외우며 보낸 세월이 또 얼마던가? "부처는 구할 수 없고, 도는 이룰 수 없으며, 법은 얻을 것이 없는데." 참으로 아득하고 망망한 업식중생(業識衆生) 그대로였다.

　참 부처는 형상이 없고 참된 도는 실체가 없으며 참된 법은 모양이 없다. 모양 없는 모양도 없다. 눈으로 볼 수 있는 모양도 없고 눈으로 볼 수 없는 모양도 없다. 모양이 없다고 하는 그 모양도 없다. 그래서 금강경에서는 "만약 물질로써 나를 보거나 음성으로써 나를 구하면 이 사람은 삿된 도를 행하는 것이다. 결코 부처를 볼 수 없으리라." "무릇 형상이 있는 것은 다 허망한 것이니 만약 형상에서 형상이 없음을 보면 곧 여래를 보리라." 하였다. 그래서 또 영가 스님은 "제행이 무상하여 일체가 공한 것이 곧 여래의 크고 원만한 깨달음이다."라고 하였다.

진불무형(眞佛無形). 진도무체(眞道無體). 진법무상(眞法無相)이다. 마음은 부처고 부처는 그런 형상이나 체상이 없기 때문이다. 부처니 도니 법이니 해야 이름이 다르고 말이 다르지 모두가 마음 아닌가.

14-33 眞佛, 眞法, 眞道

問, 如何是眞佛眞法眞道오 乞垂開示하소서 師云, 佛者는 心淸淨是요 法者는 心光明是요 道者는 處處無礙淨光是라 三卽一이니 皆是空名而無實有니라 如眞正學道人은 念念心不間斷이라

해석 "무엇이 참 부처며, 참 법이며, 참된 도인지 비옵건대 가르쳐 주십시오."

"부처란 마음이 청정한 것이고, 법이란 마음이 밝은 것이며, 도란 어디에나 걸림이 없는 깨끗한 빛이다. 이 셋이 곧 하나이니 모두가 헛이름일 뿐, 실제로 있는 것은 아니다. 진정한 도를 지어가는 사람이라면 순간순간 마음에 틈새가 없어야 한다."

강설 불교는 심외무법(心外無法)이다. 마음밖에는 아무것도 없다. 일체유심조(一切唯心造)다. 이 마음이 모든 것을 만든다. 부처도 만들고 조사도 만들고 보살과 아라한도 만든다. 부처니 법이니 도니 하는 여러 가지의 이름을 쓰고 있으나 그 또한 한 마음이다.

한 마음이면서 또한 모든 것이기 때문에 일체다. 그래서 일즉일체(一卽一切) 일체즉일(一切卽一)이다. 한 순간이 한량없는 시간이고, 한량없는 시간이 곧 한 순간이다. 먼 과거의 그 많은 오욕과 영광과 숱한 우여곡절들이 모두 지금 이 한 순간이다. 끝없는 미래도 역시 존재하는 것은 지금 이 한 순간이다. 지금 이곳에서 이 한 순간의 이 마음밖에는 모두가 공이다. 무다. 없다. 마음도 없다. 그래서 나는 없다. 모든 것은 없다. 진정으로 도를 지어가는 사람이라면 어떤 장소, 어떤 시간에서도 궁극적 진리의 현현이며, 진리의 현현은 곧 없음이다. 그리고 무엇을 보든 무엇을 듣든 보고 듣는 이 모든 것이 곧 진리의 현현이며 이 진리의 현현은 곧 없음이라는 사실이다.

自達磨大師가 從西土來로 祇是覓箇不受人惑底人이니 後遇二祖하야 一言便了하고 始知從前虛用功夫니라

해석 "달마 대사께서 인도에서 오신 것은 다만 남에게 속지 않는 사람을 찾기 위해서였다. 뒤에 2조를 만났는데 2조가 한마디 말에 곧 깨닫고 비로소 종전의 공부가 헛된 것이었음을 알게 되었던 것이었다."

강설 달마 대사가 인도에서 중국으로 온 뜻에 대하여 그 말이 분분하다. 오고 간 행적도 이야기하려면 장황하다. 어떤 사람은 뜰 앞의 잣나무라고 하였다. 곧 바로 사람의 마음을 가리켜서 성품을

보고 부처를 이루게 하기 위함이라고도 하였다. 사람이 곧 부처라는 사실을 알리기 위해서라고도 하였다. 임제는 다만 남에게 속지 않는 사람을 찾기 위해서 왔다고 하였다.

달마는 2조 혜가(慧可) 대사를 만났다. 혜가는 달마에게 불안한 마음을 편안하게 해 달라고 하였다. 달마는 불안한 그 마음을 가져 오면 편안하게 해 주겠다고 하였다. 혜가는 불안한 마음을 가져가기 위해 찾아보았으나 찾을 수 없었다. 그래서 "마음을 찾아도 찾을 수 없습니다."라고 하니, "찾아진다면 어찌 그것이 그대의 마음 이겠는가? 나는 벌써 그대의 마음을 편안하게 해 주었다."라는 말에 곧바로 깨달았다. 알고 보니 종전의 공부가 헛된 공부였음을 비로소 알았다. 마음, 마음 하지만 마음마저 없다는 사실을 안 것이다. 마음도 없는데 불안이 어디에 있겠는가? 남에게 속지 않는 사람 혜가, 달마는 그런 혜가를 찾았다.

> 山僧今日見處는 與祖佛不別하니 若第一句中得하면 與祖佛爲師요 若第二句中得하면 與人天爲師요 若第三句中得하면 自救不了니라

해석 "산승의 금일의 견해는 조사나 부처와 다르지 않다. 만약 제 일구에서 깨달으면 할아버지 부처의 스승이 된다. 만약 제 이구에서 깨달으면 인간과 천상계의 스승이 된다. 만약 제 삼구에서 깨달으면 자기 자신마저도 구제하지 못할 것이다."

강설 법어나 경문이나 기연(機緣)에 제 일구 제 이구 제 삼구의 차별이 있는 것이 아니다. 같은 법어라도 듣는 사람이 받아들이는 데 따라 차별이 나눠진다. 경문이나 기연도 역시 그렇다. 사구(死句)와 활구(活句)도 역시 그렇다. 육조 혜능 스님이 불교를 전혀 모를 때 금강경의 한 구절을 듣고 마음의 문이 열린 일이 있다. 마치 부드러운 흙 위에 물을 붓는 것과 같다. 보통 불자들은 금강경이 뚫어지도록 읽어도 깜깜 무소식이다. 마치 차돌 위에 물을 쏟아 붓는 것과 같다. 육조 스님에게는 금강경이 제 일구가 되었다. 책이 뚫어지도록 읽은 보통 불자들은 금강경이 제 삼구에도 미치지 못했다. 작은 한 소리의 '할'에도 깨닫는 사람이 있다. 그러나 스피커를 틀어놓고 고막이 터지도록 '할'을 외쳐대도 깜깜 무소식인 사람이 있다.

삼구에는 이런 이야기도 있다. "제 일구로 듣는 것은 마치 허공에다 도장을 찍는 것과 같고, 제 이구로 듣는 것은 마치 물에다 도장을 찍는 것과 같고, 제 삼구로 듣는 것은 마치 진흙에다 도장을 찍는 것과 같다." 흔적이 남는 것에 대한 차이를 표현한 말이다. 도는 우주에 꽉 차 있고 우리들의 곁을 한 순간도 떠나 있는 것이 아니다. 그러니 무슨 흔적이 있겠는가?

14-34 몸과 마음이 부처와 다르지 않다

問, 如何是西來意오 師云, 若有意하면 自救不了니라
云既無意인댄 云何二祖得法고 師云, 得者是不得이니

> 라 云旣若不得인댄 云何是不得底意오 師云, 爲儞向
> 一切處하야 馳求心不能歇일새 所以로 祖師言, 咄哉
> 丈夫여 將頭覓頭라하니라 儞言下에 便自回光返照하야
> 更不別求하고 知身心與祖佛不別하야 當下無事하면
> 方名得法이니라

해석 "달마 대사께서 서쪽에서 오신 뜻은 무엇입니까?"
"만약 뜻이 있었다면 자기 자신도 구제하지 못하였을 것이다."
"이미 뜻이 없었다면 2조께서는 어떻게 법을 얻었습니까?"
"얻었다는 것은 얻지 못했다는 것이다."
"이미 만약 얻지 못했다면 어떤 것이 얻지 못했다는 뜻입니까?"
"그대들은 모든 곳을 향하여 치달려 구하는 마음을 쉬지 못하므로 달마 조사께서 말씀하시기를, '애닯다. 장부들아! 머리가 있는데 또 머리를 찾는구나.' 하신 것이다. 그대들은 말끝에서 곧 스스로 자신의 본래 모습을 되돌아보아라. 더 이상 다른 데서 찾지 말고 이 몸과 마음이 할아버지 부처와 다르지 않음을 알아서 당장에 아무 일 없게 되면 바야흐로 법을 얻었다고 하는 것이다."

강설 "달마 대사께서 서쪽에서 오신 뜻은 무엇입니까?"라는 질문이 근본적으로 틀린 질문이다. 그런데 수많은 사람들은 처음부터 틀린 그 질문에 숱한 답을 하고 있다. 틀린 질문에 답을 한들 맞을 리가 없다. 말꼬리를 물고 계속해서 진행하더라도 역시 틀리기는 마찬가지다. 그러나 임제 스님의 대답은 틀려도 매우 절묘한 데가 있다. 눈여겨 볼 일이다. "얻었다는 것은 얻지 못했다는 것이다."

　머리가 있는데 머리를 찾는 일이 옳겠는가? 설사 찾아서 다시 머리 위에 올려놓았다고 가정하자. 그 꼴이 무엇인가? 귀신도 그런 모습은 하지 않을 것이다. 그러니 얻었다는 것은 곧 얻지 못한 것이 될 수밖에 없다. 철저히 지금 현재의 너 자신에게서 조금도 달라질 수 없다는 사실이다. 본래 성불인데 달리 무엇을 찾고 구한단 말인가? 부처도 조사도 보고 듣고 알고 느끼는 그대 자신이다. 달마가 오신 뜻도 역시 그대 자신이다.

14-35 밥값을 갚을 날이 있으리라

> 大德아 山僧今時에 事不獲已하야 話度說出許多不在淨하니 儞且莫錯하라 據我見處하면 實無許多般道理요 要用便用하고 不用便休니라

해석　"큰스님들이여! 산승이 오늘 부득이 쓸데없는 더러운 소리를 많이 하고 있는데 그대들은 착각하지 말라. 내가 보기에는 실로 이처럼 허다한 도리는 없다. 작용하게 되면 곧 작용하고 작용하지 않으면 곧 쉰다."

강설　임제 스님은 자신이 부득이해서 이런 저런 소리들을 많이 했다고 한다. 그러나 그런 것들은 모두 쓸데없고 더러운 소리들이다. 그 소리들을 주워 모아 기록한 이 임제록도 역시 똥을 닦는 휴지에

불과하다. 여타의 무수한 경전 어록들이야 물어 무엇하랴? 수많은 사람들이 지껄인 말들이야 물어 무엇하랴? 왜 그런가? 그와 같은 허다한 도리가 실은 전혀 없기 때문이다. 없는 것을 있는 것처럼 떠들어대고 떠든 것들을 기록으로 남긴 것이기 때문이다.

그렇다면 어떻게 해야 하는가? 너무 막연하지 않은가? 그것에 의지하여 참선도 하고 염불도 하고 간경도 하고 주력도 하고 기도도 하며 살아왔는데… 작용할 일이 있으면 곧 작용하고 작용할 일이 없으면 그대로 쉬면 된다. 볼 일이 있으면 보고, 들을 일이 있으면 들으라. 배가 고프면 먹고 피곤하면 잠을 자라. 사람을 만나면 대화를 나누고 혼자 있으면 그대로 있으라. 해는 뜨고 지고 계절은 오고 간다. 바람은 불고 멎고, 꽃은 피고 지고 한다. 바로 지금 필요한 인연을 따라 물이 흐르듯 살면 된다.

이것이 임제가풍이다. 한국불교는 모두가 임제가풍을 표방하고 있다. 또 그것을 큰 영광으로 생각하고 자랑으로 여긴다. 한국의 스님들은 목탁을 쳐서 생업으로 살아가고 있는 사람들도 그들이 하는 축원을 들어보면 "임제 스님의 문중에서 영원히 인천의 안목이 되소서(臨濟門中 永作人天之眼目)."라고 한다. 이것은 돌아가신 스님들을 빌 때 가장 요긴하고 핵심이 되는 축원문이다. 그만큼 임제 스님의 가르침과 그의 사상을 흠모하여 길이 이 세상의 눈이 되어 달라는 뜻이다. 그렇다면 모든 스님들은 이 임제록의 모든 가르침을 최상의 바른 법으로 숭상하여 따르고 실천해야 하는 것은 너무도 당연한 일이다.

요용변용(要用便用) 불용변휴(不用便休). 불교 공부란 바로 이것이다. 이것이 수행이다. 이것이 참선이다. 곧 사람 사는 일이다.

祇如諸方이 說六度萬行하야 以爲佛法하나 我道是莊嚴
門佛事門이요 非是佛法이니라 乃至持齋持戒하며 擎油不
㵼하야도 道眼不明하면 盡須抵債하야 索飯錢有日在니라
何故如此오 入道不通理하면 復身還信施하나니 長者八
十一에 其樹不生耳라하니라

해석 "다만 제방에서는 육도만행을 부처님의 법이라고 말하지만 나는 그것을 장엄하는 것이고 불사를 짓는 일이지 불법은 아니라고 말한다. 몸과 마음을 깨끗이 하는 재계를 지키고 계행을 가지며, 기름이 가득 찬 그릇을 들고 가도 출렁거리지 않게 조심스럽고 신중하게 행동하더라도 도를 보는 안목이 밝지 못하면 모두가 빚을 지지 않을 수 없으니 밥값을 갚을 날이 있을 것이다. 어째서 그런가. 불도에 들어와서 이치를 통하지 못하면, 몸을 바꾸어 신도들의 시줏빚을 갚아야 하기 때문이다. 그래서 장자가 81살이 되자 그의 집에 있는 나무에서 비로소 버섯이 나지 않았다는 이야기도 있는 것이다."

강설 보시·지계·인욕·정진·선정·지혜 등 불교가 권하는 여섯 가지 덕목은 승속을 막론하고 불자들이 실천해야 할 생활지침으로 삼고 있다. 그러나 그것은 불법이 아니고 우리가 살아가는 데 장엄일 뿐이다. 불교를 위한 일거리[佛事]일 뿐이다. 그냥 해보는 모양새 갖추기다. 재계를 잘 행하고 계율을 철저히 지키더라도, 삼천 가지 위의와 팔만 가지 세세한 행동에 아무런 결함이 없더라도, 그리고 부처님 앞에서 신중하고 겸손한 모습이 아무리 빼어나더라도 도안(道眼)이 어두우면 모두가 빚을 짊어진 것이다. 언젠가 밥값을 갚을 날이 있을 것이다.

약간 옆길로 새는 이야기를 덧붙일까 하는데, 그렇다면 밥값을 따로 갚지 않아도 되는 육도만행과 불교를 위한 일은 무엇일까? 영명연수 선사는 이렇게 말했다. 진부한 소리 같지만 보시를 하는 마음의 흔적 없이 보시를 하라. 계를 지키더라도 지키는 마음의 흔적 없이 계를 지키라 등이다. 또 우리들의 몸은 텅 비어 없음을 보면서 몸을 단장하고 위의도 갖추고 화장도 아름답게 하라. 본래로 설할 것이 없는 이치를 깨닫고 설법을 하라. 사찰을 건립하되 마치 물에 비친 그림자라는 사실을 알고 하라. 등상불(等像佛)에게 꽃과 향과 과일 등 온갖 공양거리를 올리더라도 그것들이 모두 환영이며 헛것이라는 사실을 알고 올리라. 그림자요, 메아리인 여래에게 공양 올리라. 죄란 그 성품이 텅 비어 없음을 알고 참회하라 등등이다.

육바라밀과 불교의 제반 신행활동들을 중도적 입장에서 설명하고 있다. 따라서 연기이며 공인 입장에서 설명하고 있다. 모든 것은 공이며 연기이며 중도의 원리에서 벗어나 있지 않다. 일체 사물과 일체 사건이 다 그렇다. 그러므로 중도의 원리에 맞게 육바라밀을 닦고 신행활동과 불사를 해야 된다는 뜻이다. 중도의 원리에 맞게 하면 따로 밥값을 갚을 일이 없다.

"불도에 들어와서 이치를 통하지 못하면…" 운운한 것은 제 15조 가나제급 존자의 게송이다. 존자는 인도의 비라국을 찾았을 때 79세 된 장자와 그의 아들을 만났다. 그들은 일찍이 수행하는 한 비구를 정성껏 공양했다. 그 비구는 불법을 깨닫지 못하고 죽은 뒤에 그 장자의 집에 나무버섯으로 환생하여 그 장자가 81세가 될 때까지 계속 돋아나면서 공양 받은 빚을 갚았다고 한다. 또 그의 부인은 평소에 공양드리는 것을 못마땅하게 생각했으므로 버섯이 눈에 보이지 않았다고 한다.

가나제급 존자로부터 이러한 이치를 알게 된 장자의 아들은 뒤에 출가 수행하여 제 16조 라후라다 존자가 되었다. 금생에 마음의 도리를 밝히지 못하면 물 한 방울의 빚도 갚기 어렵다는 무서운 말도 있다. 그러나 불법을 잘 아는 사람은 하루에 일 만 냥의 황금을 써도 다 녹일 수 있다.

14-36 도인은 자취가 없다

> 乃至孤峯獨宿하며 一食卯齋하며 長坐不臥하며 六時行道하여도 皆是造業底人이요 乃至頭目髓腦와 國城妻子와 象馬七珍을 盡皆捨施하야도 如是等見은 皆是苦身心故로 還招苦果하나니 不如無事하야 純一無雜이니라

해석 "외로운 산봉우리에 혼자 살며 아침 한 끼만 공양을 하고 눕지도 않고 앉아서 밤낮으로 도를 닦는다 하여도 모두 다 업을 짓는 사람들이다. 머리와 눈과 골수와 뇌를 보시하고, 나라와 성곽과 아내와 자식을 보시하고, 코끼리와 말과 일곱 가지 값진 보물들을 모조리 다 기꺼이 보시하더라도 이와 같은 견해는 모두가 몸과 마음을 괴롭히기 때문에 괴로운 과보를 다시 불러오는 것이다. 차라리

아무 일도 없이 순일하여 잡스런 것이 없는 것만 같지 못하다."

강설 불교의 고행에는 여러 가지가 있다. 결코 권장하는 일은 아니지만 위에서 소개한 것들이다. 세존도 성도하시기 전에 숱한 고행을 하였다. 그러나 고행은 고통의 과보를 불러올 뿐이다. 바람직한 수행은 아니다. 그래서 세존도 나중에는 고행을 버렸다.

세존께서 깨달음을 이루고 나서 다섯 비구들을 찾아가서 첫 마디 말이 "나는 중도를 깨달았노라. 향락의 삶도 고행의 삶도 정상적이거나 바람직한 삶의 길이 아니다. 모든 존재는 중도의 법칙에 의하여 존재한다. 그러므로 중도의 삶을 살아야 한다. 그러므로 내가 고행을 포기하고 떠난 것을 타락한 것이라고 오해한 것을 풀어라. 나는 여러분들의 그와 같은 오해를 풀기 위해서 제일 먼저 이곳에 왔노라."라고 했다.

중도의 삶이란 무엇인가? 아무 일 없이 순일하고 잡스런 것이 없는 삶이다. 인연을 따라 배가 고프면 먹고 피곤하면 잠을 자는 것이다. 이것이 진정한 불교적 삶의 길이다. 모든 인생사란 결코 있는 것도 아니고 없는 것도 아니기 때문이다.

좋은 말씀을 또 소개한다. 불여무사(不如無事) 순일무잡(純一無雜) 하게 살라. 모두들 왜 이렇게 못 사는가?

乃至十地滿心菩薩도 皆求此道流蹤跡하나 了不可得이니 所以로 諸天歡喜하며 地神捧足하야 十方諸佛이 無不稱歎하나니 緣何如此오 爲今聽法道人이 用處無蹤跡일새니라

해석 "또 십지에 오른 보살조차도 이 도인들의 자취를 찾을 수 없는 것이다. 그러므로 모든 천신들이 기뻐하고 지신들이 그의 발을 받들어 모시며, 시방의 모든 부처님들이 칭찬하지 않는 이가 없다. 어째서 그런가? 지금 법문을 듣고 있는 도인이 작용하는 그 곳에는 아무런 자취가 없기 때문이다."

강설 그와 같이 사는 사람의 자취는 아무리 수행이 많이 된 사람이라 하더라도 찾지 못한다. 차별 없는 참사람의 자리에 있기 때문이다. 차별 없는 참사람은 지금 이 순간 법문을 듣는 그 사람이다. 그리고 모든 사람은 다 차별 없는 참사람이다. 그 사람은 아무리 작용이 활발발하더라도 아무런 자취가 없기 때문이다. 본래로 사람은 아무런 자취가 없다. 자취 없이 왔다가 자취 없이 가는 것이 인생이다. 먼 하늘 가에 자취 없이 사라지는 흰 구름일 뿐이다.

"태어남이란 어디서 오는가? 죽음이란 어디로 가는가? 태어난다는 것, 한 조각 뜬 구름이 일어나는 것이다. 죽는다는 것, 한 조각 뜬 구름이 사라지는 것이다. 뜬 구름 그 자체 본래로 실체가 없듯, 태어나고 죽고 가고 오고 하는 것도 본래로 그 실체가 없더라."

그러면서도 이렇게 분명히 보고 듣고 울고 웃고 지지고 볶고 하는 것, 이 또한 인생의 실상이다. 우리들 인생은 인연과 조건으로 잠깐 있다가 인연과 조건이 끝나면 사라진다. 그래서 인생은 공이다. 무다. 있으면서 없는 것, 없으면서 있는 것, 이런 원칙을 한마디로 표현하면 중도라고 한다. 천지지간(天地之間) 만물지중(萬物之中)에서 가장 존귀한 사람이 그렇거늘 다른 것이야 논해 무엇하랴?

14-37 대통지승불

> 問, 大通智勝佛이 十劫坐道場호대 佛法不現前이라 不得成佛道라하니 未審此意如何오 乞師指示하소서 師云, 大通者는 是自己於處處에 達其萬法無性無相을 名爲大通이요 智勝者는 於一切處不疑하야 不得一法을 名爲智勝이요 佛者는 心淸淨光明이 透徹法界를 得名爲佛이요 十劫坐道場者는 十波羅蜜是요 佛法不現前者는 佛本不生이며 法本不滅이라 云何更有現前이리요 不得成佛道者는 佛不應更作佛이니 古人云, 佛常在世間호대 而不染世間法이라하니라

해석 "대통지승 부처님께서 십 겁 동안 도량에 앉아 계셨지만 불법이 나타나지 않아서 불도를 이루지 못하였다고 하는데 그 뜻이 무엇입니까? 스님께서 지시하여 주십시오."

"대통이라는 것은 바로 자기 자신이 어디에서나 만법은 성품과 모양이 없음을 통달하는 것을 대통이라 한다. 지승이라는 것은 어디에서나 의혹이 없어서 한 가지 법도 얻을 것이 없음을 지승이라 한다. 불이란 마음의 청정한 광명이 온 법계를 꿰뚫어 비추는 것을 불이라 한다. 십 겁 동안 도량에 앉았다고 하는 것은 십바라밀을 닦는 것이다.

불법이 나타나지 않았다 하는 것은 부처란 본래 생기는 것이 아니고 법은 본래 없어지는 것이 아닌데 무엇이 다시 나타나겠는가? 불도를 이루지 못했다고 하는 것은 부처가 다시 부처를 지을 수 없

다는 뜻이다. 그러므로 옛사람이 '부처님은 항상 세간에 계시면서도 세간의 법에 물들지 않는다.'고 하였다."

강설 법화경의 이야기다. 경전의 이야기지만 선문답(禪問答)이자 화두다. 실은 아무리 고준한 선어(禪語)라도 모두가 경전에 그 뿌리를 두고 있다. 부처님의 말이나 조사의 말이나 말은 어디까지나 말일 뿐이다. 이해하지 못하면 모두가 화두가 된다. 시중잡배들이 떠드는 말도 역시 말이다. 그들의 말도 이해하지 못하는 것이 많다. 그러면 화두가 된다. 선문답의 관점에서 살펴보면 그들의 말 가운데 의리선(義理禪)도 많지만 격외의 말도 많다. 도리의 진실을 나타내는 말도 많다. 향상일구(向上一句)도 많고 최초일구(最初一句)도 많다.

기도하는 보살님들이 관세음보살, 관세음보살 하고 외우는 염불은 삼척동자도 다 아는 말이다. 그러나 모든 인연을 다 놓아버리고 다만 관세음만 외우면 이것이 여래선이고 또한 조사선이다〔萬緣都放下 但念觀世音 此是如來禪 亦爲祖師禪〕. 모르고 들으면 모르는 말이고 알고 들으면 아는 말이다. 선어로 많은 사람들의 입에 회자되어 오던 법화경의 이야기를 임제 스님은 교묘하게 잘 해석하였다.

14-38 마음 따라 모든 법이 생기고 소멸한다

道流야 儞欲得作佛인댄 莫隨萬物하라 心生種種法生하고 心滅種種法滅이라 一心不生하면 萬法無咎니라 世與出

> 世에 無佛無法하야 亦不現前하며 亦不曾失이니라

해석 "도를 배우는 벗들이여! 그대들이 부처가 되고자 한다면 일체 만물을 따라가지 말아라. 마음이 생겨나면 갖가지 법이 생겨나고 마음이 없어지면 갖가지 법이 없어진다. 한 마음이 생겨나지 않으면 만법에 허물이 없다. 세간이든 출세간이든 부처도 없고 법도 없다. 나타난 적도 없고 일찍이 잃어버린 일도 없다."

강설 그대들이 부처가 되고자 한다면 일체 만물을 따라가지 말고 자기 자신을 지키라. 어떤 상황에서도 종이 되지 말고 주인이 되라. 주인 노릇만 제대로 하면 그것이 곧 부처다. 상황에 끄달리지 말고 당당하게 나 자신으로 있으라. 이 세상의 주인은 바로 나다. 나 외에 또 다른 내가 있을 수 있겠는가? 내 마음 하나에 온갖 세상이 다 살아나고 내 마음 하나에 온갖 세상이 다 없어진다. 세상을 내 마음대로 만들고 부순다. 이보다 더 위대한 존재가 있겠는가? 이보다 더 큰 힘을 가진 자가 있겠는가? 울고 웃는 것도 내가 하는 일이다. 누가 나를 어떻게 할 수는 없다. 그런데 왜 이끌려 다니는가? 수처작주(隨處作主)하라. 나 외에 아무 것도 없다. 부처도 없고 법도 없다.

심생종종법생(心生種種法生). 심멸종종법멸(心滅種種法滅). 불자가 이 말을 모르면 안 된다. 그 동안 불교 공부 헛한 것이다. 또 잊어서는 안 될 구절이 있다. 일심불생(一心不生) 만법무구(萬法無咎)다.

設有者라도 皆是名言章句라 接引小兒하는 施設藥病이요 表顯名句니 且名句不自名句라 還是儞目前昭昭靈靈하야 鑑覺聞知照燭底가 安一切名句니라

해석 "설혹 부처와 법이 있다 하더라도 그것은 모두가 명칭과 말과 문장일 뿐이다. 어린아이들을 달래기 위한 것이다. 병에 따라 쓰이는 약이다. 표현하는 이름과 문구일 뿐이다. 그런데 이름과 문구도 스스로 이름과 문구라고 하지 않는다. 또한 그대들 눈앞에서 아주 밝고 분명하게 느끼고 듣고 알며 비춰보는 그 사람이 모든 이름과 문구를 만들어 두었다."

강설 경전어구란 우는 아이를 달래는 방편이다. 어린아이가 울 때 어머니는 밖에 호랑이가 왔다고 거짓말을 하여 아이의 울음을 그치게 한다. 경전상에 나타난 무수한 부처님과 보살들 역시 울고 있는 어린아이들을 달래는 방편의 말이다. 병에 따라 약을 베푸는 일이다. 그래서 임제 스님은 "설혹 부처와 법이 있다 하더라도 그것은 모두가 명칭과 말과 문장일 뿐이다."라고 한 것이다.

 부처님과 보살들을 표현하는 명구는 다 사람들이 만든 것이다. 지금 눈앞에서 소소영령하게 지각하고 듣고 알고 하는 그 사람이 일체 명구들을 만들었다. 백보 양보하여 말하더라도 우리들의 근본 스승인 석가모니의 말씀으로부터 나온 것이다. 그리고 그 외의 여러 깨달으신 분들의 말씀에서 나온 것이다.

14-39 오무간업

> 大德아 造五無間業하야사 方得解脫이니라 問, 如何是五無間業고 師云, 殺父害母하며 出佛身血하며 破和合僧하며 焚燒經像等이 此是五無間業이니라 云, 如何是父오 師云, 無明是父니 儞一念心이 求起滅處不得하야 如響應空하야 隨處無事를 名爲殺父니라 云, 如何是母오 師云, 貪愛爲母니 儞一念心이 入欲界中하야 求其貪愛하나 唯見諸法空相하야 處處無著을 名爲害母니라 云, 如何是出佛身血고 師云, 儞向淸淨法界中하야 無一念心生解하고 便處處黑暗이 是出佛身血이니라 云, 如何是破和合僧고 師云, 儞一念心이 正達煩惱結使하야 如空無所依가 是破和合僧이니라 云, 如何是焚燒經像고 師云, 見因緣空心空法空하야 一念決定斷하야 逈然無事가 便是焚燒經像이니라

해석 "큰스님들이여! 무간지옥에 떨어질 다섯 가지 업을 지어야 바야흐로 해탈하게 되느니라."

"무엇이 오무간업입니까?"

"아버지를 죽이는 것과 어머니를 해치는 것과 부처님의 몸에 피를 내는 것과 화합 승단을 깨뜨리는 것과 경전과 불상을 불사르고 깨뜨리는 것이 오무간업이다."

"무엇이 아버지입니까?"

"무명이 아버지다. 그대들의 한 생각 마음이 일어났다 없어졌다

하는 곳을 찾을 수 없어 마치 허공에 메아리가 울리는 것 같고 어디를 가나 일이 없는 것이 아버지를 죽인 것이니라."

"무엇이 어머니입니까?"

"탐내고 애착하는 것이 어머니이다. 그대들의 한 생각 마음이 욕계에 들어가 그 탐내고 애착하는 것을 찾아보아도 오직 모든 법은 공한 모양임을 볼 뿐이고 어디에도 집착하지 않는 것이 어머니를 해친 것이니라."

"무엇이 부처님의 몸에 피를 내는 것입니까?"

"그대들이 청정한 법계에서 한 생각 마음에 알음알이를 내지 않고 어디에서든 캄캄한 것[절대평등]이 부처님의 몸에 피를 내는 것이니라."

"무엇이 화합승단을 깨뜨리는 것입니까?"

"그대들의 한 생각 마음이 번뇌의 속박을 바르게 통달하여 마치 허공이 의지하는 바가 없는 것 같은 것이 화합승단을 깨뜨린 것이니라."

"무엇이 경전과 불상을 불사르는 것입니까?"

"인연이 비고 마음이 비고 법이 비었음을 보아서 한 생각에 결정코 끊어서 초연히 일이 없는 것이 경전과 불상을 불사르는 것이니라."

강설 다섯 가지 무간지옥에 들어갈 죄업을 매우 독특한 견해로 풀이하였다. 불교도라면 이 세상에서 가장 소중하게 생각해야 할 것이 아버지, 어머니, 부처님, 승단, 경전과 불상들이다. 이것들을 해치는 것을 일반 불교에서는 큰 죄악으로 생각해서 무간지옥에 들어갈 조건이 된다고 하였다.

　임제 스님은 해친다는 것을 특별한 뜻으로 해석하여 이 다섯 가지 업을 지어야 비로소 해탈한다고 하였다. 선문에서 가끔 보이는 좀 장난기 있는 엉뚱한 해석이다. 어떤 조항이든 일관성 있게 말씀하신 것은 텅 비어 없음이다. 인연이 비고 마음이 비고 법이 비고, 번뇌의 속박이 없고 알음알이가 없고, 탐욕과 애착이 공하고 무명으로 생멸하는 것은 허공의 메아리 같아야 한다고 하였다.

　좋은 것도 나쁜 것도 모두 텅 비어 없어야 한다. 세상사는 좋은 것이 있으면 당연히 나쁜 것도 있기 마련이다. 낮이 있으면 밤이 있듯이, 올라가면 내려가야 하듯이, 흥망성쇠는 세상의 순리다. 춘하추동 사계절은 쉬지 않고 순환한다. 생자필멸 회자정리의 법칙 그대로다. 그래서 모든 것은 상대적이다. 이러한 이치를 알면 불어난다고 기뻐할 것도 아니고 줄어든다고 슬퍼할 것도 아니다. 만났다고 기뻐할 것도 헤어진다고 슬퍼할 것도 아니다. 결국 모두가 텅 비어 없기 때문이다. 그러므로 일체가 텅 비어 없는 줄 알아야 모든 것으로부터 해탈이다.

14-40 산승의 말도 취하지 말라

> 大德아 若如是達得하면 免被他凡聖名礙니라 儞一念心이 祇向空拳指上生實解하며 根境法中虛捏怪하야 自輕而退屈言하되 我是凡夫요 他是聖人이라하니 禿厮生이여 有甚死急하야 披他獅子皮하야 却作野干鳴고

해석 "큰스님들이여! 만약 이와 같이 통달한다면 범부다 성인이다 하는 이름에 구애되지 않을 것이다. 그대들의 한 생각 마음이 빈주먹 속에서 무엇인가 있다는 생각을 낸다. 또 육근과 육진의 법에서 공연히 없는 것을 만들어 내어 괴이한 짓을 하여 스스로를 가볍게 여기고 뒷걸음질치면서 '나는 범부고 저분은 성인이시다.'라고 한다. 이 머리 깎은 바보들아! 무엇이 그리 다급하여 사자의 가죽을 쓰고 여우의 울음소리를 내는가?"

강설 모든 존재는 공이다. 삼라만상과 천지만물도 모두가 공이다. 남녀노소 성인 범부 부처 조사 보살 나한 모두가 공이다. 무엇이든 모두 실제로 있는 것처럼 보일 뿐이다. 왜 없으면서 있는 것처럼 보이는가? 연기(緣起)로 인하여 존재하기 때문이다. 왜 있으면서 공인가? 연기로 존재하기 때문이다. 먼지 하나에서부터 삼천대천세계에 이르기까지 연기로 존재하지 않는 것이 없다. 세균이나 미물곤충이나 사람에 이르기까지 역시 연기로 존재한다. 이와 같이 알면 성인이다 범부다 하는 이름에 하등 구애될 것이 없다. 칭찬과 비난에도 하등 구애될 것이 없다. 모함하고 음해하는 것에도 하등 마음 흔들릴 것이 없다. 영광도 오욕도 하등 마음 쓸 일이 아니다. 태평무사다. 배울 것도 없고 할 일도 없는 한가한 도인은 거짓도 진실도 선도 악도 찾지 않는다.

大丈夫漢이 不作丈夫氣息하야 自家屋裏物을 不肯信하고 祇麼向外覓하야 上他古人閒名句하야 倚陰博陽하야

> 不能特達이라 逢境便緣하며 逢塵便執하야 觸處惑起하야
> 自無准定이로다 道流야 莫取山僧說處하라 何故오 說無
> 憑據하야 一期間圖畵虛空이요 如彩畵像等喩니라

해석 "대장부 사나이가 장부의 기개를 펴지 못하고 자기 집안의 보물을 믿으려 하지 않는다. 단지 바깥으로만 찾아다닌다. 옛사람들이 만든 부질없는 명칭과 문구에만 사로잡혀 이리저리 이 말에 의지하고 저 말에 의지하여 분명하게 통달하지 못한다. 경계를 만나면 곧 거기에 반연한다. 육진을 만나면 곧 또 집착한다. 닿는 곳마다 미혹을 일으켜서 스스로 정해진 기준이 없다. 도를 배우는 벗들이여! 산승이 말하는 것도 취하지 말라. 왜냐? 내 말에도 아무런 근거와 의지할 데가 없다. 잠깐 허공에 대고 그림을 그린 것이다. 또 남이 그린 그림이나 형상에 채색을 입히는 것과 같다."

강설 천번 만번 부르짖는 말이지만 모든 문제의 해결은 자기 자신에게 있다. 행복도 평화도 물론 자기 자신에게 있다. 우리들 자신은 무한한 능력과 영원한 생명 그 자체다. 어떤 부귀와 영화와 명예도 자기 자신에게 있다. 자신의 이와 같은 보물 창고를 버리고 어디를 헤매는가? 나 자신이 아닌 다른 곳으로 찾아 헤맨들 무엇을 얻겠는가? 부질없는 문자상에서 이리 저리 헤아려 본들 무엇이 나오겠는가? 설사 어록 중에서 왕이라고 일컫는 임제 스님의 말이라 하더라도 예외는 아니다. 부처를 죽이고 조사를 죽이고 경전과 어록을 똥 닦는 휴지로 취급하는 더없이 높고 높은 소리를 토해 놓은 것이라 하더라도 역시 마찬가지다. 임제 스님의 말씀도 취하지 말라. 아무 것도 아니다. 그 역시 똥 닦는 휴지에 불과하다.

또 한 가지 육진 경계에 끄달리지 말라. 설사 불보살이 와서 방광(放光)을 하고 자신을 업어주고 예배하고 하더라도 그것은 역시 육진경계에 불과하다. 사람들을 더욱 미혹하게 할 뿐이다. 자신에게는 무엇과도 바꿀 수 없는 무위진인이 있다. 그대들의 얼굴을 통해서 자유자재로 드나든다. 부디 수처작주하라. 어떤 상황이 앞에 나타나더라도 흔들리지 말고 자신을 지키라. 이것이 진짜 불교다. 죽은 뒤에도 잊어서는 안 될 임제문중의 인천안목이다.

14-41 부처를 찾으면 부처를 잃을 것이다

道流야 莫將佛爲究竟하라 我見猶如厠孔이요 菩薩羅漢은 盡是枷鎖며 縛人底物이니 所以로 文殊仗劍하야 殺於瞿曇하며 鴦掘持刀하야 害於釋氏니라

해석 "도를 배우는 벗들이여! 부처를 최고의 경지라고 여기지 말라. 나에게는 그것이 마치 화장실의 변기와 같은 것이다. 보살과 나한은 모두 다 목에다 씌우는 칼과 발을 묶는 족쇄와 같이 사람을 결박하는 물건들이다. 그러므로 문수는 긴 칼을 비껴들고 부처님을 죽이려 했고, 앙굴리마라는 단도를 가지고 석가모니를 해치려 한 것이다."

강설 강강(剛强)한 말세의 사람들에게는 역시 강강한 처방이 필요

하다. 면역성이 강해지면 그만치 고단위 약을 써야 듣는다. 제발 부처니 보살이니 조사니 하는 성스러운 모습과 그 명칭에서 벗어나라. 부처란 무엇인가? 마치 화장실의 변기와 같은 것이다. 보살과 아라한은 또 무엇인가? 모두 죄인의 목에다 씌우는 칼과 발을 묶는 족쇄와 같은 것이다. 그러니 부처가 있는 곳에는 머물지 말고 부처가 없는 곳에는 급히 지나가라. 별로 좋은 물건이 아니다.

문수보살과 앙굴리마라가 할 일이 없어서 그와 같은 짓을 했겠는가? 모두가 경계에 집착하여 자신의 보물 창고를 잊어버린 불쌍한 사람들의 눈을 열어주기 위하여 노파심절로 한 일이다. 우리들의 마음에 일체 허상이 다 사라지기를 바라고 한 일이다. 이렇게 강강한 처방으로도 듣지 않는 병이라면 임제도 어쩔 수 없는 일이다.

道流야 無佛可得이니 乃至三乘五性과 圓頓敎迹은 皆是一期藥病相治요 並無實法이니라 設有라도 皆是相似表顯路布며 文字差排하야 且如是說이니라

해석 "도를 배우는 벗들이여! 부처란 얻을 것이 없는 것이다. 삼승과 오성과 원돈교의 자취마저도 모두다 그때그때의 병에 따라 약을 주는 것이지 고정된 실다운 법이 있는 것은 절대 아니다. 설사 있다 하더라도 그것은 말로 표현하는 길거리의 광고 게시판이다. 문자를 알맞게 배열해 놓은 것이다. 임시로 이와 같이 이야기해 본 것일 뿐이다."

강설 불교에는 입만 열면 부처님, 보살님, 성문, 연각, 아라한, 도인, 선지식, 큰스님, 십신, 십주, 십행, 십회향, 십지, 등각, 묘각 등등 별의별 명칭을 다 말한다. 그리고 경전만 펼치면 그러한 명칭들이 있다. 그러나 부처니 보살이니 하는 말도 모두 실제하는 것이 아니다. 다만 표현하는 말에 불과하다. 병에 따라 시설하는 약방문일 뿐이다. 혹은 길거리에 내걸린 광고문에 불과하다. 만일 실제로 있는 것을 말한다면 그것은 오직 사람이 있을 뿐이다. 사람 하나를 두고 별의별 이름을 다 붙인 것이다. 진정 부처를 좋아하는가? 부처란 다만 부처를 좋아하고 있는 바로 그 사람이다. 그 외에는 달리 아무 것도 없다. 그 사람도 실은 부득이해서 하는 말이다. 그렇게 알아야 한다. 그와 같은 명칭을 일컫는 그 사람마저 부득이해서 말할 뿐인데 여타의 것이야 말해 무엇하랴.

그래서 필자는 불교에서 굳이 사상을 말하라면 인불사상(人佛思想)이라고 하고 있다. 사람이 곧 부처라는 말이다. 그래서 우리가 부처님에게 하듯 사람을 섬기면 모든 문제는 즉시 해결이다. 평화도 행복도 거기에 있다. 우리가 무엇을 보든 현재 이대로 부처가 아니라고 할 이유가 하나도 없기 때문이다. 혹자는 보통 삶은 부처로서의 효용이 없다는 말을 하지만 그것은 모르는 말이다. 보통 사람 그대로가 완전무결한 부처인 것이다.

자세히 들여다보라. 사람이 이렇게 보고 듣고 느끼며 살아가는 일이 얼마나 신기한 일인가? 부처가 아니고서야 어찌 이럴 수가 있는가? 아프면 아파하고 기쁘면 기뻐하고 슬프면 슬퍼한다. 순간순간이 부처의 삶이다. 참으로 신묘하다. 불가사의하다. 매일 매일 천금을 들여서 잔치를 해야 할 일이다. 매일 매일 최고의 파티를 열어야 한다. 사람이 산다는 일이 이렇게 감동적일 수가 없다.

> 道流야 有一般禿子하야 便向裏許著功하야 擬求出世之法하니 錯了也라 若人求佛하면 是人失佛이요 若人求道하면 是人失道요 若人求祖하면 是人失祖니라

해석 "도를 배우는 벗들이여! 어떤 머리 깎은 사람들이 있어서 곧 그러한 것에 공을 들여서 출세간법을 구하려고 한다. 그것은 잘못이다. 만약 어떤 사람이 부처를 구한다면 그 사람은 부처를 잃을 것이고, 만약 도를 구한다면 도를 잃을 것이며, 만약 조사를 구한다면 조사를 잃을 것이다."

강설 자신이 부처인데 다시 부처를 구한다면 이미 있는 부처를 잃게 된다. 자신이 그대로 도인데 다시 도를 구한다면 이미 있는 도를 잃게 된다. 자신이 조사인데 다시 조사를 구한다면 이미 있는 조사를 잃게 된다. 물로써 물을 씻으려는 것이고 마음으로써 마음을 쓰려는 일이다. 오히려 멀어질 뿐이다. 공연히 쓸데없는 문자에 이끌려 긁어 부스럼을 내고 있다. 머리 위에 다시 머리를 하나 더 올려 놓는 일이다.

14-42 주리면 밥을 먹고 졸리면 잠을 잔다

大德아 莫錯하라 我且不取儞解經論하며 我亦不取儞國王大臣하며 我亦不取儞辯似懸河하며 我亦不取儞聰明智慧하고 唯要儞眞正見解니라

해석 "큰스님들이여! 착각하지 말라. 나는 그대들이 경과 논을 잘 알고 있는 것을 높이 사지 않는다. 나는 또 그대들이 국왕이나 대신이라 하더라도 높이 사지 않는다. 나는 또 그대들이 폭포수처럼 유창한 말솜씨를 가졌더라도 높이 사지 않는다. 나는 또 그대들이 총명하고 지혜롭다 하더라도 높이 사지 않는다. 오직 그대들이 진정한 안목을 가지기를 바랄 뿐이다."

강설 살림에는 눈이 보배라는 말이 있다. 그렇다. 사람이 살아가는 데는 무엇보다 안목이 제일이다. 진정견해(眞正見解)야말로 사람이 살아가는 일에 있어서 제일 우선하는 일이다. "그대의 행동은 내가 중요하게 생각하지 않는다. 그러나 그대의 견해를 나는 소중하게 생각할 뿐이다."라는 옛 선지식의 말씀이 있다.

올바른 안목이 없으면 팔만대장경을 다 외운다 하더라도 아무런 쓸데가 없는 것이 되고 만다. 동서고금의 모든 학설을 다 꿰뚫고 있다 하더라도 마찬가지다. 설법을 아무리 잘한들 무슨 소용이 있겠는가? 총명 영리하여 하루에 백 권의 책을 외운다 하더라도 참되고 바른 안목이 없으면 아무런 소용이 없다. 평생을 일종식하고 장좌불와로 살았다 하더라도 마찬가지다. 하루에 25시간을 좌선

으로 살았다 하더라도 마찬가지다. 종정을 열 번 백 번 지내고 대통령을 또 그렇게 지냈다 하더라도 인생에 대한 안목이 없으면 그 인생은 헛산 것이다. 본사 주지를 백 번 했다 하더라도 인생에 대한 안목이 없으면 헛산 것이다. 오직 가치 있고 중요한 것은 진정견해다. 바른 안목이다.

> 道流야 設解得百本經論하여도 不如一箇無事底阿師니 儞解得하면 卽輕蔑他人하야 勝負修羅와 人我無明이 長地獄業이니라 如善星比丘가 解十二分敎호되 生身陷地獄하야 大地不容하니 不如無事休歇去니라 飢來喫飯이요 睡來合眼이라 愚人笑我나 智乃知焉이로다 道流야 莫向文字中求니 心動疲勞하고 吸冷氣無益하니 不如一念緣起無生하야 超出三乘權學菩薩이니라

해석 "도를 배우는 벗들이여! 설사 백 권의 경과 논을 이해한다 하더라도 일개 일 없는 스님만 같지 못하다. 그대들이 그런 것들을 안다 하더라도 곧 다른 사람들을 경멸하여 승부를 다투는 아수라가 될 뿐이고 나와 남을 분별하는 무명 번뇌로 지옥의 업을 기를 뿐이다. 예컨대 선성 비구가 십이분교를 잘 알면서도 산 채로 지옥에 떨어져서 대지도 용납하지 않았다. 차라리 아무 일 없이 쉬느니만 같지 못하다.

배가 고프면 밥을 먹고 잠이 오면 눈을 감으면 된다. 어리석은 사람은 나를 보고 비웃겠지만 지혜로운 사람은 알 것이다. 도를 배

우는 벗들이여! 문자 속에서 찾지 말라. 마음이 움직이면 피곤하고 찬 기운을 마시면 좋을 것이 없다. 차라리 한 생각 인연으로 일어난 법이 본래 생멸이 없음을 깨달아 삼승의 방편 학설을 공부하는 보살들을 뛰어넘는 것만 같지 못하니라."

강설 대개의 사람들은 많이 알면 교만하기 마련이다. 지위가 높아도 그렇고 재산이 많아도 그렇다. 나이가 많아도 그렇다. 아는 것이 많고 재산이 많고 지위가 높고 나이가 많아도 마음을 비우고 아무 것도 없는 양 소박하고 순수하면 한없이 아름다우련만 사람들은 그렇지가 못하다.

　불교 공부란 다른 말로 하면 마음을 비우는 일이다. 한없이 겸손하고 하심(下心)하는 사람을 보면 참으로 존경스럽다. 나주 다보사의 우화(雨華) 스님이 바로 그런 분이었다. 배가 고프면 밥을 먹고 잠이 오면 잠을 자는 분이었다. 해인사에서 온 객승이라고 여쭈니 당신이 해인사에 가거든 방부를 꼭 받아달라고 진심으로 간청을 하셨다. 그것도 3, 40년 어린 사람에게. 어리석은 사람들은 비웃었지만 지혜로운 사람들은 그를 한없이 존경하였다.

　어리석은 사람들이여, 도를 문자 속에서 찾지 말라. 문자와 도는 아무런 관계가 없다. "글이란 이름자만 쓸 줄 알면 넉넉하다. 더 배워야 이미 죽은 사람들의 말이나 글로 공연히 머리만 썩일 뿐이다." 하물며 정치에 야욕을 품은 유비도 이런 말을 했다. 스승 조식이 써준 추천서를 찢어 버리고 더 이상 학문을 하지 않았다. 부처가 되고 조사가 되고 도를 이루려는 출세 대장부야 말해 무엇하랴.

14-43 철퇴를 맞을 날이 있으리라

> 大德아 莫因循過日하라 山僧往日 未有見處時에 黑漫漫地라 光陰을 不可空過니 腹熱心忙하야 奔波訪道하야 後還得力하야 始到今日하야 共道流如是話度니라 勸諸道流하노니 莫爲衣食하라 看世界易過하며 善知識難遇니 如優曇華가 時一現耳니라

해석 "큰스님들이여! 그럭저럭 세월만 보내지 말라. 산승이 지난 날 견처가 없을 때는 도무지 캄캄하고 답답하였다. 세월을 헛되이 보낼 수 없어서 속은 타고 마음은 바빠서 분주히 도를 물으러 다녔다. 그런 뒤에 힘을 얻고 나서야 비로소 오늘에 이르러 같이 도를 닦는 여러분들과 이렇게 이야기를 나눌 수 있게 되었다.

도를 닦는 그대들에게 권하노라. 옷과 밥을 생각하지 말라. 세월은 쉽게 지나가고 선지식은 만나기 어려워 우담바라 꽃이 때가 되어야 한 번 피는 것과 같다."

강설 불교에 뜻을 둔 사람이라면 의식주에 끄달려서는 안 된다. 사람 문제에 끄달려서도 안 된다. 차원이 다르다. 학문을 하거나 예술을 하는 사람들도 의식주 문제에 얽매이지 않는다. 사람 문제에도 얽매이지 않는다. 하물며 불교를 공부하고 도를 닦는 사람이겠는가. 부와 지위와 명예에도 관심이 없어야 한다. 불교는 그와 같은 문제를 뛰어넘은 일이다.

그리고 올바른 선지식을 찾아야 한다. 불교를 바르게 아는 사람

을 만나야 한다. 아무리 찾아보아도 이 시대에는 없다고 생각이 들면 하는 수 없이 책자에서라도 찾아야 한다. 경전이나 어록에서 선지식을 찾아야 한다.

필자는 60년대, 70년대를 거치면서 당대의 선지식 회상을 모두 섭렵하며 한 두 철씩 다 모시고 살았다. 범어사에서 동산 스님을 처음 만나고 그 뒤 효봉 스님, 경봉 스님, 향곡 스님, 서옹 스님, 춘성 스님, 전강 스님, 성철 스님, 구산 스님, 탄허 스님, 운허 스님, 관응 스님, 서암 스님, 범룡 스님, 지유 스님 등이다.

그런데 복이 없음인지 믿음이 부족함인지 이 몸을 맡길 선지식을 정하지는 못했다. 그래서 일찍이 걸망 속의 선지식으로 의지하던 그대로 대혜 스님의 서장과 고봉 스님의 선요와 임제록을 아직도 선지식으로 모시고 있다. 그렇게라도 선지식이 있어야 한다. 옳은 선지식을 만나기란 우담바라 꽃이 3천년 만에 한 번 피는 것과 같이 만나기 어렵다고 했다.

儞諸方이 聞道有箇臨濟老漢하고 出來便擬問難하야 教語不得타가 被山僧全體作用하야 學人空開得眼이나 口總動不得하고 憒然不知以何答我하니 我向伊道호되 龍象蹴踏은 非驢所堪이로다

해석 "그대들 제방에서는 임제라는 노장이 있다는 말을 듣고 이곳으로 오자마자 곧 질문을 하여 말문이 막히게 하려고 한다. 그러다가 산승의 전체작용(全體作用)을 당하고 나서는 그 학인은 부질없

이 눈만 동그랗게 뜨고 입도 열지 못한다. 멍청하여져서 어떻게 대답할지를 모른다. 그래서 나는 그들에게 '용과 코끼리가 힘껏 나아가는데 나귀 따위가 감당할 바가 아니다.' 라고 말한다."

강설 부처님은 일찍이 자신을 천상천하에 유아독존이라고 했다. 깨달음에 자신이 있고 진리에 자신이 있는 사람은 모두가 유아독존이다. 이것은 자랑도 아니고 교만도 아니고 아만도 아니다. 당당한 자기 주장일 뿐이다. 아만이나 교만이 남아 있다면 그는 결코 깨달은 사람도 아니고 도인도 아니고 수양이 된 사람도 아니다. 천상천하 유아독존이란 다만 하늘을 찌를 듯한 진리의 대선언이다. 깨달음의 기치를 하늘 높이 드날리는 일일 뿐이다. 자신을 온전히 드날리는 전체작용이다. 용이 등천하는 데 당나귀 따위가 명함을 내놓을 수 있겠는가.

爾諸處에 祇指胸點肋하야 道我解禪解道하나 三箇兩箇가 到這裏하야 不奈何하니 咄哉라 爾將這箇身心하야 到處簸兩片皮하야 誑諕閭閻하니 喫鐵棒有日在로다 非出家兒요 盡向阿修羅界攝이니라

해석 "그대들 제방에서는 가슴을 치고 옆구리를 치면서 '나는 선을 알고 도를 안다.'고 하여 으스대지만, 두 사람이건 세 사람이건 여기에 와서는 어찌할 바를 모르는구나. 애달프다. 그대들은 이 훌륭한 몸과 마음을 가지고 가는 곳마다 두 조각 입술을 나불대면서

다른 사람들을 속이고 있다. 철퇴를 얻어맞을 날이 있을 것이다. 출가한 사람이라 할 수 없다. 모두 아수라의 세계에 빠지게 될 것이다."

강설 예나 지금이나 알았다고 하는 사람들은 많다. 선지식이라고 남의 스승노릇을 하는 사람들은 많다. 마치 하룻강아지 범 무서운 줄 모르고 설치는 격이다. 특히 요즘 세상에는 엉터리 선지식들이 아무리 활개를 쳐도 누구 하나 비판하고 말리는 사람도 없다. 마치 태양은 넘어가고 저녁노을이 질 무렵 갈가마귀 떼가 시끄럽게 울며 어지럽게 설치는 것과 같다. 여염집의 멀쩡한 선남선녀들을 속이고 있다. 남도 속이고 자신도 속인다. 염라대왕 앞에 가서 철퇴를 맞을 날이 있을 것이다. 출가인은 고사하고 그대로 아수라다.

14-44 의심하지 말라

> 夫如至理之道는 非諍論而求激揚이며 鏗鏘以摧外道니라 至於佛祖相承하야는 更無別意요 設有言敎라도 落在化儀三乘五性人天因果니라 如圓頓之敎는 又且不然하야 善財童子가 皆不求過니라

해석 "대저 지극한 도는 논쟁을 하여 높이 드러내는 것이 아니다. 큰 소리를 쳐서 외도를 꺾는 것도 아니다. 불조가 면면이 서로 이어오는 것조차 무슨 별다른 뜻이 있는 것이 아니다. 설혹 부처님의

말씀과 가르침이 있다 하더라도 교화하는 법도에 따른 삼승과 오성과 인천인과의 가르침에 떨어져 있을 뿐이다. 그러나 원교 돈교는 또한 그런 것이 아니다. 선재동자도 남김없이 법을 구하고 선지식을 찾는 일을 마치지는 못하였다."

강설 지극한 도에 눈을 뜬 사람들은 가슴을 치고 옆구리를 치면서 "나는 선을 알고 도를 안다."고 하면서 으스대지 않는다. 마이크를 들고 목이 터져라 외치지도 않는다. 설사 과거에 불불 조조가 면면히 이어온 사실이 있다 해도 무슨 특별한 의도가 있는 것은 아니다. 많은 가르침이 있다 하더라도 방편으로 부득이하여 펼쳐 놓은 교화의식(敎化儀式)이다. 그래서 크게 눈을 뜨고도 종적을 감추고 숨어 사는 사람들을 가장 훌륭한 도인으로 친다.

다음은 광인 같은 역행보살로서 사람들이 측량할 수 없는 삶을 사는 도인을 친다. 가장 낮은 도인은 회상을 열고 사람들을 제접하며 천하에 이름을 떨치며 사는 이들이다. 그렇다면 무수한 도인들이 이름도 없이 종적도 없이 왔다가 갔을 것이다.

역사 속에서 이름을 남긴 도인들보다 훨씬 빼어난 분들이라 생각하면 매우 아쉽고 서운하다. 좀 더 몸을 낮추고 드러내어 사람들과 가까이 살았더라면 하는 마음 간절하다.

大德아 莫錯用心하라 如大海不停死屍니라 祇麽擔却하야 擬天下走하나니 自起見障하야 以礙於心이라 日上無雲하니 麗天普照요 眼中無翳하니 空裏無花로다

해석 "큰스님들이여! 마음을 잘못 쓰지 말라. 마치 큰 바다가 죽은 시체를 그냥 머물러 두지 않듯 하니라. 그렇게 한 짐 잔뜩 짊어지고 천하를 돌아다니니, 스스로 견해의 장애를 일으켜 마음을 막는 것이다. 해가 뜨고 구름 한 점 없으니 아름다운 하늘에 온통 햇빛이 비친다. 눈에 병이 없으니 허공에 꽃이 없다."

강설 불법에 있어서 바르지 못한 소견은 끝내 남겨두지 않는다. 모두 다 걸러낸다. 바다는 죽은 시체들을 모두 밖으로 밀어내는 것과 같다. 되지 못한 안목을 짊어지고 천하를 돌아다녀 봐야 자신의 공부에 방해만 될 뿐이다. 삿된 견해와 바르지 못한 안목은 설사 많은 사람들의 주목을 받다가도 결국 도태되고 만다. 큰스님이요, 훌륭한 선지식이라고 문전성시를 이루다가도 끝내 그 바닥이 드러나고야 만다. 참되고 바른 견해를 가진 사람은 인생사와 세상사에 있어서 마치 구름 없는 하늘에 태양이 떠서 온 천지를 환하게 비치는 것과 같다. 눈에 병이 없으면 헛꽃을 볼 까닭이 없다. 사람이 잠들지 않으면 모든 꿈은 저절로 사라진다. 마음에 이상이 없으면 모든 일에 문제가 없다.

道流야 儞欲得如法이면 但莫生疑하라 展則彌綸法界하고 收則絲髮不立하야 歷歷孤明하야 未曾欠少니라 眼不見耳不聞이니 喚作什麼物고 古人云, 說似一物이라도 則不中이라하니 儞但自家看하라 更有什麼오 說亦無盡이니 各自著力하고 珍重하라

해석 "도를 배우는 벗들이여! 그대들이 법답게 되기를 바란다면 오직 의심을 내지 말아라. 펼치면 온 법계를 싸고도 남는다. 거두면 실 끝도 세울 데가 없다. 뚜렷하고 호젓이 밝아 일찍이 조금도 모자란 적이 없었다. 눈으로도 볼 수도 없고 귀로도 들을 수도 없으니 무엇이라고 불러야 하겠는가? 옛사람이 이르기를 '설사 한 물건이라 하여도 맞지 않다.' 하였다. 그대들은 다만 자기 스스로를 보아라. 더 이상 무엇이 있겠는가? 설명한다 해도 끝이 없다. 각자가 힘껏 노력하여라. 편히 쉬어라."

강설 일물(一物), 즉 마음에 대한 설명이다. 자고로 불교에서 가장 많이 이야기되어지는 것이다. 어쩌면 불교는 이 마음 하나 밝히자는 것인지도 모른다. 팔만대장경이 모두가 마음 하나 설명한 것이라고 해도 과언이 아니다. 그래서 청매 조사는 경전 어록을 읽되 마음에 반조하지 않으면 아무런 이익이 없다고 하였다. 그것은 경전 어록들이 모두가 마음을 설명하고 있기 때문이다. 마음이라는 말도 정확한 표현은 아니다. 한 물건이라는 말도 맞지 않다. 그러나 흔히 "여기에 한 물건이 있다."라고 한다.

보조 스님은 우리들 한 마음의 다른 이름들을 『진심직설』에서 소개하고 있다. 경전에서는 심지(心地) · 보리(菩提) · 법계(法界) · 여래(如來) · 열반(涅槃) · 여여(如如) · 법신(法身) · 진여(眞如) · 불성(佛性) · 총지(摠持) · 여래장(如來藏) · 원각(圓覺) 등등이라 한다.

또 조사들의 어록에서는 자기(自己) · 정안(正眼) · 묘심(妙心) · 주인옹(主人翁) · 무저발(無底鉢) · 몰현금(沒絃琴) · 무진등(無盡燈) · 무근수(無根樹) · 취모검(吹毛劍) · 무위국(無爲國) · 마니주(摩尼珠) · 니우(泥

牛)·목마(木馬)·심원(心源)·심인(心印)·심경(心鏡)·심월(心月)·심주(心珠) 등등이라 하였다

그리고 이 한 마음을 직접 가리켜 설명하고 있는 어록도 많다. 심부주(心賦註)·심요(心要)·유심결(唯心訣)·진심직설(眞心直說)·무심합도송(無心合道頌)·심왕명(心王銘)·신심명(信心銘)·심명(心銘)·식심명(息心銘)·완주음(玩珠吟)·획주음(獲珠吟)·심주가(心珠歌) 등등 다 열거할 수 없다. 설사 한 물건〔一物〕이라 하더라도 모두가 틀린 소리라는데 왜 이렇게 말이 많은가.

이 단락의 공부는 역력고명(歷歷孤明) 미증흠소(未曾欠少)와 설사일물 즉부중(說似一物 則不中)이다.

여기까지가 시중법문의 전부다. 임제 스님이 학인들에게 들려주고 싶고 당부하고 싶은 가르침이다. 모든 공부인들에게는 이 시중법문이 특효약과 같다. 팔만장경의 정수다. 임제 스님의 사상이니 가풍이니 종풍이니 하는 살림살이가 자세히 녹아있다. 친절하고 자상하다. 천고 만고에 더 덮을 수 없는 주옥 같은 법이다. 시중법문을 남겼기에 오늘날 후손들이 어렵게나마 턱걸이를 해서라도 그 고준한 경지를 엿볼 수 있는 것이다. 굳이 어줍잖은 생각으로 순서를 나눈다면 이 시중법문이 제일이다.

감변 勘辨

감변(勘辨)

강설 감변은 "감정하고 점검하여 분별해 내다, 헤아리고 조사하다."라는 뜻이다. 공부하는 사람들의 수행의 깊고 얕음과 깨달음의 진실과 거짓을 분별하기 위한 문답들이 실려 있다. 흔히 말하는 선문답이다. 법문의 격은 상당법어 이상으로 높이 본다. 온 우주가 전체로 작용하고 무위진인이 활발발하게 활개를 친다. 진도 100의 지진이 일어나고 활화산이 폭발한다. 산하대지가 요동치고 큰 바다가 1000미터 높이로 파도친다. 실제로 지진이 일어나고 화산이 폭발한다는 것이 아니다. 눈에 보이는 산하대지가 요동치고 큰 바다가 파도친다는 것이 아니다. 그것보다도 몇 배 더 큰 사람들의 오온과 육근 육진과 십이처 십팔계가 그렇게 큰 충격을 받고 흔들리고 뒤집히고 찢어지고 부숴지고 무너져 내린다는 뜻이다.

15-1 호랑이 수염을 뽑다

黃檗이 因入廚次에 問飯頭호되 作什麼오 飯頭云, 揀衆僧米니다 黃檗云, 一日喫多少오 飯頭云, 二石五니다 黃壁云, 莫太多麼아 飯頭云, 猶恐少在니다 黃壁便打하다

해석 황벽 스님께서 부엌에 들어갔을 때, 공양주에게 물었다.

"무얼 하느냐?"
"대중스님들이 먹을 쌀을 가리고 있습니다."
"하루에 얼마를 먹느냐?"
"두 섬 닷 말을 먹습니다."
"너무 많지 않느냐?"
"오히려 적을까 싶습니다."
그러자 황벽 스님이 공양주를 때렸다.

강설 이 내용은 임제 스님이 아직은 황벽 스님의 회상에 있을 때 있었던 일이다. 선문답치고는 지나치게 순리로 오고 가는 대화다. "너무 많지 않느냐?" "오히려 적습니다." 그리고 황벽 스님의 매질로 이어지는 거량이다. 마치 물 흐르듯 하여 모르는 사람이 보면 전혀 낌새를 알아차릴 수가 없다. 그러나 폭풍전야 같은 고요 속의 떨림과 두려움이 있다.

飯頭却擧似師한대 師云, 我爲汝勘這老漢호리라 纔到侍立次에 黃蘗擧前話어늘 師云, 飯頭不會하니 請和尙은 代一轉語하소서하고 師便問 莫太多麽아 黃蘗云, 何不道來日에 更喫一頓고 師云, 說什麽來日고 卽今便喫하소서 道了便掌하니 黃蘗云, 這風顚漢이 又來這裏捋虎鬚로다 師便喝하고 出去하니라

해석 공양주가 이 일을 임제 스님에게 말씀드리니,

임제 스님이 "내가 그대를 위해 이 늙은이를 점검해 보리라." 하였다.

그리고는 곧바로 가서 황벽 스님을 뵈오니 황벽 스님이 앞의 이야기를 먼저 하였다.

임제 스님이 황벽 스님께,

"공양주가 알지 못하니 스님께서 대신 한 말씀 하십시오." 하고 물었다.

"너무 많지 않습니까?"

"내일 한 번 더 먹는다고 왜 말하지 못하느냐?"

"무엇 때문에 내일을 말씀하십니까? 지금 잡수십시오." 하고 곧 황벽 스님을 손바닥으로 쳤다.

황벽 스님께서 "이 미친놈이 또 여기 와서 호랑이 수염을 뽑는구나." 하셨다.

그러자 임제 스님이 "할!" 하시고 나가 버렸다.

강설 임제 스님의 전체작용과 대기대용은 기회를 놓치지 않는다. 검객의 고수는 틈을 보이지 않는다. 그리고 상대의 틈을 놓치지 않는다. "내일까지 갈 게 뭐 있소. 지금 이렇게 갓 건져 올린 생선처럼 싱싱할 때 드시지. 그래야 활발발한 무위진인이지요." 황벽은 호랑이지만 그 호랑이의 수염을 뽑는 사람. 그는 뛰는 놈 위에 나는 놈이다. 그 때처럼 오늘도 수염을 뽑힌 호랑이는 마지막 '할'로써 확인 사살까지 당한다.

15-2 도적에게 집을 맡기는 격이다

> 後潙山이 問仰山호되 此二尊宿意作麼生고 仰山云, 和尚作麼生고 潙山云, 養子에 方知父慈니라 仰山云, 不然하니다 潙山云, 子又作麼生고 仰山云, 大似勾賊破家니다

해석 뒷날 위산 스님(771~853)께서 앙산 스님(803~887)에게 물었다.
"이 두 존숙들의 참뜻이 무엇이겠는가?"
"화상께서는 어떻게 생각하십니까?"
"자식을 길러봐야 부모의 사랑을 아는 것이다."
"그렇지 않습니다."
"그럼 그대는 어떻게 보는가?"
"도적을 집에 두었다가 집안을 망쳐 놓은 것과 흡사합니다."

강설 위산 스님과 앙산 스님의 재점검과 평가는 늘 이어진다. 위의 선문답에 대해서 위산 스님은 "자식을 길러봐야 부모의 사랑을 아는 것이다."라고 하였다. 앙산 스님은 "도적을 집에 두었다가 집안을 망쳐 놓은 것과 흡사합니다."라고 하였다. 위산 스님은 순리, 즉 긍정적으로 해석하고 앙산 스님은 역리, 즉 부정적으로 해석하였다. 너저분하게 주해를 단다면 순리와 역리는 표현이 비록 다르지만 불교를 조금만 아는 사람이면 같은 것임을 안다. 쌍차(雙遮 - 부정)는 곧 쌍조(雙照 - 긍정)고 쌍조는 곧 쌍차이기 때문이다. 차조동시(遮

照同時)와 기용제시(機用齊示)를 자유자재로 쓰는 이들은 부정 속에 긍정이 있고 긍정 속에 부정이 있기 때문이다. 이야기가 나온 김에 지팡이는 몸을 의지하는 데도 쓰이고 사람을 치는 데도 쓰인다. 물에 비친 달과 같이 실재하지 않는 도량(道場)이지만 우리는 열심히 건립한다. 그리고 거기서 산다. 환화(幻化)인 공양거리를 불상 앞에 열심히 올린다. 일체 법이 중도 아닌 것이 없다. 양변을 떠나기도 하고 양변을 수용하기도 하는 것을 이렇게 설명해야 한다.

16 스님 셋을 후려치다

> 師問僧호되 什麼處來오 僧便喝이어늘 師便揖坐하니 僧擬議라 師便打하다 師見僧來하고 便竪起拂子하니 僧禮拜한대 師便打하니라 又見僧來하고 亦竪起拂子하니 僧不顧어늘 師亦打하니라

해석 임제 스님이 한 스님에게
"어디서 오는가?"라고 물었다.
 그 스님이 "할!"을 하였다. 임제 스님이 허리를 공손히 굽히며 앉게 하였다. 그러자 그 스님이 머뭇거리므로 그대로 후려쳤다.
 임제 스님이 한 스님이 오는 것을 보고 곧 불자를 세우시니, 그 스님이 절을 하였다. 임제 스님은 그대로 후려쳤다.
 또 한 스님이 오는 것을 보고 마찬가지로 불자를 세우시니, 그 스님이 본 체도 하지 않았는데 임제 스님이 이번에도 후려쳤다.

강설 깡패다. 3천년 불교역사에서 제일 무서운 깡패다. 차별도 없이 그대로 모두를 후려친다. 스승인 황벽도 수차례 얻어맞았다. 임제가풍은 근기의 상하를 따지지 않는다. 안목이 있고 없고를 따지지 않는다. 첫 번째 스님은 머뭇거렸기 때문에 그렇다 치고 두 번째 스님은 맞을 일이 아니다. 그리고 세 번째 스님은 오히려 임제를 먼저 한 주먹 먹인 격인데 그것도 아랑곳없다. 선방에 와서 3년 되던 해에 황벽 스님에게 세 번에 걸쳐 60대를 호되게 얻어맞은 분풀이로 오해하게 한다. 나는 그렇게 오해하겠다. 그러나 그 때의 그 삼도발문(三度發問)에 삼도피타(三度被打)한 그 일이 자신의 가풍이 될 줄은 임제 자신도 몰랐을 것이다.

17 나를 위해 그만 두시오

師見普化하고 乃云, 我在南方하야 馳書到潙山時에 知儞先在此住하야 待我來하니라 乃我來하야 得汝佐贊이라 我今에 欲建立黃檗宗旨하노니 汝切須爲我成褫하라 普化珍重下去하다 克符後至어늘 師亦如是道하니 符亦珍重下去하니라 三日後에 普化却上問訊云, 和尙前日에 道甚麽오 師拈棒便打下하다 又三日에 克符亦上하야 問訊乃問호되 和尙이 前日打普化하니 作什麽오 師亦拈棒打下하니라

해석 임제 스님이 보화 스님에게 말했다.

"내가 남방에 있으면서 황벽 스님의 편지를 전하려고 위산에 도착했을 때 그대가 먼저 이곳에 와서 내가 오기를 기다리고 있다는 사실을 알았소. 그래서 내가 이곳에 와서 그대의 도움을 받았습니다. 내가 이제 황벽의 종지를 세우고자 하니 그대는 반드시 나를 위해서 도와주시오."

보화 스님은 인사를 하고 내려갔다.

뒤에 극부 스님이 오자 임제 스님은 보화 스님에게 한 말과 똑같이 말했다. 극부 스님 역시 인사를 하고 내려갔다.

삼일 후에 보화 스님은 다시 올라와서 인사를 하고는 말했다.

"스님이 지난 날 무슨 말을 했지요?"

임제 스님은 주장자를 들고서 곧 내리쳤다.

또 삼일 후에 극부 스님이 올라와서 인사를 하고 물었다.

"스님은 전날 보화 스님을 주장자로 내리쳤다고 하는데 어떻게 된 일입니까?"

임제 스님은 역시 주장자로 내리쳤다.

강설 이 단락은 다른 본에는 없다. 한데 매우 위험스런 선문답이다. 처음 임제원에 주석하기로 하면서 주고받은 대화다. 이하는 모두가 임제원에서 있었던 일이다. 상대인 보화 스님은 상세한 전기도 없다. 그러나 이상한 기행을 많이 하면서 임제 스님의 교화를 돕는다. 그가 맡은 역할이 너무 파격적이고 기상천외한 일들이 많다. 출격장부인 천하의 임제도 혀를 내두른다. 임제가 뛴다면 그는 난다. 처음부터가 좀 이상하다. 임제 스님이 이곳에 올 줄 알고 임제원에 먼저 와 있었다. 그런데 임제 스님은 "그대는 나를 돕기 위해서 이곳에 왔고 그리고 잘 도왔소. 이제부터 황벽의 종지를 드날리려하니 당신은 이제 나를 잘 도와주시오." 그러자 보화 스님은 인사를 하고 내려갔다.

또 한 사람 극부 스님이 있었다. 그분도 보화 스님과 같은 역할을 하는 분이다. 그래서 임제 스님은 극부 스님에게도 보화 스님에게 한 말과 똑같은 말을 했다. 그리고 극부 스님도 보화 스님처럼 내려갔다. 삼일 후에 보화 스님이 확인하려는 뜻에서인지 임제 스님에게 와서 "전 날 나에게 무어라 했소?"라고 했더니 임제 스님은 주장자로 내리쳤다. 또 삼일 후에 극부 스님이 보화 스님에게 한 일을 따져 물었다. 그랬더니 역시 주장자로 내리쳤다.

우리로서는 참으로 위험천만한 선문답이다. 처음부터 이렇게 파격적으로 시작한 조연 역할은 끝까지 그렇게 이어졌다. 아무튼 임제 스님의 교화활동에는 보화라는 걸출한 조연자가 있어서 더욱 빛을 발하게 된다. 보화 스님이 없는 임제의 전체작용은 그 빛이 반으로 감했으리라.

18-1 너무 과격하다

師 一日에 同普化하야 赴施主家齋次에 師問, 毛吞巨海하고 芥納須彌하니 爲是神通妙用가 本體如然가 普化 踏倒飯牀한대 師云, 太麤生이로다 普化云, 這裏是什麼 所在관대 說麤說細오.

해석　임제 스님이 하루는 보화 스님과 함께 시주의 집에서 재를 올리는데 참석하였다. 보화 스님에게 물었다.

"터럭 하나가 온 바다를 삼키고 겨자씨 한 알에 수미산을 담는다 하는데 이것은 신통묘용인가? 아니면 근본 바탕이 그렇기 때문인가?"

그러자 보화 스님이 공양을 차린 상을 걷어차 엎어버렸다.

임제 스님이 "너무 과격하구나!" 하니 보화 스님이 "여기가 무엇을 하는 곳이길래 과격하다 점잖다 하십니까?" 하였다.

강설　터럭 하나가 온 바다를 삼키고 겨자씨 한 알에 수미산을 담는 것은 너무나 평범한 일이거늘 임제는 그것이 신통묘용인가? 아니면 본래 자체가 그러한가? 하고 물었다. 무위진인의 활발발한 작용을 하고 싶어서 몸살이 난 보화가 물을 만났다. 한 번 난 바람은 쉽게 잦아들지 않는다. 다음날까지 그 지진은 계속된다. 그 지진의 진도는 100이다. 임제는 어느 바람결에 날아갔는지 모른다.

18-2 혀를 내두르다

> 師來日에 又同普化赴齋하야 問, 今日供養이 何似昨日고 普化依前踏倒飯牀한대 師云, 得即得이나 太麤生이로다 普化云, 瞎漢아 佛法說什麼麤細오 師乃吐舌하니라

해석　임제 스님이 다음날 또 보화 스님과 함께 재에 참석하여 물

었다. "오늘 공양이 왜 어제하고 같은가?"

보화 스님이 전날과 마찬가지로 공양 상을 발로 차 엎어버렸다.

임제 스님이 말하기를, "옳다면 옳은 일지만 너무 과격하다." 하였다.

보화 스님이, "이 눈 먼 사람아! 불법에 대해 무슨 과격하다 점잖다 하는가?" 하였다.

임제 스님이 혀를 내둘렀다.

강설 천하의 임제도 혀를 내두른 사건이다. 보화 스님이 아니면 인류 역사상 아무도 할 수 없는 일이다. 하늘이 무너지고 대지가 찢어지는 광경이다. 태평양이 천길 만길 솟고 히말라야가 땅 속으로 꺼져버린 일이다. 임제가 처음 황벽 스님에게 세 번이나 불법의 대의를 물으러 갔다가 세 번이나 신나게 얻어맞고 엉뚱하게도 대우 스님의 옆구리를 세 번 쥐어박은 사실이다. 이렇게 해도 불법을 모를까? 이와 같이 천지가 뒤집히고도 도를 못 통한단 말인가? 불법에 무슨 과격하다 점잖다가 있는가? 이 사건은 억만의 불조들이 보여준 기경(機境) 중에서 최고로 멋진 모습이다. 이 단락은 팔만장경 가운데서 가장 빼어난 장면이다.

19 범부인가 성인인가

師一日에 與河陽과 木塔長老로 同在僧堂地爐內坐하야 因說普化每日에 在街市하야 掣風掣顚하니 知他是凡是

> 聖가 言猶未了에 普化入來어늘 師便問, 汝是凡是聖가 普化云, 汝且道하라 我是凡是聖가 師便喝하니 普化以手指云, 河陽新婦子요 木塔老婆禪이요 臨濟小厮兒라 却具一隻眼이로다 師云, 這賊아 普化云, 賊賊하고 便出去하다

해석 임제 스님이 하루는 하양 장로와 목탑 장로와 함께 승당에 있는 화로 가에서 불을 쬐고 있다가 보화 스님의 이야기를 하였다.

"보화가 매일 길거리에서 미치광이 짓을 하는데 도대체 그가 범부인가요, 성인인가요?"

말이 끝나기도 전에 보화 스님이 들어오자 임제 스님이 보화 스님에게 바로 물었다.

"그대는 범부인가, 성인인가?"

"그대가 먼저 말씀해 보시오. 내가 범부입니까? 성인입니까?"

임제 스님이 "할!"을 하니 보화 스님이 손으로 사람들을 가리키면서, "하양은 새색시이고, 목탑은 노파선인데, 임제는 어린 종이다. 그러나 각각 한 개의 눈을 갖추었다." 하였다.

임제 스님이 "야 이 도적놈아!" 하자, 보화 스님이 "도적을 도적질 한 놈아!" 하면서 나가 버렸다.

강설 성인인지 범부인지는 그만두고 역시 보화가 한 수 위다. 임제는 도적을 도적질한 대단한 도적이지만 그것을 간파해버린 보화는 뛰는 놈 위의 나는 놈이다. 그리고 보화 스님이 세 화상을 평한 말을 들어보라. 그들의 인생이다. 얼마나 멋있는가. 간소(簡素)하

다. 고고(枯槁)하다. 유현(幽玄)하다. 자연(自然)하다. 적정(寂靜)하다. 이것이 선이다. 멋의 극치다. 인간이 이르러 갈 수 있는 최고의 경지다.

새색시란 그 견해가 여리고 부드러운 것이 막 돋아나는 새순 같다. 노파선이란 친절하고 알뜰하여 거친 기개가 전혀 없다. 어린 종이란 서툴지만 매우 신선하고 가능성이 많은 느낌을 준다.

20 당나귀 한 마리

一日은 普化在僧堂前하야 喫生菜어늘 師見云, 大似一頭驢로다 普化便作驢鳴한대 師云, 這賊아 普化云 賊賊하고 便出去하니라

해석 하루는 보화 스님이 승당 앞에서 생야채를 먹고 있으니 임제 스님이 보시고, "꼭 한 마리의 당나귀 같구나." 하셨다.
　보화 스님이 곧바로 당나귀 울음소리를 내니 임제 스님이 "야 이 도적놈아!" 하였다.
　보화 스님이 "도적을 도적질한 놈아!" 하면서 나가버렸다.

강설 멋지다. 깔끔하다. 기가 막힌다. 선문답치고는 최고다. 보화는 임제보다 언제나 한 수 위다. 그래서 더 멋지다. 조연의 연기가 주연의 연기보다 훨씬 더 근사하다. 자신보다 더 훌륭한 사람과 함께하면서 자신의 교화활동을 돕게 하는 그 사람 임제를 우리는 또

어떻게 보아야 할는지. 자고로 뛰어난 사람은 자신보다 더 뛰어난 사람을 곁에 두고 활용할 줄 아는 사람이다. 유비와 제갈량의 관계가 그 좋은 예다. 철강 왕 앤드류 카네기의 묘비명이 생각난다. "자신보다 현명한 인물을 주변에 모이게 하는 법을 터득한 자가 이곳에 잠들다." 그도 참으로 대단한 사람이었다.

보화 스님은 스스로 당나귀가 되었다. 그에게 싫어하거나 꺼리거나 물리쳐야 할 법이라고는 아예 없다. 그것이 보화 스님의 특징이다. 이 문답에서 잘 나타나 있다.

21 나는 처음부터 그를 의심하였다

因普化가 常於街市搖鈴云, 明頭來明頭打하고 暗頭來暗頭打하며 四方八面來旋風打하고 虛空來連架打하노라 師令侍者去하야 纔見如是道하고 便把住云, 總不與麼來時如何오 普化托開云, 來日에 大悲院裏有齋니라 侍者回擧似師한대 師云, 我從來로 疑著這漢이로다

해석 보화 스님은 항상 거리에서 요령을 흔들며 말하였다.

"밝음으로 오면 밝음으로 치고, 어두움으로 오면 어두움으로 치며, 사방 팔면으로 오면 회오리바람처럼 치고, 허공으로 오면 도리깨질로 연거푸 친다."

임제 스님이 시자를 보내며 "보화 스님이 그렇게 말하는 것을 보면 바로 멱살을 움켜잡고 '아무 것도 오지 않을 때는 어찌하십니

까?' 하고 물어 보라." 하였다.
 그대로 하자 보화 스님은 시자를 밀쳐 버리면서,
 "내일 대비원에서 재가 있느니라."고 하였다.
 시자가 돌아와 말씀드리니 임제 스님이 말씀하였다.
 "나는 벌써부터 그를 의심해 왔다."

강설 명두래 명두타(明頭來 明頭打) 암두래 암두타(暗頭來 暗頭打)는 아주 유명한 선어다. 밝음이란 세상에 공용(功用)도 있고 부처도 있고 중생도 있다는 의미다. 어두움이란 공용이 없고 부처도 없고 중생도 없다는 의미다. 사람이 살아가는 일상사에서부터 노병사의 문제에 이르기까지 어떤 상황에서 어떤 문제가 일어나더라도 자연스럽고 적절하게 그리고 능수능란하게 대처한다. 부처와 조사와 보살과 아라한의 문제라 하더라도, 여래선과 조사선과 향상일로의 문제라 하더라도 누워서 떡 먹듯이 해결한다. 천차만별의 일천칠백 공안뿐만 아니라 일만 칠천 공안이라 하더라도 식은 죽 먹기다.
 "아무런 일이 없고 어떤 문제도 일어나지 않으면 어떻게 하겠는가?" 이것은 가히 천길 벼랑에서 사람을 밀어뜨리는 소식이다. 어떻게 감당하는가 다음을 보라.
 "내일 대비원에 재가 있단다. 재 지내는 데 가서 잿밥이나 얻어 먹자." 캬! 이 자리는 불불 조조가 숨을 쉬지 못하고 천하 노화상들이 벌린 입을 다물지 못하는 자리다.
 임제 스님이 그를 의심했다는 말은 보화 스님의 견처(見處)와 그가 법을 거량하는 것이 자신을 훨씬 능가하는 대단한 스님으로 생각하고 있었다는 뜻이다. 누구도 따를 수 없고 가늠할 수도 없는 신묘불측(神妙不測)한 경지의 사람이라는 것이다.

22-1 한 노스님을 점검하다

> 有一老宿이 參師할새 未曾人事하고 便問, 禮拜卽是아 不禮拜卽是아 師便喝한대 老宿便禮拜라 師云, 好箇草賊이로다 老宿云, 賊賊하고 便出去하니 師云, 莫道無事好니라

해석 어떤 한 노스님이 임제 스님을 찾아뵙고 인사도 나누기 전에 "절을 해야겠습니까. 절을 하지 않아야겠습니까?"라고 물었다.
 임제 스님이 곧 "할!"을 하므로 그 노스님이 곧바로 절을 하였다. 임제 스님이 "정말 좀도둑이로다." 하였다.
 그러자 노스님이 "도둑을 도둑질하는 놈." 하고 나가버렸다.
 임제 스님이 "무사한 것이 좋다고 말하지 말라."고 하였다.

강설 매우 깔끔한 선문답이다. 떠나버린 그 노스님이 아쉬워서 "나에게 한 방 먹이고 그렇게 무사히 벗어났다고 꼭 좋은 것은 아니다."라고 여운을 남겼다. 마치 작은 도적이 큰 물건을 훔치려다 일을 망쳐버린 듯한 느낌이다.

22-2 수좌를 점검하다

> 首座侍立次에 師云, 還有過也無아 首座云, 有니라 師云, 賓家有過아 主家有過아 首座云, 二俱有過니라 師云, 過在什麼處오 首座便出去하니 師云, 莫道無事好니라 後有僧擧似南泉한대 南泉云, 官馬相踏이로다

해석 임제 스님이 옆에서 모시고 서 있는 수좌에게 물었다.
"허물이 있는가? 없는가?" "예. 허물이 있습니다."
"손님 쪽에 있는가? 주인 쪽에 있는가?" "두 쪽에 다 있습니다."
"허물이 어디에 있는가?"
수좌가 그냥 나가 버리니 임제 스님이 말씀하였다.
"무사한 것이 좋다고 말하지 말라."
뒤에 어떤 스님이 이 일을 남전 스님에게 말씀드리니 남전 스님께서 "관군들의 말끼리 서로 차고 밟는 격이다." 하였다.

강설 임제 스님의 법을 훔쳐 본 앞의 한 노스님이 도적이라면 임제 스님과 수좌는 그 도적을 잡으려는 관군이다. 그런데 어떻게 하다가 도적은 어디로 가고 관군들의 말끼리 서로 부딪히면서 차고 밟는 격이 되어 버렸다. 공연히 자기들끼리 허물이 있느니 없느니 하면서 티격태격하다가 그만 남전 스님에게 들켜버렸다. 남전 스님의 평이 좋다. 떠나버린 노스님이 임제 스님에겐 웬지 좀 아쉬웠던 것 같다. 앞에서도 여기에서도 "무사한 것이 좋다고 말하지 말라."라고 여운을 남겼다.

23 한낱 나무토막이로다

> 師 因入軍營赴齋할새 門首에 見員僚하고 師指露柱問호
> 대 是凡是聖가 員僚無語어늘 師打露柱云, 直饒道得이
> 라도 也祇是箇木橛이라하고 便入去하니라

임제 스님이 군부대에 재가 있어서 초대를 받아 갔을 때다. 문 앞에서 군인을 만나자 천막 기둥을 가리키며 물었다.
"이것이 범부인가? 성인인가?"
군인이 아무런 대꾸가 없자 스님께서 기둥을 두드리며,
"설사 잘 대답했더라도 다만 한낱 나무토막일 뿐이다." 하고는 곧 들어가 버렸다.

강설 장난꾼 임제여, 군 막사에서 경비를 서는 졸병에게 그 무슨 해괴망측한 짓인가. 달마를 모르는 어느 시골 아낙에게 달마 불식(不識)의 도리를 열심히 설파하던 어느 도반이 생각난다. 군인도 임제도, 도반도 아낙도 모두가 한낱 나무토막이로다. 이곳에 이르러서는 나 또한 한낱 나무토막이로다.

24 원주와 별좌를 점검하다

> 師 問院主 什麽處來오 主云, 州中糶黃米去來니다 師
> 云, 糶得盡麽아 主云, 糶得盡이니다 師以杖으로 面前에

> 畵一畵云, 還糶得這箇麼아 主便喝한대 師便打하다 典座至어늘 師擧前話한대 典座云, 院主不會和尙意니다 師云, 儞作麼生고 典座便禮拜한대 師亦打하니라

해석 임제 스님이 원주에게 물었다.
"어디 갔다 오느냐?" "시내에 쌀을 사러 갔다 옵니다."
"그래 다 사왔느냐?" "예, 다 사왔습니다."
임제 스님이 지팡이로 원주의 앞에다 한 획을 그으면서
"그래, 이것도 살 수 있느냐?" 하였다.
원주가 곧 "할!"을 하므로 임제 스님이 그대로 후려 갈겼다.
별좌가 오자 임제 스님이 앞의 이야기를 들려주니,
별좌가 "원주가 큰스님의 뜻을 몰랐습니다." 하였다.
"그럼 네 생각은 어떠냐?" 하시니 별좌가 절을 하였다.
임제 스님은 그에게도 역시 후려쳤다.

강설 조실과 원주, 별좌, 참 잘 모였다. 옛날에는 아니 임제 스님 당시에는 원주, 별좌, 공양주 같은 소임을 보는 사람은 모두 한 소식을 한 사람들이었다. 수행하는 대중들의 시중을 드는 소임은 아무나 할 수 있는 것이 아니기 때문이다. 그래서 조실은 원주를 점검하고 다시 별좌를 점검하였다. 모두가 합격점이다. 소임 때문에 미혹할 사람들도 아니지만 그래도 조실이 가끔은 이렇게 점검을 하는 것이 관례였다. 원주의 소임과 선문답의 소재가 너무나 절묘하다. 숨이 막힐 지경이다.

25-1 강사를 점검하다

> 有座主하야 來相看次에 師問, 座主야 講何經論고 主云, 某甲荒虛하야 粗習百法論이니다 師云, 有一人은 於三乘十二分敎에 明得하고 有一人은 於三乘十二分敎에 明不得하니 是同是別가 主云, 明得卽同이요 明不得卽別이니다

해석 어떤 강사스님이 있어서 서로 인사를 나눌 때 임제 스님이 "강사스님은 무슨 경론을 강의하는가?"라고 물으니,
"저는 아는 것이 모자랍니다. 그저 백법론을 조금 익혔을 뿐입니다." 하였다.
임제 스님이 "한 사람은 삼승 십이분교에 통달하였고, 한 사람은 삼승 십이분교에 통달하지 못하였다면 같은가? 다른가?" 하시니,
강사스님이 "통달했다면 같겠지만 통달하지 못했다면 다릅니다."라고 하였다.

강설 소위 성불을 한 사람과 성불을 하지 못한 사람도 같다. 깨달은 사람과 깨닫지 못한 사람도 같다. 같다는 이치를 아는 사람과 같다는 이치를 모르는 사람도 같다. 팔만대장경을 아는 사람과 팔만대장경을 모르는 사람도 같다. 강사스님, 삼승십이분교를 알아도 같고 몰라도 같습니다.
그러나 같은 것을 이렇게 같다고 표현한 것은 정말 재미없는 일입니다. 죄송합니다. 임제 스님이 나에게 물었으면 손이나 한 번

흔들어 보이면서 "같습니까? 다릅니까?" 했을 텐데.

25-2 시자를 점검하다

> 樂普爲侍者하야 在師後立云, 座主야 這裏是什麼所在관대 說同說別고 師回首問侍者호대 汝又作麼生고 侍者便喝하다 師送座主回來하야 遂問侍者호되 適來是汝喝老僧가 侍者云, 是니다 師便打하니라

해석 낙보 스님이 시자로 있었는데 임제 스님의 뒤에 서 있다가 "강사스님께서는 여기가 어디라고 같다느니 다르다느니 하십니까?" 하였다.
 임제 스님이 시자를 돌아보시며 "그래 너는 어떻다고 보느냐?"라고 물으니, 시자가 곧 "할!"을 하였다.
 임제 스님이 강사스님을 보내고 돌아와서 낙보 스님에게 "조금 전에 나에게 '할'을 하였느냐?"라고 물었다.
 "예, 그렇습니다." 하니 그대로 후려쳤다.

강설 임제의 점검에 시자가 '할'로써 대하였다. 그 가풍을 잘도 이어받은 셈이다. 하지만 백전노장인 임제의 마수에 시자는 걸려들었다. 강사스님을 보내고 나서 느긋하게 시자를 다시 점검하고 한 방을 내리는 그 노련함이 징그러울 정도로 돋보인다. 특유의 전광석화는 간데없고 한 여름 낮에 큰 구렁이가 담을 넘어가는 듯하다.

26 덕산 스님을 점검하다

師聞, 第二代德山이 垂示云, 道得也三十棒이요 道不得也三十棒이니라 師令樂普去問호되 道得爲什麼하야 也三十棒고 待伊打汝하야 接住棒送一送하야 看他作麼生하라 普到彼하야 如敎而問한대 德山便打어늘 普接住送一送하니 德山便歸方丈이라 普回擧似師한대 師云, 我從來로 疑著這漢이로다 雖然如是나 汝還見德山麼아 普擬議하니 師便打하다

해석 임제 스님은 제2대 덕산 스님이 대중에게 법문을 하면서 "대답을 해도 30방, 대답을 못해도 30방이다."라고 한다는 소문을 들었다. 시자로 있던 낙보 스님을 보내면서, "대답을 했는데 어찌하여 몽둥이 30방입니까? 라고 물어보아라. 그가 만약 너를 때리면 그 몽둥이를 잡아 던져버려라. 그리고 그가 어찌 하는가를 보아라."라고 시켰다.

낙보 스님이 그 곳에 도착하여 시킨 대로 물으니, 덕산 스님이 곧 후려치므로 몽둥이를 붙잡고 던져버리니 덕산 스님이 곧 방장실로 돌아가 버렸다. 낙보 스님이 돌아와 임제 스님께 그대로 말씀드리니,

"나는 이전부터 그 자를 의심하고 있었다. 그건 그렇다치고 너는 덕산을 보았는가?"

낙보 스님이 머뭇거리자 임제 스님이 곧 후려쳐버렸다.

강설 낙보 스님이 대신해서 점검해본 덕산은 역시 듣던 대로다. 대단한 인물임에 틀림없다. 덕산이 누군가. 천하에 임제를 안다면 덕산이 있다는 사실도 알아야 한다. 단하산에 가면 이런 말이 있다. "천하에 계림이 있는 줄 아는 사람은 여기에 단하산이 있다는 사실을 모르면 안 된다." 닭을 쫓던 개가 되어버린 임제는 죄 없는 낙보 스님만 다그친다. 그리고는 으레 따르는 한 방을 내린다.

시자를 대신해서 점검하는 예는 허다히 있는 일이다. 시자가 눈이 밝다면 얼마든지 가능한 일이다. 마조(馬祖) 스님이 대매법상(大梅法常)을 점검한 일도 그와 같다. 마조에게 지금 이 마음이 곧 부처[卽心是佛]라는 말을 들은 법상은 그것으로 훌륭하다는 신념으로 대매산에 들어가서 홀로 살았다.

마조 스님이 하루는 법상이 생각이 나서 시자를 보내어 점검하게 했다. 시자를 맞이한 법상은 "나는 지금 이 마음이 부처라는 신념으로 삽니다."라고 하니까 시자는 "요즘 마조 스님은 그렇지가 않습니다. 마음도 아니고 부처도 아니라[非心非佛]고 합니다." "그 노장이야 그렇게 하든 말든 나는 지금 이 마음이 부처일세."라고 했다. 시자가 그대로 가서 마조 스님에게 말씀드리니 마조 스님이 "대매산(大梅山)의 매실이 어지간히 익었구나."라고 하였다.

대혜(大慧) 스님도 시자를 시켜 공부하는 사람들을 찾아다니면서 편지를 전하기도 하고 직접 점검도 하고 지도도 하면서 교화한 사실이 서장(書狀)에 나타나 있다.

27 왕상시를 점검하다

> 王常侍가 一日訪師하야 同師於僧堂前看할새 乃問這一堂僧이 還看經麼아 師云, 不看經이니라 侍云, 還學禪麼아 師云, 不學禪이니라 侍云, 經又不看하며 禪又不學하고 畢竟作箇什麽오 師云, 總教伊成佛作祖去니라 侍云, 金屑雖貴나 落眼成翳하니 又作麼生고 師云, 將爲儞是箇俗漢이로다

해석 하루는 왕상시가 방문하여 승당 앞에서 임제 스님을 뵙고 여쭈었다. "이 승당에 계시는 스님들은 경을 보십니까?"
"경을 보지 않습니다."
"그렇다면 선을 배우십니까?" "선도 배우지 않습니다."
"경도 보지 않고 선도 배우지 않는다면 결국 무얼 하십니까?"
"모든 사람들이 다 부처가 되고 조사가 되게 합니다."
"금가루가 비록 귀하기는 하나 눈에 들어가면 병이 된다 하는데 어떻게 생각하십니까?" "그대를 일개 속인으로만 여겼느니라."

강설 대단한 왕상시다. 임제 스님을 알아보고 큰 절에 모시어 마음껏 법석을 펴게 하였다. 그리고 자주 찾아가서 법을 논하였다. 또 하북부의 부중에 모시어 법을 선양하게도 하였다. 자신뿐만 아니라 자신의 지위를 활용하여 수많은 사람들을 법석에 인연을 맺게 하였다. 법안(法眼)이 밝고 불법에 대한 신념이 하늘을 찌르는 사람이다. 평생에 이와 같은 사람을 만나면 모든 문제가 해결된다.

큰 힘이다. 선지식이 교화를 펴는 데는 시주의 인연, 외호의 인연, 도의 인연, 납자의 인연, 토지의 인연 이렇게 다섯 가지의 인연이 잘 갖추어져야 한다고 하였다. 임제 스님은 왕상시를 얻음으로써 그 모든 조건이 충족되어 한 평생 교화활동에 아무런 어려움이 없었다.

왕상시가 있으므로 임제 스님은 더욱 빛이 났다. 왕상시의 공덕은 참으로 만대에 뻗쳐있다고 하겠다. 법을 거량하는 소재도 왕상시에게 딱 어울리는 내용이다. 수행하는 데 모든 조건을 제공하여 부족함이 없도록 외호하였다. 그런데 그 외호를 받고 승당에 앉아 무엇들을 하는가? 이렇게 시작하여 스스로 점검을 잘 받은 것이다. 임제 스님이 예상한 대로 왕상시는 평범한 사람이 아니다. 임제록을 편찬한 이는 교묘하게 왕상시의 역할과 그의 안목을 드러내었다. 그리고 왕상시에 대한 은혜를 갚는 일이기도 하다. 아무튼 그는 합격점을 받았다.

28 행산 스님을 점검하다

師問杏山, 如何是露地白牛오 山云, 吽吽한대 師云, 啞那아 山云, 長老作麼生고 師云, 這畜生아하니라

해석 임제 스님이 행산 스님에게 물었다.
"무엇이 넓은 땅의 흰 소입니까?"
"음매에, 음매에!" 하자, "벙어리냐?" 하셨다.

"장로께서는 어떻게 하십니까?" 하니 "이놈의 축생아!" 하셨다.

강설 흰 소는 일불승(一佛乘)을 뜻한다. 그러므로 그 질문은 "무엇이 부처입니까?"가 된다. 그렇다. 소의 모습 그대로 부처이다. 산하대지와 삼라만상 그대로가 부처인데 부처가 아닌 것이 무엇이랴? 그러나 부처라는 속뜻은 숨고 축생들만 날뛴다. 동도(同道)라야 가지(可知)라는 말이 있다. 두 스님이 약속이나 한 듯이 관중들을 희롱하고 있다. 무대가 좋아서 점검하는 일은 그쯤으로 해 두었다. 천 이백 육십 년 뒤에 그 틈을 엿보는 것은 임제도 몰랐을 거다.

29 낙보 스님을 점검하다

師問樂普云, 從上來로 一人行棒하고 一人行喝하니 阿那箇親고 普云, 總不親이니다 師云, 親處作麼生고 普便喝하니 師乃打하다

해석 임제 스님이 낙보 스님에게 물었다.
"예로부터 한 사람은 방을 쓰고 한 사람은 할을 썼는데 누가 친절한가?"
"둘 다 친절하지 못합니다."
"그럼 친절한 것은 어떤 것인가?"
낙보 스님이 "할!"을 하자 임제 스님이 후려쳤다.

강설 임제 스님이 황벽 스님에게 불법의 대의를 물으러 갔다가 세 번에 걸쳐 60방망이나 얻어맞고 대우 스님에게 가서 호소하였더니 "황벽 스님이 그렇게도 노파심절로 친절하였거늘 여기까지 와서 하소연을 하는가?"라는 말을 듣고 크게 깨달았다. 아마도 그 생각이 나서 친절을 가지고 점검해 본 것이리라. 그래서 후생들에게 확실한 교훈을 남기려는 뜻이었는지도 모른다.

30 어떤 스님을 점검하다

師見僧來하고 展開兩手한대 僧無語어늘 師云會麼아 云不會니다 師云, 渾崙擘不開하니 與汝兩文錢하노라

해석 임제 스님이 어떤 스님이 오는 것을 보고 두 손을 펼쳐 보였다. 그 스님이 아무런 대꾸가 없으므로 "알겠는가?" 하시니,
"모르겠습니다." 하므로, "곤륜산을 쪼갤 수 없으니 그대에게 돈이나 두어 푼 주겠노라." 하셨다.

강설 중생들의 미혹의 두께가 어찌 곤륜산과 같겠는가? 이 지구의 두께보다도 더 두꺼울지 모른다. 임제의 청룡도로도 쪼갤 수가 없구나. 나도 헛수고요, 그대도 헛수고로다. 차라리 돈이나 두어 푼 줘서 신발값에나 보태쓰게 할 뿐이로다. 쓸데없이 돌아다니느라 신만 닳았으니 말이다.

31 도반인 대각 스님이 방문하다

> 大覺到參에 師擧起拂子하니 大覺敷坐具라 師擲下拂子한대 大覺收坐具하고 入僧堂하다 衆僧云, 這僧은 莫是和尙親故아 不禮拜하고 又不喫棒이로다 師聞令喚覺하니 覺出이라 師云, 大衆道호되 汝未參長老라 覺云, 不審하고 便自歸衆하니라

해석 대각 스님이 와서 뵈었다. 임제 스님이 불자를 세우니 대각 스님이 좌구를 폈다. 임제 스님이 불자를 던져버리니 대각 스님이 좌구를 거두어 승당으로 들어가 버렸다.

 대중스님들이 "이 스님은 큰스님의 친구이신가. 절도 안 하고 또 얻어맞지도 않는구나." 하였다. 임제 스님이 이 말을 듣고 대각 스님을 불러오게 하였다. 대각 스님이 나오자, "대중들이 말하기를 그대는 나를 아직 참례하지 않았다고 하네." 하였다. 그러자 대각 스님이 "안녕하십니까?" 하고는 곧 대중 속으로 돌아가 버렸다.

강설 좀 싱겁긴 해도 웃음이 나오는 한 폭의 좋은 그림이다. 그런데 여기서는 대중들이 점검을 받았다. 이 법을 점검하는 것은 본래 대중을 상대로 할 수 있는 것이 아니다. 오직 일대 일로 이루어진다. 혹 도가 같은 사람이 곁에 있을 때는 함께 동참한다. 하지만 대중들이 등장하는 것은 처음이다.

32 조주 스님이 방문하다

> 趙州行脚時에 參師할새 遇師洗脚次하야 州便問, 如何是祖師西來意오 師云, 恰値老僧洗脚이로다 州近前作聽勢어늘 師云, 更要第二杓惡水潑在니라 州便下去하다

해석 조주 스님이 행각할 때 선사를 찾아뵈었다. 그 때 발을 씻고 있었는데 조주 스님이 물었다.
"조사께서 서쪽에서 오신 뜻이 무엇입니까?"
"마침 내가 발을 씻고 있는 중이오."
조주 스님이 앞으로 다가가 귀를 기울여 듣는 시늉을 하자,
"다시 또 두 번째 구정물 세례를 퍼부어야겠군요." 하였다.
그러자 조주 스님은 곧 내려가 버렸다.

강설 천하의 임제도 차마 조주에게 발을 씻던 구정물을 바로 퍼붓지는 못했다. 말로만 퍼붓고 말았다. 만약 이 자리에 보화가 있었더라면 어떠했을까? 이 좋은 기회를 그냥 지나칠 수 있었을까? 그래서 임제 스님은 한 회상의 지도자가 되고 보화 스님은 조연 역할을 하는 것이다. 보화 스님은 법을 쓰는 것이 과도해서 대중성이 없다. 그러나 임제 스님은 법을 쓰는 데 완급과 강약의 조절이 가능한 사람이다. 그래서 지도자가 될 수 있었다.

33 정상좌가 크게 깨닫다

> 有定上座하야 到參問, 如何是佛法大意오 師下繩床하야 擒住與一掌하고 便托開하니 定佇立이라 傍僧云, 定上座야 何不禮拜오 定方禮拜에 忽然大悟하니라

해석 정상좌(定上座)가 임제 스님을 뵙고 "무엇이 불법의 대의입니까?"라고 물으니, 임제 스님이 자리에서 내려와 멱살을 움켜쥐고 한 대 후려갈기며 밀쳐버렸다. 정상좌가 멍하여 우두커니 서 있으니 곁에 있던 스님이 말하였다.

"정 상좌여! 왜 절을 올리지 않는가?"

정상좌가 절을 하려는 순간 홀연히 크게 깨달았다.

강설 무엇이 불법의 대의인가?라는 질문은 임제 스님이 가장 원수처럼 여기는 것이다. 이 질문을 황벽 스님에게 했다가 실컷 얻어맞았기 때문이다. 그런데 인생 문제에 관심이 있는 사람들은 모두 이 의문을 가지고 있다. 그리고 불교에 뜻이 있는 사람들은 역시 이 의문을 가지고 있다. 모든 불교인들의 천형과 같은 의문이다. 얻어맞을 때 얻어맞더라도 안 가질 수 없는 의문이다. 석가세존으로부터 역대 조사들이 모두 그 소중한 인생을 바쳐 찾고 궁구하였던 문제이기 때문이다.

착하고 순수하고 진실하고 성실하고 열심히 정진하는 정상좌가 임제 스님에게 이 질문을 하였다. 제대로 임자를 만난 것이다. 이 질문을 마치 몇 십 년을 기다리기라도 한 사람처럼 대뜸 멱살을 잡

고 후려갈기며 또 밀쳐버렸다. 넘어진 사람을 사정없이 밟지 않은 것이 다행이다. 사정없이 밟았더라면 그 때 깨달았을 텐데 곁에 있던 스님들의 말을 빌어서 깨달았다.

정상좌와의 관계는 마치 임제 스님과 황벽 스님과의 관계를 생략해서 그려 놓은 작은 그림 같다. 간략하면서도 아름답다. 추사의 세한도 같다. 선은 간소(簡素)하다. 소위 선서(禪書)니 선화(禪畵)니 하는 것은 이래야 하는데 요즘 선서나 선화는 너무 칙칙하다. 번뇌가 덕지덕지 붙어 있다. 단진범정(但盡凡情) 별무성해(別無聖解). 범부의 감정이 없어야 한다. 그리고 별달리 성인의 견해도 있어서는 안 된다.

34 어느 것이 바른 얼굴인가

> 麻谷到參하야 敷坐具問, 十二面觀音이 阿那面正고 師下繩牀하야 一手收坐具하고 一手搊麻谷云, 十二面觀音이 向什麼處去也오 麻谷轉身하야 擬坐繩牀이라 師拈拄杖打한대 麻谷接却하야 相捉入方丈하니라

해석 마곡 스님이 임제 스님을 찾아뵙고 좌구를 펴며 물었다.

"12면 관세음보살은 어느 얼굴이 바른 얼굴입니까?"

그러자 임제 스님이 자리에서 내려와 한 손으로는 좌구를 거두고 한 손으로는 마곡 스님을 붙잡으며,

"12면 관세음보살이 어디로 갔는가?" 하였다.

마곡 스님이 몸을 돌려 자리에 앉으려 하므로 임제 스님이 주장자를 들어 후려쳤는데 마곡 스님이 이를 받아 쥐니 서로 붙잡고 방장실로 들어갔다.

강설 아무리 생각해도 12면 관음보살의 바른 얼굴이 나타나지 않는다. 또 어디로 갔는지도 모르겠다. 그런데 엉뚱하게도 12면 관음보살이 주장자를 맞잡고 방장실로 들어온다. 마곡 스님이 임제 스님을 점검하러 갔다가 벌어진 상황이다. 임제 스님이 좀 밀리는 듯한 느낌이다. 두 분의 동작을 수차례 그려봐야 한다. 그리고 한 장면 한 장면을 느린 동작으로 해놓고 검토해야 조금 맛이 나는 법 거량이다.

35 여러 가지 할

> 師問僧호대 有時一喝은 如金剛王寶劍이요 有時一喝은 如踞地金毛獅子요 有時一喝은 如探竿影草요 有時一喝은 不作一喝用이니 汝作麽生會오 僧擬議한대 師便喝하다

해석 임제 스님이 어떤 스님에게 물었다.
"어떤 '할'은 금강왕의 보검과 같고, 어떤 '할'은 땅에 웅크리고 앉은 금빛 사자 같으며, 어떤 '할'은 어부가 고기를 찾는 장대 같고 도둑이 그림자를 드리워보는 풀 같고, 어떤 '할'은 할로서의 작

용을 하지 않는다. 그대는 어떻게 알고 있는가?"

그 스님이 머뭇거리자 임제 스님이 '할'을 하였다.

강설 할의 주인은 임제 자신이거늘 누구보고 묻는가? 덕산 방, 임제 할이라는 소리도 임제는 못 들었는가? 이 기회에 당신의 전문인 할에 대하여 힌트를 주려는 것인가? 천기누설은 아닌가?

강설하는 자는 천기누설이 전문이다. 금강왕의 보검은 사람을 죽여도 피도 안 묻는 칼이다. 지구를 쪼개어도 날이 전혀 상하지 않는 칼이다. 땅보다도 더 두꺼운 사람들의 번뇌무명을 단칼에 날려 보내는 칼이다. 임제의 할은 대개 이런 할이다.

땅에 웅크리고 앉은 금빛 사자는 먹이를 노리고 있다. 숨소리도 내지 않고 미동도 없이 있다가 먹이가 사정거리 안에 들면 일거에 잡아챈다. 지극히 조심해도 임제의 곁에 가면 순식간에 먹이가 되고 만다. 이런 할도 자주 쓰는 할이다.

어부가 고기를 찾는 장대〔探竿〕와 도둑이 남의 집 문 앞에서 풀로 그림자를 드리워보고 주인이 잠이 들었는지를 알아보는 것〔影草〕은 시험삼아 한 번 해 보는 할이다. 납자가 눈을 뜨거나 걸려들면 다행이고 아니면 말고. 어부가 장대질을 어디 한두 번 하는가. 도둑이 남의 집을 한두 번 기웃거리는가. 열 번 해서 한 번 걸려들면 그것도 괜찮은 소득이다.

할로써의 작용을 하지 않는다라는 뜻은 하나마나한 아무런 소득도 없는 할이다. 또 생명도 없는 죽은 할이다. 법이 없는 맹인들의 할이다. 의미도 모르고 하는 소리에 불과한 할이다. 그렇다면 그 스님이 머뭇거리자 임제 스님이 한 할은 무슨 할인가?

"할."

36 비구니를 점검하다

> 師問一尼호대 善來아 惡來아 尼便喝하니 師拈棒云, 更道更道하라 尼又喝이어늘 師便打하다

해석 임제 스님이 어느 비구니에게 물었다. "잘 왔는가? 잘못 왔는가?"
　비구니가 '할'을 하자 임제 스님이 주장자를 집어 들고 말씀하였다. "다시 일러보아라. 다시 일러보아."
　비구니가 또 '할'을 하자 임제 스님이 곧바로 후려쳤다.

강설 임제의 할이 얼마나 유명했으면 이렇게까지 할이 흔한가. 임제 스님은 비구니를 점검하려다가 할만 뒤집어썼다. 비구니도 내친김에 임제 스님이 방을 들고 치려고 하는데도 또 할을 하고는 얻어맞는다. 해제소감을 나누는 자리에서 "나는 '할'이요."라고 했다는 어느 비구니의 말이 생각난다. 그 때 그 비구니스님도 임제록 여기를 읽었나 보다. 그리고 다시 한 번 말하지만 아무리 임제가풍을 표방하는 조계종의 종도들이라 하더라도 남의 영결식에 가서 조사를 하면서는 '할'을 하지는 말라. 비록 축원은 "속히 사바에 돌아오시어 임제문중에서 길이 인천의 안목이 되어 주소서."라고 하더라도 '할'은 맞지 않다.

37 아직 조사의 뜻은 없다

> 龍牙問, 如何是祖師西來意오 師云, 與我過禪版來하라 牙便過禪版與師한대 師接得便打라 牙云, 打卽任打나 要且無祖師意로다 牙後到翠微하야 問如何是祖師西來意오 微云, 與我過蒲團來하라 牙便過蒲團與翠微한대 翠微接得便打라 牙云, 打卽任打나 要且無祖師意로다 牙住院後에 有僧이 入室請益云, 和尙行脚時에 參二尊宿因緣을 還肯他也無아 牙云, 肯卽深肯이나 要且無祖師意로다

해석 용아 스님이 임제 스님께 물었다.

"무엇이 조사께서 서쪽에서 오신 뜻입니까?"

"나에게 선판을 건네주게." 하니 용아 스님이 바로 선판을 건네드렸다.

임제 스님이 받아서 그대로 내리치시므로 용아 스님이 말하였다.

"치기는 마음대로 치십시오. 그러나 아직은 조사의 뜻은 없습니다."

용아 스님이 뒤에 취미 스님에게 물었다.

"무엇이 조사께서 서쪽에서 오신 뜻입니까?"

"나에게 좌복을 건네주게." 하니 바로 좌복을 건네주었다.

취미 스님이 받아들고 그대로 후려치므로 용아 스님이 말하였다.

"치기는 마음대로 치십시오. 그러나 아직은 조사의 뜻은 없습니다."

용아 스님이 임제원에 머무르고 있을 때 어떤 스님이 방에 들어와 법문을 청하였다.

"스님께서 행각하실 때 두 큰스님을 찾아뵈었던 일에 대하여 그 분들을 옳다고 인정하십니까?"

"인정한다면 깊이 인정하지만 아직 조사의 뜻은 없었네."

강설 용아 스님이 달마 조사가 서쪽에서 오신 뜻을 가지고 두 분의 큰스님을 점검하였다. 똑같은 모습이 나타났다. 질문도 대답도 같다. 용아 스님이 두 분을 평하는 말이 좋다. "둘 다 훌륭하긴 하지만 내가 물은 달마가 서쪽에서 오신 뜻과는 거리가 멀다."라는 말이다. 관중들에게 달마가 서쪽에서 오신 뜻을 깊이 새겨주었다.

38 경산 스님을 점검하다

> 徑山有五百衆호대 少人參請이어늘 黃檗令師로 到徑山하고 乃謂師曰, 汝到彼作麽生고 師云, 某甲到彼하야 自有方便이니다 師到徑山하야 裝腰上法堂하야 見徑山하니 徑山方擧頭라 師便喝한대 徑山擬開口어늘 師拂袖便行하다 尋有僧問徑山호대 這僧適來에 有什麽言句관대 便喝和尙이닛고 徑山云, 這僧從黃檗會裡來하니 儞要知麽아 且問取他하라 徑山五百衆이 太半分散하니라

해석 경산문하에 5백 대중이 있었으나 법을 묻는 사람은 없었다.

그래서 황벽 스님이 임제 스님을 경산에 가서 보게 하였다.

"그대는 거기에 가서 어떻게 하겠느냐?"

"제가 거기에 가면 저절로 방편이 있겠지요."

임제 스님이 경산에 이르러 걸망도 풀지 않은 채 법당으로 올라가 경산 스님을 뵈었다. 경산 스님이 막 고개를 들려고 하는데 임제 스님이 '할'을 하였다. 경산 스님이 무어라고 말하려 하자. 임제 스님이 소매를 떨치고 그대로 가 버렸다.

그 즉시 어떤 스님이 경산 스님에게, "저 스님이 왔을 때 무슨 말씀이 있었기에 스님에게 대뜸 '할'을 하십니까?"라고 물었다.

"그 스님은 황벽 스님 회하에서 왔는데 그대가 알고 싶으면 그에게 직접 물어보아라."라고 하였다.

그리고 난 후 경산의 5백 명 대중이 절반 이상 흩어져 버렸다.

강설 이것은 큰 사건이다. 당시 경산에 누가 살았는지는 모른다. 이쯤 되면 누가 살다가 당한 사건인지 별 의미는 없지만 그렇더라도 보통 일은 아니다. 경산은 절강성 항주부에 있는 산이다. 전등록에 기록되어 있는 명안종사들이 많이 주석하였던 곳이다. 그리고 임제선을 드날린 곳이기도 한데 당시에는 눈 밝은 사람이 없었던 것 같다.

그 곳에 살던 대중의 입장이 되어 그 광경을 본다면 어떤가. 어떤 낯모르는 중이 뜬금없이 나타나서는 '할'을 한 번 하였다. 그러자 5백 명의 대중들이 수런수런하며 자리를 털고 일어나서는 삼삼오오로 나뉘어져 서로서로 상황을 확인한다. 여기 가서 확인하고 저기 가서 확인을 해도 대답은 한결같다. 그렇다면 앞으로 취해야 할 행동은 뻔하다. 모두 주섬주섬 걸망을 챙긴다. 그날로 떠나는 사람이 있고 하루 이틀 머뭇거리는 사람도 있다. 일주일이 지나자 5백 명 중에 절반 이상이 흩어져 버렸다.

눈 밝은 사람의 한 번의 '할'은 큰 지진이다. 무서운 태풍이다. 산을 온통 날리는 회오리바람이다. 선종사에도 이런 사건은 없다. 임제할의 위력은 참으로 대단하다. 독자들에게 임제 스님의 '할'도 약간 시들해 갈 무렵 큰 폭탄을 하나 터뜨려 엄청난 충격을 주었다. 임제록을 편찬한 사람의 절묘한 솜씨가 엿보인다. 예술이다. 환상적이다.

39 보화 스님의 열반

普化一日 於街市中에 就人乞直裰하니 人皆與之호대 普化俱不要라 師令院主로 買棺一具하고 普化歸來에 師云, 我與汝做得箇直裰了也로다 普化便自擔去하야 繞街市叫云, 臨濟與我做直裰了也니 我往東門遷化去하리라 市人競隨看之하니 普化云, 我今日未요 來日往南門遷化去하리라 如是三日하니 人皆不信이라 至第四日하야 無人隨看이어늘 獨出城外하야 自入棺內하야 倩路行人釘之하니라 卽時傳布하야 市人이 競往開棺하니 乃見全身脫去하고 祇聞空中鈴響이 隱隱而去하니라

해석 보화 스님이 어느 날 거리에 나가 사람들에게 장삼[直裰] 한

벌을 달라고 하였다. 사람들이 매번 장삼을 주었으나 보화 스님은 그 때마다 필요없다고 하였다. 임제 스님이 원주를 시켜 관을 하나 사오게 한 뒤 보화 스님이 들어오자 말씀하였다.

"내가 그대를 위해 장삼을 장만해 두었네."

보화 스님이 관을 짊어지고 나가서 온 거리를 돌면서 "임제 스님이 나에게 장삼을 만들어 주셨다. 나는 동문으로 가서 열반에 들겠다." 하고 외쳤다. 사람들이 너도 나도 따라가서 보니 보화 스님이,

"오늘은 아니다. 내일 남문에서 열반에 들리라."

이렇게 사흘을 하니 사람들이 아무도 믿지 않았다. 나흘째 되던 날은 따라와서 보려는 사람이 없었다. 혼자 성 밖으로 나가 스스로 관 속으로 들어가서 길가는 행인에게 관 뚜껑에 못을 치게 하였다. 삽시간에 말이 퍼져서 시내 사람들이 쫓아가서 관을 열고 보았다. 그런데 몸은 이미 어디론가 사라지고 다만 공중에서 요령소리만 은은히 울릴 뿐이었다.

강설 보화 스님은 정말 불가사의한 인물이다. 인류 역사상 이렇게 살다간 사람은 없을 것이다. 이렇게 멋있는 열반은 없을 것이다. 본래 출신성분도 묘연하고 평소에 이상한 행동으로 이름이 나 있는 스님이다. 다른 데 기록이 있어도 임제록의 내용 그대로다. 이 단락은 열 번 스무 번을 읽어도 재미가 있고 신기하다. 보화 스님은 마음대로 살다가 마음대로 갔다. 법을 쓰는 데도 천하의 임제마저도 혀를 내두를 정도로 자유자재하였다. 어떤 상황에서도 아랑곳하지 않았다. 얼마나 활발발하고 활달무애한가. 원효의 무애가(無碍歌)와 무애행(無碍行)이 어찌 보화를 따를 수 있겠는가.

보화 스님처럼 살면 얼마나 좋을까. 죽을 때 아프지도 않고, 죽고 나서도 그 거추장스러운 몸뚱이를 감쪽같이 해결해 버렸다. 사람이 죽을 때 얼마나 고통스러운가. 또 죽고 나서는 또 얼마나 복잡한가. 참으로 부럽다. 부처님보다도 더 부럽다. 이 세상에서 가장 부러운 사람이다.

삼국지에는 장비가 있어서 재미가 있고 수호지에는 흑선풍 이규가 있어서 재미가 있다. 임제록에는 보화 스님이 있어서 그 재미와 깊이를 더한다. 그리고 임제 스님을 더욱 환하게 하였다.

행록 行錄

행록(行錄)

강설 임제 스님의 행장에 대한 기록이다. 어떻게 공부하고 어떻게 깨닫고 어떤 사람들과 어떤 법담을 나누고 누구를 어떻게 교화하였는가를 자세히 기록한 내용이다. 기록은 사실보다 더 중요하다. 아무리 그와 같은 사실이 그 때에 있었다 하더라도 그 사실을 기록하지 않았다면 뒷사람들에게는 아무런 의미가 없다. 금석문을 중요하게 생각하는 이유가 바로 그것이다. 팔만장경도 또한 그 기록이다.

40-1 세 번 묻고 세 번 맞다

> 師初在黃檗會下하야 行業純一이어늘 首座乃歎曰, 雖是後生이나 與衆有異로다 遂問, 上座在此多少時오 師云, 三年이니다 首座云, 曾參問也無아 師云, 不曾參問이니 不知問箇什麼오 首座云, 汝何不去問堂頭和尙호대 如何是佛法的的大意오

해석 임제 스님이 처음 황벽 스님의 회하에 있을 때 공부하는 자세가 매우 순일하였다. 수좌 소임을 보는 목주(睦州) 스님이 찬탄하여 말하기를, "비록 후배이긴 하나 다른 대중과는 상당히 차이가 있다."라고 하였다. 그리고 묻기를, "스님이 여기에 있은 지 얼마

나 되는가?" "3년 됩니다." "공부에 대하여 물은 적이 있는가?" "아직 묻지 못했습니다. 무엇을 물어야 할지 모르겠습니다." "방장스님을 찾아뵙고 '무엇이 불법의 분명한 대의입니까?' 하고 왜 묻지 않는가?"

강설 수좌스님은 자신의 소임을 매우 훌륭하게 이행하였다. 7, 8백 명이 모여 공부하는 대중들 중에 그릇이 빼어난 사람을 잘 살펴서 방장스님에게로 인도하는 일은 쉬운 일이 아닐 것이다. 목주 스님은 일평생 수좌 소임을 보면서 임제 스님을 놓치지 않고 알아보았다는 사실은 불교의 역사를 바꿔놓은 계기가 되었다. 대중들 속에 섞여 있을 때 지금 같은 임제 스님을 상상이나 했겠는가. 목주 스님의 사람을 알아보는 무서운 안목과 황벽 스님의 사람을 단련하는 뛰어난 솜씨가 오늘날의 임제를 있게 하였다. 그와 같은 극적인 만남은 인류역사상 흔치 않다.

師便去問한대 聲未絶에 黃檗便打하다 師下來에 首座云, 問話作麼生고 師云, 某甲問聲未絶에 和尙便打하니 某甲不會니다 首座云, 但更去問하라하니 師又去問이라 黃檗又打하야 如是三度發問하고 三度被打하니라 師來白首座云, 幸蒙慈悲하야 令某甲問訊和尙하야 三度發問에 三度被打니다 自恨障緣으로 不領深旨하니 今且辭去하노이다 首座云, 汝若去時에는 須辭和尙去하라 師禮拜退하니라

해석 임제 스님이 바로 가서 물으니 묻는 말이 채 끝나기도 전에 황벽 스님께서 대뜸 후려쳤다.

임제 스님이 내려오자 수좌가 물었다.

"법을 물으러 갔던 일은 어떻게 되었는가?"

"내가 묻는 말이 채 끝나기도 전에 화상이 느닷없이 때리니 저는 알 수가 없습니다."

"그렇지만 다시 가서 묻도록 하게."

임제 스님이 다시 가서 물으니, 황벽 스님이 또 때렸다. 이렇게 세 번 묻고 세 번 맞았다[三度發問 三度被打].

임제 스님이 돌아와서 수좌에게 말하였다.

"다행히 자비하심을 입어서 제가 큰스님께 가서 불법을 물었는데 세 번 묻고, 세 번 맞았습니다."

"장애로 인하여 깊은 뜻을 깨닫지 못하는 것을 스스로 한탄하고 지금 떠나려고 합니다."

"그대가 만약 떠나려거든 큰스님께 가서 하직 인사나 꼭 하고 가게."

임제 스님은 예배하고 물러났다.

강설 불법의 대의를 묻는 말이 채 끝나기도 전에 황벽 스님의 몽둥이가 날아왔다. 그것도 무려 20방망이씩 세 번이나. 불법치고는 기상천외의 불법이다. 그러나 그것은 불법의 분명한 대의임에 틀림없다. 임제가 어떻게 이해를 하든 황벽 스님은 자신의 불법에 대해서 소신껏 보여주었다. 그렇다면 팔만장경은 무엇인가? 이 임제록을 포함하여 모두가 금강산 안내문이다. 그러면 금강산은 무엇인가? 때리고 맞는 그 사실이다. 즉 대기대용(大機大用)이며 전체작용(全體作用)이다. 이 말도 그 사실은 아니고 한갓 설명이다. 선과 교의 다른 점을 굳이 말한다면 이와 같이 나누어 말할 수 있을 것이다.

아무튼 임제 스님은 여기서 삼도발문 삼도피타(三度發問 三度被打), 즉 세 번 묻고 세 번 맞은 그것이 세존의 6년 고행이 되고, 달마의 9년 면벽이 되고, 조주의 80년 부잡용심(不雜用心)이 되었다. 다시 말해서 임제 스님 자신의 모든 것이 되었다.

40-2 황벽의 불법이 별것이 아니다

首座先到和尙處云, 問話底後生이 甚是如法하니 若來辭時에는 方便接他하소서 向後穿鑿하야 成一株大樹하야 與天下人作廕凉去在리이다 師去辭한대 黃檗云, 不得往別處去요 汝向高安灘頭大愚處去하라 必爲汝說하리라

해석 수좌가 먼저 황벽 스님의 처소에 가서 말하였다.

"법을 물으러 왔던 후배가 대단히 여법(如法)합니다. 만약 와서 하직 인사를 드리거든 방편으로 그를 이끌어 주십시오. 앞으로 잘 다듬으면 한 그루의 큰 나무가 되어 천하 사람들에게 시원한 그늘을 드리울 것입니다."

임제 스님이 가서 하직 인사를 드리니 황벽 스님이 말씀하였다.

"다른 곳으로 가지 말고 자네는 고안의 물가에 사는 대우 스님

처소에 가도록 하여라. 반드시 너를 위하여 이야기가 있을 것이다."

강설 임제의 그릇됨을 알아보고 놓치지 않으려고 애쓰시는 목주 스님의 안타까워하는 마음과 그 노력이 눈에 선하다. 선정후교(先情後教)라고 했던가. 사람을 제도함에 있어서 먼저 뜨거운 애정을 가지고 그 뒤에 가르쳐야 한다는 뜻이다. 임제라는 걸출한 선지식을 만들기까지 황벽 스님 못지않은 목주 스님의 밝은 안목과 후배를 위한 열정이 있었기 때문이다. 그러므로 임제를 논한다면 반드시 목주 스님을 잊어서는 안 된다. 누군가가 있어서 사람을 이렇게 이끌어 주었더라면 하는 생각이 든다. 목주 스님에게 모든 것을 다 동원해서 공양, 공경, 존중, 찬탄해 드리고 싶다.

師到大愚한대 大愚問, 什麼處來오 師云, 黃檗處來니다 大愚云, 黃檗有何言句오 師云, 某甲이 三度問佛法的的大意라가 三度被打하니 不知某甲이 有過無過닛가 大愚云, 黃檗與麼老婆하야 爲汝得徹困이어늘 更來這裏하야 問有過無過아

해석 임제 스님이 대우 스님에게 이르자 대우 스님이 물었다.
"어디서 왔는가?"
"황벽 스님의 처소에서 왔습니다."
"황벽 스님이 무슨 말씀을 하시던가?"

"저가 세 번이나 불법의 분명한 대의를 물었다가 세 번 얻어맞기만 했습니다. 저는 알지 못하겠습니다. 저에게 허물이 있습니까? 없습니까?"

"황벽 스님이 그토록 노파심이 간절하여 그대를 위해 뼈에 사무치게 하였거늘 여기까지 와서 허물이 있는지 없는지를 묻는가?"

강설 임제는 이렇게 착하고 순수하고 선량한 사람이다. 불법에 대해서 있는 정성을 다하고 간절한 마음으로 자신을 화반탁출(和盤托出)하여 선지식에게 드러내는 사람이다. "단지 불법을 물었을 뿐인데 저를 그토록 때리니 저에게 무슨 잘못이 있습니까?" 이러한 마음의 청정무구하고 순일무잡하며 더없이 순수한 임제를 한번 상상해보자. 구름 한 점 없는 맑은 가을하늘이요, 이른 봄의 여리고 여린 새싹이다. 갓 태어난 어린 아기다.

그런데 대우 스님의 대답은 너무나도 기상천외하다. 그렇게 두들겨 맞고도 아직 그 잘못을 몰라 마냥 죄송한 마음으로 전전긍긍할 뿐인데, "황벽 스님이 그렇게도 노파심절로 그대를 위하여 뼈에 사무치는 사랑을 베풀었단 말인가? 그런데 그것도 모르고 여기까지 와서 잘못이 있고 없는 것을 묻는가?"

참으로 어느 정도 정진을 한 사람이면 여기서는 눈을 뜨게 될 대목이다. 어찌 임제뿐이겠는가?

師於言下에 大悟云, 元來黃檗佛法이 無多子니다 大愚 擒住云這尿牀鬼子야 適來道有過無過러니 如今却道黃

> 檗佛法이 無多子라하니 儞見箇什麼道理오 速道速道하라 師於大愚脅下에 築三拳한대 大愚托開云, 汝師黃檗이요 非干我事니라

해석 임제 스님이 그 말끝에 크게 깨달았다. 그리고 이렇게 말했다. "황벽의 불법이 간단하구나."

대우 스님이 멱살을 움켜쥐며, "이 오줌싸개 같은 놈! 방금 허물이 있느니 없느니 하더니 이제 와서는 도리어 황벽 스님의 불법이 간단하다고 하느냐? 그래 너는 무슨 도리를 보았느냐? 빨리 말해 봐라, 빨리 말해!" 하였다.

이에 임제 스님이 대우 스님의 옆구리를 주먹으로 세 번이나 쥐어박았다. 대우 스님이 임제 스님을 밀쳐 버리면서 말하였다.

"그대의 스승은 황벽이다. 나하고는 상관없는 일이다."

강설 "황벽의 불법이 간단하구나." 그렇다. 황벽의 불법만 간단한 것이 아니라 부처님의 불법도 간단하다. 엉터리 부연 설명을 하면, 아무런 조작이 없다는 뜻이다. 닦은 것도 아니고 깨달은 것도 아니고 증득한 것도 아니다. 오랜 세월 동안 육도만행을 닦아서 이루어진 것이 아니다. 본래 그 자리에 그렇게 있는 것이다. 전혀 손을 댈 것이 없는 물건이다. 그저 사물을 보고 소리를 듣는 일이다. 느끼고 아는 일이다. 식사하고 대소변을 보는 일이다. 웃을 때 웃고 울 때 우는 일이다. 즐거우면 즐거워하고 아프면 아파하는 일이다. 세존이 꽃을 드니 가섭이 미소하는 일이다. 그 사실 외에 다른 별 것은 아니다.

대우 스님이 다그치는 질문에 임제의 대답이 또한 걸작이다. 대우 스님의 옆구리를 주먹으로 세 번 쥐어박았다. 임제 스님의 불법은 더 간단하다. 스승에게서 간단하게 깨달아서일까? 본래로 불법은 간명직절하다. 시끄럽지 않고 매우 고요하다. 저절로 그러하다. 그러면서 유현하다. 고고하다. 선문답에서 이처럼 철두철미하게 맞아 떨어진 일은 보기 드물다. 황벽 스님에게서 흠씬 얻어맞은 값을 이렇게 멋지게 하였다. 참으로 총명하고 영리한 사람이다. 영혼이 밝은 거울처럼 환한 사람이다. 가을하늘처럼 끝없이 툭 트여있는 사람이다.

40-3 호랑이 수염을 뽑는구나

師辭大愚하고 却回黃檗하니 黃檗見來하고 便問, 這漢來來去去에 有什麼了期리요 師云, 祇爲老婆心切이니다 便人事了侍立하니 黃檗問, 什麼處去來오 師云, 昨奉慈旨하야 令參大愚去來니다 黃檗云, 大愚有何言句오 師遂擧前話한대 黃檗云, 作麼生得這漢來하야 待痛與一頓고 師云, 說什麼待來오 卽今便喫하소서 隨後便掌하니 黃檗云, 這風顚漢이 却來這裏捋虎鬚로다 師便喝하니 黃檗云, 侍者야 引這風顚漢하야 參堂去하라

해석 임제 스님이 대우 스님을 하직하고 다시 황벽 스님에게 돌아오자 황벽 스님이 보고는,

"이놈이 왔다 갔다 하기만 하니 언제 공부를 마칠 날이 있겠느냐?"

"오직 스님의 간절하신 노파심 때문이옵니다."

인사를 마치고 곁에 서 있으니 황벽 스님이 물었다.

"어디를 갔다 왔느냐?"

"지난번에 스님의 자비하신 가르침을 듣고 대우 스님을 뵙고 왔습니다."

"대우가 무슨 말을 하더냐?"

임제 스님이 지난 이야기를 말씀드리니 황벽 스님이 말하였다.

"어떻게 하면 대우 이놈을 기다렸다가 호되게 한 방 줄까?"

임제 스님이 "무엇 때문에 기다린다 하십니까? 지금 바로 한방 잡수시지요." 하며 바로 손바닥으로 후려쳤다.

황벽 스님이 "이 미친놈이 다시 와서 호랑이의 수염을 뽑는구나." 하였다.

그러자 임제 스님이 "할"을 하였다.

황벽 스님이 "시자야, 이 미친놈을 데리고 가서 선방에 집어넣어라." 하였다.

강설 임제는 태산의 무게 같은 불법의 대의라는 짐을 짊어지고 대우 스님에게로 가서 거기서 그 짐을 내려놓았다. 그리고는 가벼운 마음으로 다시 돌아왔다. 얼마나 즐거웠겠는가. 아마도 발이 땅에 닿지 않고 날듯이 왔을 것이다. 불법을 물으러 갔다가 호되게 얻어맞은 황벽 스님에게 보란 듯이 돌아와 "이 미친놈이 다시 와서 호랑이의 수염을 뽑는구나."라는 멋진 인가를 받았다. 거기에 더하여 임제는 '할'로써 쐐기를 박아 버렸다. 너무나 간단하게. 황벽 스님의 불법이 본래로 간단하기〔無多子〕때문이다. 이렇게 대장부의 할 일을 다 마치고 선방에 앉아 있다면 얼마나 좋을까?

40-4 호랑이 꼬리를 잡다

> 後潙山이 擧此話하야 問仰山하되 臨濟當時에 得大愚力가 得黃蘗力가 仰山云, 非但騎虎頭요 亦解把虎尾니다

해석 뒷날 위산 스님이 이 이야기를 하시며 앙산 스님에게 물었다.
"임제가 그 때 대우의 힘을 얻었는가? 황벽의 힘을 얻었는가?"
"범의 머리에 올라앉았을 뿐만 아니라, 범의 꼬리도 잡을 줄 안 것입니다."

강설 당대의 범 같은 선지식들을 참례하고 비로소 오늘날의 임제가 되었다. 그러므로 두 사람의 힘을 모두 입었다고도 할 수 있다. 하지만 다른 한편으로는 두 사람과 관계없이 자신의 힘으로 눈을 떴다고도 할 수 있다. 예컨대 만약 생감이라면 아무리 두들겨 팬다 한들 홍시가 되어 떨어지겠는가. 가을이 되어 홍시가 잘 익으면 저절로 떨어지지 않는가. 그래서 일체지, 자연지, 무사지(無師智)라고 한다. 그러나 앙산 스님의 대답은 너무 멋지다. 위산 스님은 사랑하는 제자 앙산의 공부를 점검하는 뜻에서 물었는데 뜻밖의 명답을 받아냈다. 이렇게 되면 제자에 대한 사랑은 몸살이 날 지경이다.

41-1 소나무를 심는 뜻

> 師栽松次에 黃蘗問, 深山裏栽許多하야 作什麼오 師云, 一與山門作境致요 二與後人作標榜이니다 道了將钁頭하야 打地三下한대 黃蘗云, 雖然如是나 子已喫吾三十棒了也라 師又以钁頭로 打地三下하고 作嘘嘘聲하니 黃蘗云, 吾宗到汝하야 大興於世하리라

해석 임제 스님이 소나무를 심고 있는데 황벽 스님이 물었다.

"깊은 산 속에 그 많은 나무를 심어서 무얼 하려 하는가?"

"첫째는 절의 경치를 가꾸기 위해서이고, 둘째는 후인들에게 본보기가 되기 위해서입니다."라고 하고나서 괭이로 땅을 세 번 내리치니 황벽 스님이 말씀하였다.

"비록 그렇기는 하나 그대는 이미 나에게 30방을 얻어맞았다."

임제 스님이 또 다시 괭이로 땅을 세 번 내리치며 "허허!"라고 하니 황벽 스님이 "나의 종풍이 그대에게 이르러 세상에 크게 일어나겠구나." 하셨다.

강설 후인들에게 본보기가 되기 위해서 소나무를 심는다는 말에 황벽 스님은 매우 흐뭇했다. 그래서 "나의 종풍이 그대에게 이르러 크게 일어나겠구나."라고 하였다. 자신의 종풍을 크게 부촉하신 말씀이다. 선지식은 자신의 법을 이을 제자가 여법(如法)할 때 그보다 더 큰 기쁨은 없다. 삶의 보람이요, 수행의 결실이기 때문이다. 괭이로 땅을 세 번 내리친 것은 무슨 뜻일까? 삼도발문에 삼

도피타의 소식을 떠올린 것일까? "그래 알았다. 하지만 그대는 이미 나에게 30방을 얻어맞은 것이 아닌가?"라고 했는데 또 다시 땅을 세 번 내리쳤다. 황벽도 도저히 제자 임제를 못 당한다. 너무나 대견스럽다. 흡족하기 이를 데 없다.

41-2 앙산 스님의 예언

> 後潙山이 擧此話하야 問仰山하되 黃檗當時에 祇囑臨濟一人가 更有人在아 仰山云, 有祇是年代深遠하야 不欲擧似和尙이니다 潙山云, 雖然如是나 吾亦要知하니 汝但擧看하라 仰山云, 一人指南하야 吳越令行타가 遇大風卽止하니라(讖風穴和尙也)

해석 뒷날 위산 스님이 이 이야기를 하시며 앙산 스님에게 물었다.
 "황벽 스님이 그 당시 임제 한 사람에게만 부촉한 것인가? 아니면 다른 사람도 있는가?"
 "있습니다만, 연대가 매우 멀어서 스님께 말씀드리지 않으렵니다."
 "그렇긴 하지만, 나도 또한 알고 싶으니 그대는 말해 보아라."
 "한 사람이 남쪽을 가리켜서 오월지방에서 법령이 행해지다가 큰바람을 만나면 그칠 것입니다."

강설 앙산 스님은 임제 스님의 무대에서 예언자로 등장한 분이다.

위산 스님의 제자이지만 예언에 있어서는 언제나 물었다. 이것은 임제 스님의 제 5세손인 풍혈연소(風穴延昭, 896~973) 스님에 대한 예언이라고 한다. 황벽 스님의 종지가 임제에 의해 당시에 크게 떨치고 다시 먼 후대에까지 전해지리라는 것을 위산 스님과 앙산 스님이 증명하는 의미가 강하게 나타난다. 소나무를 심은 뜻이 풍혈 스님에게까지 그 그늘을 드리웠다.

42 무슨 잠꼬대인가

師侍立德山次에 山云, 今日困이로다 師云, 這老漢이 寐語作什麽오 山便打라 師掀倒繩牀한대 山便休하니라

해석 임제 스님이 덕산 스님을 모시고 서 있는데, 덕산 스님이 "오늘은 피곤하구나." 하였다.
 이에 임제 스님이 "이 노장이 무슨 잠꼬대를 하는가?" 하니 덕산 스님이 후려쳤다. 임제 스님이 의자를 뒤엎어 버렸는데 덕산 스님은 가만히 있었다.

강설 간단하다. 임제불법은 간단하다[無多子]. 쌍차(雙遮) 쌍조(雙照) 차조동시(遮照同時). 대기(大機) 대용(大用) 기용제시(機用齊示). 대기원응(大機圓應) 대용직절(大用直截). 대사각활(大死却活). 살활제시(殺活齊示). 전기생 전기사(全機生 全機死).

43-1 이곳에서는 산 채로 매장한다

> 師普請鋤地次에 見黃檗來하고 拄钁而立하니 黃檗云,
> 這漢困耶아 師云, 钁也未擧어니 困箇什麼오 黃檗便打
> 하니 師接住棒하야 一送送倒하다 黃檗喚維那호대 維那
> 扶起我하라 維那近前扶云, 和尙爭容得這風顚漢無禮
> 닛고 黃檗纔起하야 便打維那하니 師钁地云, 諸方火葬이
> 어니와 我這裏는 一時活埋하노라

해석 임제 스님이 밭을 매는 운력(運力)을 하다가 황벽 스님이 오시는 것을 보고 괭이에 기대어 서 있었다. 황벽 스님이
"이 놈이 피곤한 모양이구나." 하시니,
"괭이도 아직 들지 않았는데 피곤하다니요." 하였다.
황벽 스님이 임제를 후려치자, 임제가 몽둥이를 잡아 던져버리고 넘어뜨렸다. 황벽 스님이 유나를 불러 말씀하였다.
"유나야! 나를 부축해 일으켜다오."
유나가 가까이 다가가 부축해 일으켜 드리면서, "큰스님! 이 미친놈의 무례한 짓을 어찌 그냥 두십니까?" 하였다.
황벽 스님은 일어나자 마자 유나를 후려갈겼다.
임제 스님이 괭이로 땅을 찍으면서 말하였다.
"제방에서는 모두 화장을 하지만 나는 여기서 한순간에 생매장을 해버린다."

강설 유나 스님이 황벽 스님에게 "임제 그 미친놈의 무례한 짓을

왜 그냥 두십니까?" 했을 때 그 답으로 일어나자 마자 유나를 후려친 것은 너무나 절묘한 거량이다. 너무나 매끄러운 응수다. 일부러 지어내도 만들 수 없는 거량이다. 임제의 "제방에서는 모두 화장을 하지만 나는 여기서 한순간에 생매장을 해버린다."라는 말은 너무도 유명한 말이다. 대사각활(大死却話)의 소식이다. 얼핏 보면 죽이기만 하는 것 같으나 크게 죽음으로 다시 살아난 소식이다.

43-2 진짜 도적은 도망갔다

後潙山이 問仰山호대 黃檗打維那意作麼生고 仰山云, 正賊走却하고 邏蹤人喫棒이니다

해석 뒷날 위산 스님이 앙산 스님에게 물었다.
"황벽 스님이 유나를 때린 의도가 무엇인가?"
"진짜 도둑은 달아나 버렸는데 뒤쫓던 순라군이 얻어맞은 꼴입니다."

강설 위산 스님은 제자인 앙산 스님을 언제나 챙긴다. 그런데 앙산 스님의 표현은 너무 순리다. 좀 더 앙산 스님다운 기용(機用)이 기대된다. 위산 스님에게 한 방망이 후려쳤으면 어떠했을까? 앙산 스님은 스승인 위산 스님에게 예의에서 벗어나지 않고 법을 거량하신 매우 점잖으신 분이었던 것 같다.

44 황벽 스님이 자기 입을 쥐어박다

> 師一日에 在僧堂前坐러니 見黃檗來하고 便閉却目하니 黃檗乃作怖勢하고 便歸方丈이어늘 師隨至方丈하야 禮謝하다 首座在黃檗處侍立이러니 黃檗云, 此僧雖是後生이나 却知有此事로다 首座云, 老和尙脚跟도 不點地어늘 却證據箇後生이로다 黃檗自於口上에 打一摑한대 首座云, 知卽得이니다

해석 임제 스님이 하루는 큰 방에 앉아 있다가 황벽 스님이 오시는 것을 보고 눈을 감아버렸다. 황벽 스님이 두려워하는 시늉을 하며 곧바로 방장실로 돌아가 버렸다. 임제 스님이 뒤따라 방장실로 가서 무례하였음을 사과하였다. 수좌가 황벽 스님을 모시고 있었는데 황벽 스님이 "이 스님이 비록 후배이긴 하지만 이 일이 있는 줄을 안다." 하였다.

수좌가 "노스님 자신의 발꿈치도 땅에 닿지도 않았는데 도리어 이 후배를 증명〔인가〕하십니까?" 하였다. 황벽 스님이 스스로 자기 입을 한 대 쥐어박으니, 수좌가 "아셨으면 됐습니다."라고 하였다.

강설 임제 스님의 조용하면서도 온 우주를 흔드는 전체작용은 그렇다치고, 수좌의 거량과 마무리하는 말이 빛난다. 수좌 소임을 보면서 조실스님의 법석을 보좌하려면 안목이 이쯤은 되어야 한다. 황벽 스님이 자신의 입을 스스로 쥐어박은 일은 매우 유명한 사실로 기록된다. 황벽 스님은 후배를 인가했다가 잘못을 뉘우치고 입

을 쥐어박았고, 수좌는 그런 황벽 스님을 보고 "알면 됐습니다."라고 하여 주의를 주었다. 함부로 입을 뗄 곳이 못 된다.

45-1 이 노장이 무슨 수작인가

> 師在堂中睡어늘 黃檗下來見하고 以拄杖打板頭一下라 師擧頭하야 見是黃檗却睡하니 黃檗又打板頭一下하고 却往上間하야 見首座坐禪하고 乃云, 下間後生却坐禪이어늘 汝這裏妄想作什麼오 首座云, 這老漢이 作什麼오 黃檗打板頭一下하고 便出去하니라

해석 임제 스님이 방에서 졸고 있는데 황벽 스님이 내려 와서 보시고 주장자로 선판을 한 번 두드렸다. 임제 스님이 고개를 들어 황벽 스님인 것을 보고서도 다시 졸자 황벽 스님이 다시 선판을 한 번 두드렸다. 그리고 윗자리로 가서 수좌가 좌선하고 있는 것을 보고 말씀하였다.

"아래 자리의 후배는 좌선을 하는데 그대는 여기서 무슨 망상을 피우고 있느냐?"

그러자 수좌가 "이 노장이 무슨 수작이야!" 하니,

황벽 스님은 선판을 한번 두드리고 나가버렸다.

강설 황벽 스님의 오늘 장사는 영 글렀다. 앞 단락에서 보여준 수좌의 주의를 되갚음이라도 하려는 듯이 황벽 스님은 "임제는 좌선

을 잘 하는데 그대는 망상만 피우고 있구나." 하면서 덮쳐나갔으나 도리어 당하고 말았다. 임제에게도 외면을 당하고 수좌에게도 못 들을 소리를 들었다. 그래도 끝까지 선판을 두드리는 일로 무위진인의 전체작용을 보여주었다. 하지만 아무래도 오늘의 황벽 스님의 뒷모습은 많이 허해 보인다.

45-2 한 개 주사위의 두 가지 그림

> 後潙山이 問仰山호대 黃檗入僧堂意作麼生고 仰山云, 兩彩一賽이니다.

해석 뒷날 위산 스님이 앙산 스님에게 물었다.
"황벽 스님이 선방에 들어갔던 뜻이 무엇인가?"
"한 개 주사위의 두 가지 그림입니다."

강설 노름 한 판에 두 번 이겼으니 황벽 스님이 한 가지 수작을 가지고 임제와 수좌 두 사람을 점검했다는 뜻인가? 그렇다면 앙산 스님의 말씀은 황벽 스님의 장사를 일거양득으로 되돌려 놓았다. 선방을 나가는 황벽 스님의 허허로운 뒷모습을 앙산 스님의 기막힌 조명으로 개선하고 돌아온 뛰어난 장군의 위용으로 바꾸어 놓았다.

46-1 많은 사람이 운력하리라

> 一日普請次에 師在後行이러니 黃檗回頭하야 見師空手하고 乃問, 钁頭在什麼處오 師云, 有一人將去了也니다 黃檗云, 近前來하라 共汝商量箇事하리라 師便近前한대 黃檗竪起钁頭云, 祇這箇는 天下人拈掇不起로다 師就手掣得하야 竪起云, 爲什麼하야 却在某甲手裏닛고 黃檗云, 今日大有人普請이라하고 便歸院하니라

해석 하루는 대중이 운력을 하는데 임제 스님이 맨 뒤에서 따라가고 있었다. 황벽 스님이 고개를 돌려보니 임제 스님이 빈손으로 오므로,

"괭이는 어디 있느냐?"라고 물었다.

"어떤 사람이 가져갔습니다."

"이리 가까이 오너라. 그대와 이 일을 의논해 보자."

임제 스님이 앞으로 가까이 오자 황벽 스님이 괭이를 일으켜 세우며 말씀하였다.

"다만 이것은 천하 사람들이 잡아 세우려 해도 일으키지 못한다."

임제 스님이 손을 뻗쳐 낚아채서 잡아 세우면서,

"그렇다면 어째서 지금은 제 손 안에 있습니까?" 하니 황벽 스님께서,

"오늘은 대단한 사람이 운력을 하는구나." 하시며 절로 돌아가 버렸다.

강설 운력을 하는데 괭이도 없이 뒤따라오는 임제는 처음부터 수상했다. 그 함정은 황벽이라는 대어를 겨냥한 것이다. 아니나 다를까 황벽은 걸려들었고 임제라는 능숙한 칼잡이에게 당하고야 말았다. 결국 "오늘은 대단한 사람이 운력을 하는구나."라는 말을 남기고 절로 돌아갔다. 그렇지만 황벽은 참으로 듬직한 일꾼을 하나 두었다. 어떤 일을 맡겨도 능히 해치울 일꾼이다. 한 평생에 이런 일꾼 하나 두었으니 황벽은 진정으로 뜻있는 삶을 살았다. 절로 돌아가는 황벽의 마음은 든든하고 흐뭇하기 그지없었다.

46-2 지혜는 군자를 능가한다

後潙山이 問仰山호대 钁頭在黃檗手裏어늘 爲什麼하야 却被臨濟奪却고 仰山云, 賊是小人이나 智過君子니다

해석 뒷날 위산 스님이 앙산 스님에게 물었다.
"괭이가 황벽 스님의 손에 있었는데, 무엇 때문에 다시 임제한테 빼앗겼느냐?"
앙산 스님이 대답하였다.
"도둑은 소인이지만 지혜는 군자를 능가합니다."

강설 앞에서의 운력하는 이야기가 계속된다. 늘 그렇듯이 위산 스님은 임제 스님의 일을 들어 자신의 제자인 앙산 스님을 점검하고 거량한다. 그래서 임제록에 나타나 있는 위산 스님과 앙산 스님의

문답이 적지 않다. 잘 지어진 건물에 단청을 하여 더욱 아름답게 보이도록 하는 격이다. 생명이 오래고 여운이 길게 한다. 남의 손에 있는 괭이를 뺏은 것은 도둑이지만 그의 안목은 뛰어나다고 임제 스님을 크게 칭찬하였다.

47-1 이 일을 안다면 그만 둡시다

> 師爲黃檗馳書去潙山하니 時仰山作知客이라 接得書便問하되 這箇是黃檗底니 那箇是專使底오 師便掌한대 仰山約住云, 老兄아 知是般事어든 便休하라 同去見潙山하니 潙山便問, 黃檗師兄多少衆고 師云, 七百衆이니다 潙山云, 什麽人爲導首오 師云, 適來已達書了也니다 師却問潙山호대 和尙此間은 多少衆이닛고 潙山云, 一千五百衆이니라 師云, 太多生이니다 潙山云, 黃檗師兄도 亦不少니라

해석 임제 스님이 황벽 스님의 편지를 전하기 위해 위산 스님에게 갔다. 그때 앙산 스님이 지객 소임을 보고 있었는데, 편지를 받으며 물었다.

"이것은 황벽 스님의 것이다. 그대의 것은 어느 것인가?"

임제 스님이 손바닥으로 후려갈기자,

앙산 스님이 그를 붙잡으며 말하였다.

"노형께서 이 일을 아신 바에야 그만둡시다."

둘이 함께 가서 위산 스님을 뵈오니 위산 스님이 물었다.
"황벽 사형께서는 대중이 얼마나 됩니까?"
"7백 대중입니다."
"누가 우두머리인가요?"
"방금 전에 이미 편지를 전해 드렸습니다."
임제 스님이 도리어 위산 스님에게 물었다.
"이 곳 큰스님의 회하에는 대중이 얼마나 됩니까?"
"일천 5백 대중이라네."
"매우 많군요." "황벽 사형께서도 적지 않으시구나."

강설 앙산 스님은 임제 스님에게 "당신 본인의 살림살이를 내어 보시오."라고 하자 임제 스님은 대뜸 손바닥으로 후려갈겼다. 황벽 스님과의 첫 대면에서 얻어맞은 그대로였다. 손바닥으로 후려친 그 곳에 불법대의가 있다. 그가 있고 내가 있다. 온 우주가 있다. 무위진인이 펄펄 살아 움직인다. 대기대용이 전체작용한다. 앙산 스님과 임제 스님이 할 일을 다 했다. 그래서 정작 위산 스님은 할 일이 없다. 의례적인 대중들의 숫자에 대한 문답으로 끝냈다. 가만히 들여다 보면 아주 재미있는 부분이다.

47-2 보화 스님이 돕다

師辭潙山하니 仰山送出云, 汝向後北去하면 有箇住處리라 師云, 豈有與麼事리오 仰山云, 但去하라 已後有一

> 人이 佐輔老兄在하리니 此人祇是有頭無尾며 有始無終이니라 師後到鎭州하니 普化已在彼中이라 師出世에 普化佐贊於師라가 師住未久에 普化全身脫去하니라

해석 임제 스님이 위산 스님을 하직하고 나오니 앙산 스님이 전송하면서 말하였다.
"그대가 뒷날 북쪽으로 가면 머무르실 곳이 있을 것입니다."
"어찌 그런 일이 있겠습니까?"
"가시기만 하면 한 사람이 노형을 보좌해 드릴 것입니다. 그런데 이 사람은 머리만 있고 꼬리는 없으며, 시작은 있고 끝은 없을 것입니다."
 임제 스님이 뒷날 진주에 이르자, 보화 스님이 이미 거기에 와 있었다. 임제 스님이 세상에 알려지자 보화 스님이 도와드렸다. 임제 스님이 진주에 머무신 지 오래지 않아 전신으로 이 세상을 떠나가 버렸다.

강설 보화 스님과 처음 만나게 된 것을 말하고 있다. 앙산 스님은 역시 예언가다. 보화 스님이 임제를 보좌할 것을 알고 있었고, 그는 또 어떤 행동을 할 것인지조차 알고 있었다. 일가를 이룬 선지식이 법을 펼 만한 장소를 얻는다는 것은 복이다. 그리고 교화를 도와줄 마땅한 사람을 얻는다는 것도 큰 행운이다.
 앙산 스님은 임제가 머물 곳과 도와줄 인물이 있을 것까지 다 알고 있었다. 예언대로 다 맞아 떨어졌다. 그것은 인연인가? 운명인가? 아무튼 임제는 한 시대를 풍미하고 이 먼 후대에까지 그 영향

을 미칠 희대의 큰 선지식으로서의 조건과 인연을 빠짐없이 갖추었다. 그리고 그 값을 충분히 했다.

48 검은 콩을 주워 먹는 스님

> 師因半夏에 上黃檗하야 見和尙看經하고 師云, 我將謂是箇人이러니 元來是揞黑豆老和尙이로다 住數日타가 乃辭去하니 黃檗云, 汝破夏來하야 不終夏去아 師云, 某甲暫來禮拜和尙이니다 黃檗이 遂打趁令去하니 師行數里라가 疑此事하야 却回終夏하니라

해석 임제 스님이 여름철 안거 중간에 황벽산에 올라갔다가 황벽 스님이 경을 읽고 계시는 것을 보고 말하였다.

"저는 스님을 그럴싸한 분으로 생각해 왔는데 알고 보니 검정콩이나 주워 먹는 노스님이군요."

며칠을 머물다가 하직 인사를 드리러 가니,

"그대는 여름 안거를 깨뜨리고 오더니, 결국 여름 안거를 마치지도 않고 가려 하는가?" 하시므로,

"저는 스님께 잠시 인사를 드리러 왔을 뿐입니다." 하였다.

황벽 스님께서는 임제 스님을 후려갈겨 내쫓아 버렸다. 임제 스님이 몇 리를 가다가 이 일을 의심하고 다시 돌아와 그 여름 안거를 마쳤다.

강설 임제는 스승을 찾아가서 "경전을 초월한 대선지식인 줄 알았는데 아직도 경전에서 못 벗어난 평범한 수행자군요."라는 말로 한 대를 갈겼다. 그러나 황벽은 아무런 말이 없었다. 나중에 떠나면서 하직인사를 하러 왔을 때 비로소 대답을 한 것이다. 변명을 듣고 다시 제대로 한 대를 얻어맞고 임제는 가다가 다시 돌아왔다. 이 장면은 평소의 임제답지 않은 모습이다. 휜출하던 임제는 어디 가고 황벽에게 끌려다니다가 만다. 임제가 왜 이러는가? 스승에게 한 번 선심을 쓰는가?

49-1 천하 사람들의 입을 막으리라

師一日에 辭黃檗하니 檗問, 什麽處去오 師云, 不是河南이면 便歸河北이니다 黃檗便打한대 師約住與一掌이라 黃檗大笑하고 乃喚侍者호대 將百丈先師禪版机案來하라 師云, 侍者將火來하라 黃檗云, 雖然如是나 汝但將去하라 已後에 坐却天下人舌頭去在리라

해석 임제 스님이 어느 날 황벽 스님을 하직하니, 황벽 스님께서 물었다.
"어디로 가려 하느냐?"
"하남이 아니면 하북으로 돌아갈까 합니다."
황벽 스님이 곧바로 후려치자, 임제 스님이 그를 잡고 손바닥으로 한 대 때렸다. 이에 황벽 스님이 큰 소리로 웃으며 시자를 불렀다.

"백장 큰스님이 물려준 선판과 경상을 가져오너라." 하시니
임제 스님이 "시자야! 그것을 불을 질러라." 하였다.
황벽 스님이 말하였다.
"비록 그렇긴 하지만 그냥 가져가거라. 나중에 앉은 자리에서 천하 사람들의 입을 막게 할 것이다."

강설 스승과 하직할 때의 일이다. 하남을 가든지 하북을 가든지 확실하게 정해서 말하지 않고 '인연 닿는 곳으로 가게 되겠지.' 하는 식이다. 또 한편으로는 본래 가고 옴이 어디 있는가. 늘 그 자리인 것을. 묻기는 새삼스럽게 왜 물어? 맞는 말이긴 하다. 하지만 말투가 그게 뭔가. 황벽 스님도 질 리가 없는 분이다. 제법부동본래적(諸法不動本來寂)의 촌보도 본래 옮기지 않는 모습을 좋이 서로 드날려 보였다. 그리고는 일상으로 돌아와서 이제 법을 주고받은 신표(信標)를 갖고 떠나라는데 그것마저 거절한다. 거절하는 정도가 아니라 아예 그때위 것은 불살라버리란다. 옷과 발우는 육조 스님 대에서 이미 끝난 일인데 다시 무슨 짓거리인가? 그리고 그것이 무슨 의미가 있는가? 걸망만 무거울 뿐이다.

참으로 대단한 일이다. 스승 황벽 스님도 도저히 어찌해볼 도리가 없는 제자다. 스승이 주는 신표를 스승 앞에서 불사르게 하는 일은 오직 임제만이 할 수 있는 일이다. 도저히 넘을 수 없는 태산준령이다. 그 깊이를 알 수 없고 그 높이를 알 수 없다. 아예 입이 떼지지도 않는다. 혀를 내두를 수도 없다. 뒷날 법을 받았느니, 받지 않았느니 하는 시시비비에 대해서 입을 틀어막게 하라는 황벽 스님의 염려도 아랑곳없다. 신표를 불사르게 한 이 사건이야말로

온 천하를 먼 미래에까지 진동시키고도 남을 일이다. 무슨 신표가 굳이 필요하겠는가. 이 사건보다 더 확실한 신표가 어디 있는가?

49-2 은혜를 알고 은혜를 갚는다

後潙山이 問仰山호대 臨濟莫辜負他黃蘗也無아 仰山云, 不然이니다 潙山云, 子又作麽生고 仰山云, 知恩方解報恩이니다 潙山云, 從上古人이 還有相似底也無아 仰山云, 有나 祇是年代深遠하야 不欲擧似和尙이니다 潙山云, 雖然如是나 吾亦要知하니 子但擧看하라 仰山云, 祇如楞嚴會上에 阿難讚佛云, 將此深心奉塵刹하니 是則名爲報佛恩이라하니 豈不是報恩之事닛고 潙山云, 如是如是로다 見與師齊하면 減師半德이요 見過於師라사 方堪傳授니라

해석 뒷날 위산 스님이 앙산 스님에게 물었다.
"임제가 황벽 스님을 저버린 게 아닌가?"
"그렇지 않습니다."
"그럼 그대는 어떻게 생각하는가?"
"은혜를 알아야 은혜를 갚을 줄 아는 법입니다."
"옛사람들도 이와 같은 경우가 있었는가?"
"있습니다만 너무 오래된 일이라 스님께 말씀드리고 싶지 않습니다."

"그렇긴 하나 나도 알고 싶으니 말해 보아라."

"다만 저 능엄회상에서 아난이 부처님을 찬탄하기를, '이 깊은 마음으로 먼지같이 많은 국토를 받드는 것이 곧 부처님의 은혜를 갚는 것입니다.' 라고 하였으니, 이 어찌 은혜를 갚는 일이 아니겠습니까?"

"그렇다, 그렇다. 견해가 스승과 같으면 스승의 덕을 반이나 감하는 것이고, 견해가 스승보다 나아야만 비로소 법을 전해 줄 만하다."

강설 황벽 스님과 사형사제간인 위산 스님이 이 중요한 사건을 놓칠 리가 없다. 어록을 편찬한 사람의 의도가 엿보인다. 너무 어이가 없어서 물었다. 세상에 이런 일도 있는가. 세상사 앞뒤를 모두 꿰뚫고 있는 제자 앙산에게 물었다.

"임제가 무엇을 잘못한 게 아닌가?"

"아니지요. 참으로 은혜를 알고 은혜를 갚은 일이지요. 얼마나 멋집니까."

"과거에도 그와 같은 사례가 있었는가?"

"그럼요. 능엄회상에서 있었지요. 아난이 '나의 이 깊고 깊은 마음으로 세상 사람들을 모두 제도하는 일이 곧 부처님의 은혜를 갚는 일입니다.' 라고 한 말이 곧 그와 같은 사례입니다." 라고 하였다. 글쎄, 같은 사례가 되는지 모르겠다.

아무튼 위산 스님의 뒷말이 대단히 의미심장한 말이다. "견해가 스승과 같으면 스승의 덕을 반이나 감하는 것이고, 견해가 스승보다 나아야만 비로소 법을 전해 줄 만하다." 라고 했다. 위산 스님과 앙산 스님의 관계가 그렇고 황벽 스님과 임제 스님의 관계가 그렇다. 곧 청출어람이청어람(靑出於藍而靑於藍)이다. 잘 되는 집안은 반드시 자식이 어버이보다 뛰어나다.

50 부처와 조사에게 다 예배하지 않는다

> 師到達磨塔頭하니 塔主云, 長老야 先禮佛가 先禮祖아
> 師云, 佛祖俱不禮니라 塔主云, 佛祖與長老로 是什麽
> 冤家오 師便拂袖而出하니라

해석 임제 스님이 달마조사의 탑전에 이르렀는데 탑을 관리하는 스님이 말하였다. "장로께서는 부처님께 먼저 절하십니까? 조사에게 먼저 절하십니까?"
"부처와 조사에게 다 절하지 않습니다."
"부처님과 조사가 장로에게 무슨 원수라도 됩니까?"
임제 스님이 곧바로 소매를 떨치고 나가 버렸다.

강설 당시에 달마대사의 탑을 관리하는 사람이라면 그 견처(見處)가 보통이겠는가. 평범한 질문 같지만 함정이 깊다. 임제는 불야타 조야타(佛也打 祖也打) 하는 큰 방(棒)을 내렸다. 그리고는 기분 나쁜 놈을 만났을 때 "홱!"하고 나가버리는 모습을 보여주었다. 부처가 있는 곳에 머물지 않고 부처가 없는 곳에 급히 지나가버리는 도리다. 이쪽도 저쪽도 머물지 않는 법을 보여준 것이다. 양변에 집착하지 않는 쌍차(雙遮)의 도리는 알면서 양변을 다 쓰는 쌍조(雙照)의 도리는 모르는가? 그러고 보면 조사들은 흔히 쌍조보다는 쌍차를 더 선호하는 경향이 있다.

탑주(塔主)의 말이 참 좋다. "부처님과 조사가 장로에게 무슨 원수라도 됩니까?" 부처님과 조사에게 다 예배를 하고 부처가 있는 곳에도 머물고 중생이 있는 곳에서는 더불어 같이 살아라. 있음도 받아들이고 없음도 받아들여라. 선도 받아들이고 악도 받아들여라. 산은 다만 산이고 물은 다만 물이다. 양변을 떠나지만 말고 양변을 다 수용하고 활용하라. 양변을 떠나기만 하는 것은 가기만 하고 돌아올 줄은 모르는 이치다.

51 오늘은 낭패를 보았다

> 師行脚時에 到龍光하니 光上堂이라 師出問, 不展鋒鋩하고 如何得勝고 光據坐한대 師云, 大善知識이 豈無方便고 光瞪目云, 嗄하니 師以手指云, 這老漢이 今日敗闕也로다

해석 임제 스님이 행각할 때 용광 스님이 계시는 곳에 이르렀는데, 용광스님이 마침 법당에서 설법을 하고 있었으므로 임제 스님이 물었다.

"칼을 뽑지 않고 어떻게 해야 이길 수 있습니까?"

용광 스님이 묵묵히 앉아 있자 임제 스님이 말하였다.

"큰 선지식께서 어찌 방편이 없으십니까?"

용광 스님이 눈을 크게 뜨고 쉰 목소리로 "사!" 하니, 임제 스님이 손으로 가리키면서 말하였다.

"이 늙은이가 오늘 낭패를 보았구나."

강설 임제 스님이 "큰 선지식께서 어찌 방편이 없으십니까?"라는 매우 부드러운 진흙 속에 가시를 숨겨둔 수법을 썼다. 그러자 용광 스님은 칼을 빼들고 눈을 부라리며 "사!" 하고 임제를 베는 시늉을 하였다. 그러나 임제의 한 마디는 도리어 용광 스님을 베는 것으로 되돌려버렸다. "이 늙은이가 오늘은 당했구나." 하여 끝내버린 것이다. 여기서 이기고 지는 것을 생각할 필요는 없다. 다만 용광 스님을 점검해본 것이다.

52-1 앉아서 차나 들게

> 到三峯하니 平和尙問, 什麽處來오 師云, 黃檗來니라 平云, 黃檗有何言句오 師云, 金牛昨夜에 遭塗炭하야 直至如今不見蹤이로다 平云, 金風吹玉管하니 那箇是知音고 師云, 直透萬重關하야 不住淸霄內로다 平云, 子這一問이 太高生이로다 師云, 龍生金鳳子하야 衝破碧瑠璃로다 平云, 且坐喫茶하라

해석 삼봉에 갔을 때 평화상이 물었다.

"어디에서 왔는가?"

"황벽 스님의 회하에서 왔습니다."

"황벽 스님은 어떤 법문을 하시는가?"

"금빛 소가 간밤에 진창에 빠져 아직까지도 그 자취를 찾을 수 없습니다."

"가을바람이 옥피리를 분다. 누가 이 소리를 아는가?"

"곧바로 만 겹 관문을 뚫으니 맑은 하늘에도 머물지 않습니다."

"그대의 한마디 물음이 매우 높구나."

"용이 금빛 봉황의 새끼를 낳으니 유리 빛 푸른 창공을 뚫고 날아갑니다."

"자, 앉아서 차나 들게." 하셨다.

강설 자세한 전기가 남아 있지 않은 삼봉산의 평화상을 만나서 황벽 스님의 불법을 첫마디부터 매우 시적으로 표현했다. 다시 번역하면 이렇다. "황벽의 불법은 화려하다. 그러나 어떤 의식 사량 계교나 언어 문자의 자취에 매이지 않는다. 아예 그런 자취가 없다." 평화상도 그에 맞게 시적으로 다시 묻는다. "아, 그 표현 참 좋다. 그러나 그 높고 청아한 경지를 누가 이해하겠는가?" "그렇습니다. 만 겹의 관문을 뚫고 맑은 하늘에도 머물지 않는 그 높은 경지입니다." "그대의 그 한 마디 말이 스승보다도 더욱 높구나." "천하에 누가 황벽 스님의 불법을 능가하리오. 항차 나는 청출어람이청어람입니다." "자네와는 안 되겠다. 그만 차나 한잔 들게."

52-2 요즘 어떠하던가

> 又問, 近離甚處오 師云, 龍光이니라 平云, 龍光近日如何오 師便出去하니라

해석 평화상이 다시 물었다. "근래에는 어디에 왔는가?"
"용광 스님이 계시는 곳에서 왔습니다."
"용광 스님은 요즈음 어떠하시던가?"
임제 스님은 곧바로 나가 버렸다.

강설 평화상이 아무래도 임제 스님에게 미련이 좀 남았던가 보다. 황벽 스님의 불법은 그만두고 여기에 오기 전에 어디 누구를 만나고 왔는가를 묻는다. 그래서 바로 앞에 있었던 용광 스님을 거론하게 되었다. 묻자마자 "용광 스님의 요즘 근황은 이렇습니다." 하고 횡하니 나가버렸다. 씩씩하고 여여(如如)하다. 활발발하다. 그대로가 전체작용이다. 백 미터짜리 고래가 폭포 같은 물을 토한다.

53 삼산이 만 겹의 관문을 가두어 버렸다

> 到大慈하니 慈在方丈內坐어늘 師問, 端居丈室時如何오 慈云, 寒松一色千年別이요 野老拈花萬國春이로다 師云, 今古永超圓智體여 三山鎖斷萬重關이로다 慈便喝한대 師亦喝하니 慈云, 作麽오 師拂袖便去하니라

해석 대자 스님이 계신 곳에 갔을 때, 대자 스님이 방장실에 앉아 계셨는데 임제 스님이 여쭈었다.

"방장실에 단정히 앉아 계실 때는 어떻습니까?"

"추운 겨울에도 소나무는 한결같아서 그 푸른 빛이 천 년을 빼어났고, 시골의 노인이 꽃을 꺾어 드니 온 세계가 봄이로다."

임제 스님이 말씀하였다.

"고금에 길이 뛰어난 크고 원만한 지혜의 본체여, 삼산(三山)이 만 겹의 관문을 가두어 버렸더라."

대자 스님이 대뜸 "할!"을 하니, 임제 스님도 "할!"을 하였다.

대자 스님이 "어떤가?" 하니, 임제 스님은 소매를 떨치며 가 버렸다.

강설 강설은 아무리 잘해봐야 어차피 군더더기다. 혹이다. 군더더기 소리를 부치자면 이렇다. 방장실에 단정히 앉아 있는 그 사람을 대자 스님과 임제 스님이 서로 지극히 절제된 아름다운 언어로 표현하고 있다. 방장실에 단정히 앉아 있는 그 사람이 누구인가? 영원히 변치 않는 그 사람이다. 불생불멸의 참 생명이다. 사시(四時)의 변화에 따르지 않는 사람이다. 천 년을 빼어났다는 말은 시간적으로, 온 세계라는 말은 공간적으로 그 사람을 표현한 것이다.

또 임제 스님이 읊은 "고금에 길이 뛰어난 크고 원만한 지혜의 본체여."라는 말 역시 사람들의 집안에 단정히 앉아 있는 참 부처를 뜻한다. 그는 옛도 아니고 지금도 아니다. 본래로 완전무결하고 원만구족한 지혜의 본체다. 여기서 삼산(三山)이란 신선들이 살기 때문에 속인의 발길이 닿지 않은 전설의 산이다. 봉래산, 방장산,

영주산을 빌어서 방장실에 단정히 앉아 있는 그 사람을 나타낸 것이다. 또한 사람들의 본분의 산, 무위진인을 상징적으로 표현하였다. 그 사람을 극한의 높이까지 끌어 올려 표현하였다.

  그 표현은 둘 다 아름답고 유현하고 고고하지만 말이 없는 것만 같지 못하다. 뒤늦게 그것을 알고는 '할'로써 날려버렸다. 대자 스님의 "어떤가?"라는 말에 임제 스님은 소매를 떨치며 가버렸다. 참 잘한 일이다.

54 훌륭한 선객은 정말 다르구나

> 到襄州華嚴하니 嚴倚拄杖하야 作睡勢어늘 師云, 老和尙瞌睡作麼오 嚴云, 作家禪客이 宛爾不同이로다 師云, 侍者야 點茶來하야 與和尙喫하라 嚴乃喚維那호대 第三位에 安排這上座하라

해석 양주의 화엄 스님에게 갔을 때, 화엄 스님이 주장자에 기대어 조는 시늉을 하였다.

  임제 스님이, "노스님께서 졸기만 하면 어떻게 합니까?"

  "훌륭한 선객은 정말 다르구나."

  "시자야! 차를 달여 와서 큰스님께서 드시도록 하여라."

  화엄 스님이 유나를 불러,

  "이 스님을 셋째 자리에 모시도록 하여라." 하였다.

354

강설 노련한 화엄과 기민한 임제의 만남이라고 평한 이가 있다. 또 옛 사람은 "용은 푸른 바다에서 노닐고 호랑이는 산에서 울부짖는다."라는 평을 하기도 했다. 두 사람이 주고받은 대화를 깊이 음미해 봐야 한다. 극도로 깊고 투명한 의식이 아니면 그 맛을 느끼기가 어렵다. 어린 녹차 한 잎을 찬물에 띄우고 조주 청다(淸茶)의 맛을 아는 경지라고나 할까.

　삼위(三位)라는 것이 여기서는 특별한 의미가 있는 것은 아니다. 그러나 상식적으로 중국 총림에서 제1위는 전당(前堂) 수좌, 제2위는 서당(西堂) 수좌, 제3위는 후당(後堂) 수좌이다.

55 화살이 서천을 지나갔다

> 到翠峯하니 峯問, 甚處來오 師云, 黃檗來니라 峯云, 黃檗有何言句하야 指示於人고 師云, 黃檗無言句니라 峯云, 爲什麼無오 師云, 設有라도 亦無擧處니라 峯云, 但擧看하라 師云, 一箭過西天이로다

해석 임제 스님이 취봉 스님 계신 곳에 이르자 취봉 스님이 물었다. "어디에서 왔는가?"
　"황벽 스님 회하에서 왔습니다."
　"황벽 스님은 어떤 법문으로 학인을 지도하시는가?"
　"황벽 스님은 법문이 없으십니다."
　"어째서 없는가?"

"설령 있다고 하더라도 소개할 만한 것이 없습니다."
"어쨌든 한 번 말해 보아라."
"화살이 서천을 지나가 버렸습니다."

강설 화살이 신라를 지나갔다. 화살이 서천(인도)을 지나갔다. 모두 같은 의미다. "십만 팔천 리를 지나갔다."라는 말도 있다. 낙처(落處)를 모른다는 뜻일 게다. 끈질기게 묻는 취봉 스님을 멀리 따돌려 버렸다.

56 여기서 무슨 밥그릇을 찾는가

到象田하야 師問호대 不凡不聖하니 請師速道하라 田云, 老僧祇與麼니라 師便喝云, 許多禿子야 在這裏覓什麼椀고

해석 임제 스님이 상전 스님 계신 곳에 이르러 물었다.
"범부도 아니고 성인도 아니니 스님께서는 빨리 말씀 해주십시오."
"노승은 그저 이럴 뿐이네."
임제 스님이 곧 "할!"을 하며 말하였다.
"허다한 머리 깎은 이들아, 여기에서 무슨 밥그릇을 찾고 있는가?"

강설 범부와 성인의 경지를 초월한 자리를 물었다. 상전 스님 자신도 그런 경지를 잘 수용하고 있다는 뜻이다. '할' 이다. 그렇게 대답을 하면 공연히 머리만 깎고 밥그릇이나 챙기는 중이다. 본분 작가로서는 너무 부족하다. 죽도 밥도 먹지 말라.

57 짚신만 떨어뜨릴 뿐이다

到明化하니 化問, 來來去去作什麽오 師云, 祇徒踏破草鞋로다 化云, 畢竟作麽生고 師云, 老漢話頭也不識이로다

해석 명화 스님이 계신 곳에 이르자 명화 스님이 물었다.
"왔다 갔다 하며 무엇을 하고 있는가?"
"그저 쓸데없이 짚신만 떨어뜨릴 뿐입니다."
"결국 어쩌겠다는 말인가?"
"이 노인네가 말귀를 못 알아듣는구나."

강설 여기 말귀 못 알아듣는 사람이 또 한 분 있다. 아예 못 알아듣는다고 해버렸다. 임제 스님의 이 말이 얼마나 좋은가. "그저 쓸데없이 짚신만 떨어뜨릴 뿐입니다." 그렇다. 누구나 짚신만 떨어뜨리고 다닐 뿐이다. 다른 일이 있으면 안 된다. 무사시귀인(無事是貴人)이다. 일 없는 사람이 귀한 사람이다. 졸리면 자고 배고프면 먹을 뿐이다. 그것밖에 달리 무엇이 있던가. 언제나 그 자리 그 사

람인 것을. 어쩌기는 뭘 어쩌는가? 참으로 말귀를 못 알아듣는다.

58-1 노파의 거량

> 往鳳林타가 路逢一婆하니 婆問, 甚處去오 師云, 鳳林去니라 婆云, 恰值鳳林不在로다 師云, 甚處去오 婆便行이라 師乃喚婆하니 婆回頭어늘 師便打하다

해석 스님이 봉림 스님에게 가던 도중 어떤 노파를 만났는데 노파가 물었다.
 "어디로 가십니까?"
 "봉림 스님이 계신 곳으로 갑니다."
 "봉림 스님은 마침 계시지 않습니다."
 "어딜 가셨습니까?" 하였는데 노파가 그냥 가니까 임제 스님이 불렀다. 노파가 고개를 돌리자 임제 스님이 곧 후려쳤다.

강설 노보살은 자신의 기봉(機鋒)을 숨기고 장난으로 거짓말을 했는데 임제 스님이 추궁하니까 그냥 가버린다. 갈려면 곧바로 가버리지 임제 스님이 부른다고 돌아보기는. 거짓말이 탄로가 나버렸다. 그것이 맞을 짓이다. 그러나 상당한 노파다. 아마 덕산 스님을 시험하던 노파가 아닌가 모르겠다. 당시에는 선지식들을 시험할 수 있는 수준 높은 노보살들이 많았으리라.

58-2 봉림과의 시문답(詩問答)

> 到鳳林하니 林問, 有事相借問得麼아 師云, 何得剜肉作瘡고 林云, 海月澄無影이어늘 游魚獨自迷로다 師云, 海月旣無影이어늘 游魚何得迷오 鳳林云, 觀風知浪起하고 翫水野帆飄로다 師云, 孤輪獨照江山靜하니 自笑一聲天地驚이로다

해석 임제 스님이 봉림 스님이 계신 곳에 이르자 봉림 스님이 물었다. "물어 볼 것이 있는데 괜찮겠는가?"

"무엇 때문에 긁어 부스럼을 만드십니까?"

"바다에 비친 달이 너무나 밝아서 그림자가 하나도 없는데, 노니는 고기가 제 스스로 미혹할 뿐이다."

"바다에 비친 달은 이미 그림자가 없는데, 노니는 고기가 미혹할 리 있겠습니까?"

"바람을 보아 물결이 이는 것을 알고, 물을 보고 작은 배에 돛을 올린다."

"외로운 달이 홀로 비치어 강산은 고요한데, 혼자서 웃는 소리가 천지를 놀라게 하는군요."

강설 노파의 말을 뒤로하고 결국 봉림 스님을 만났다. 봉림 스님은 시를 짓는 솜씨가 뛰어난 분이다. 물론 임제 스님도 그에 걸맞는 솜씨를 발휘한다. 눈이 밝은 사람들은 긁어서 부스럼 내는 것을 가장 싫어한다. 또 머리 위에 다시 머리를 만들어 올리는 것도 금

기사항이다. 그런데 봉림 스님이 긁어 부스럼 내는 짓을 하겠는가? 임제를 점검하기 위해서 그물을 던져보는 일이다.

"본분자리에는 밝고 밝은데 그대는 왜 길을 잃고 돌아다니는가?" "밝고 밝은데 길을 잃고 돌아다닐 일이 있겠습니까? 누가 길을 잃었단 말입니까?" 이렇게 수작하여 멋진 시가 오고 간다.

"내 그대의 하는 꼴을 보고 하는 말이다. 내가 잘 못 볼 리 있겠는가?" "잘 못 보았습니다. 나는 경우가 틀립니다." 하면서 그 유명한 "고륜독조강산정 자소일성천지경(孤輪獨照江山靜 自笑一聲天地驚)"이라는 구절을 내놓는다. 하늘을 찌르는 자긍심을 나타낸 말이다. 그야말로 천상천하에 유아독존이다. 어느 누가 천상천하 유아독존이 아니랴 마는 살활자재와 대기대용이 하늘을 찌르는 본분종사의 시절과 기백이다. 마치 단기필마로 조조의 수천 군중 속을 종횡무진하면서 취모검(吹毛劍)을 휘둘러 무를 베어 넘기듯 하는 상산 조자룡의 모습을 생각하게 한다.

林云, 任將三寸輝天地나 一句臨機試道看하라 師云, 路逢劍客須呈劍이요 不是詩人莫獻詩로다 鳳林便休하니 師乃有頌호대 大道絶同하야 任向西東이라 石火莫及이요 電光罔通이로다

해석 "세 치 혀를 가지고 천지를 비추는 것은 알아서 할 일이나, 기틀에 맞는 한마디를 던져 보시게."

"길에서 검객을 만나면 칼을 바쳐야 하지만, 시인이 아니면 시를

말하지 마십시오."

봉림 스님이 거기서 그만두자 임제 스님이 게송을 하였다.

"큰 도는 철저히 동일해서 동쪽과 서쪽을 마음대로 향함이라. 부싯돌의 불도 따라잡지 못하고 번갯불도 통하지 못하도다."

강설 봉림 스님은 임제의 그 말에 혀를 내두른다. 그리고는 "세치 혀를 가지고 마음대로 지껄이는 그것은 어쩔 수 없다마는 제대로 살아 있는 한마디를 해보면 어떨까?" 이 말을 듣고 임제 스님은 그의 시감(詩感)이 절정에 달했는지 천고에 빛나는 이런 말을 던진다. "명검을 알아보는 검객을 만나면 칼을 바쳐라. 그리고 시인이 아니면 시를 논하지 말라 하였소〔路逢劍客須呈劍 不是詩人莫獻詩〕."

여기서 봉림 스님은 더 이상 입을 열 수가 없었다. 임제 스님은 내친김에 한껏 실력을 발휘한다. 마치 확인사살이라도 하는 것처럼 보인다. "큰 도는 철저히 동일해서 동쪽과 서쪽을 마음대로 향함이라. 부싯돌의 불도 따라잡지 못하고 번갯불도 통하지 못하도다."

모든 시간에 다 있고, 모든 장소에 다 있으며, 모든 사람에게 다 있는 도리다. 그러나 일천 부처님과 일만 조사들도 여기에 이르러서는 어찌할 바를 모르고 전광석화(電光石火)도 그 신속함에는 미칠 수 없다. 이 한 게송에 독자들은 눈을 뜰지라.

58-3 공적으로는 바늘도 용납하지 않는다

> 潙山問仰山호대 石火莫及이요 電光罔通이어늘 從上諸聖이 將什麽爲人고 仰山云, 和尙意作麽生고 潙山云, 但有言說이요 都無實義니라 仰山云, 不然이니다 潙山云, 子又作麽生고 仰山云, 官不容針이나 私通車馬니다

해석 위산 스님이 앙산 스님에게 물었다.

"부싯돌의 불빛도 미칠 수 없고 번갯불도 통할 수 없는데 옛날부터 여러 성인들께서는 무엇으로 학인들을 지도하였는가?"

"스님께서는 어떻게 생각하십니까?"

"말만 있을 뿐 전혀 실다운 뜻은 없다."

"그렇지 않습니다."

"그럼 그대는 어떤가?"

"공적으로는 바늘 하나도 용납할 수 없지만 사적으로는 수레나 말까지도 통합니다."

강설 위산 스님이 누군가. 이 말을 놓칠 리가 있겠는가. "일천 부처님과 일만 조사들도 여기에 이르러서는 어찌할 바를 모르고 전광석화(電光石火)도 그 신속함에는 미칠 수 없다는데 옛날 여러 성인들은 무엇으로 학인들을 지도하였는가?" "스님은 어떻게 생각하십니까?" "말짱 거짓말이지." "그것을 꼭 거짓말이라고 할 수는 없지요. 그 말이 해당이 안 되는 사람도 있지만 또 얼마나 많은 사람들이 그 말에 눈을 뜨는데요〔官不容針 私通車馬〕."

위산 스님이 사랑하는 제자 앙산 스님에게 시험삼아 물어 본 것인데 참으로 뜻밖에 좋은 말을 들었다. 그런 제자라면 마음을 놓을 수가 있다. 그래서 천하의 위앙종(潙仰宗)이 탄생한 것이다.

59-1 오늘은 운수가 나쁘다

> 到金牛하니 牛見師來하고 橫按拄杖하야 當門踞坐라 師以手로 敲拄杖三下하고 却歸堂中第一位坐하니라 牛下來見하야 乃問 夫賓主相見은 各具威儀어늘 上座從何而來관대 太無禮生고 師云, 老和尙은 道什麽오 牛擬開口어늘 師便打한대 牛作倒勢라 師又打하니 牛云, 今日不著便이로다

강설 금우 스님이 계신 곳에 이르자, 금우 스님이 임제 스님이 오는 것을 보고 주장자를 가로 누인 채 문에 걸터앉아 있었다. 임제 스님이 손으로 주장자를 세 번 두드리고 선방으로 들어가 첫 번째 자리에 앉으니 금우 스님이 내려와 보고 물었다.

"손님과 주인이 만나면 서로 예의를 차려야 하는데, 상좌는 어디서 왔기에 이다지도 무례한가?"

"노스님께서는 무슨 말씀을 하십니까?"

금우 스님이 입을 열려는데 임제 스님이 곧바로 후려쳤다.

금우 스님이 넘어지는 시늉을 하는데 임제 스님이 또 치니 금우 스님이 말하였다. "오늘은 운수가 나쁘다."

강설 정말 재수 없는 날이다. 젊은 선객 임제를 한번 점검하려다가 객승에게 인사도 받지 못하고 선방의 제1위 자리만 빼앗겼다. 사람 앞에 주장자를 가로 누인 것은 높고 험준하여 측량할 길이 없는 조사관문을 뜻한다. 임제는 그 관문을 주장자를 세 번 쳐 보이는 것으로 넘어버렸다. 금우 스님은 또 인사하지 않은 것을 따지다가 한 대 얻어맞기만 했다. 넘어지는 시늉을 하다가 또 한 대 얻어맞았다. 이런 것을 "의기(意氣)가 있는 데 의기를 더하고 풍류가 없는 곳에 풍류를 보인다."라고 할 수 있다. 오늘은 영 재수 없는 날이다. 그러나 이 말에는 묘한 여운이 있다. 진흙 속에 가시가 있다. 언중유골이다.

59-2 다 이기고 다 졌다

> 潙山問仰山호대 此二尊宿이 還有勝負也無아 仰山云, 勝卽總勝이요 負卽總負니라

해석 위산 스님이 앙산 스님에게 물었다.
"이 두 큰스님 중에 누가 이기고 누가 졌느냐?"
"이겼다면 다 이겼고, 졌다면 다 졌습니다."

강설 또다시 위산 스님과 앙산 스님의 재점검이다. 앙산 스님은 언제나 상식적이고 평범하다. 그러나 온갖 골짜기의 물을 다 받아들이는 큰 바다다. 그래서 대종장이 됐다. 물론 사람마다 독특한

가풍이 있지만 이렇게 앙산 스님과 같이 포용력이 넘치는 큰 바다 같은 사람이 편하고 좋다. 눈 밝은 선지식들이 하는 일인데 이겨도 좋고 져도 좋다. 법을 거량하는 전쟁이라면 본래로 우열이 없다. 우열이 있으면 그것은 법의 전쟁이 아니다.

60 임제 스님이 열반할 때

師臨遷化時에 據坐云, 吾滅後에 不得滅却吾正法眼藏이어다 三聖出云, 爭敢滅却和尙正法眼藏이닛고 師云, 已後有人問儞하면 向他道什麼오 三聖便喝한대 師云, 誰知吾正法眼藏이 向這瞎驢邊滅却고 言訖에 端然示寂하니라

강설 임제 스님이 열반하실 때 자리에 앉으셔서 말씀하였다.
"내가 가고 난 다음에 나의 정법안장이 없어지지 않도록 하여라."
삼성 스님이 나와서 사뢰었다.
"어찌 감히 큰스님의 정법안장을 없앨 수 있겠습니까?"
"이후에 누가 그대에게 물으면 무어라고 말해 주겠느냐?"
삼성 스님이 "할!"을 하므로 임제 스님이 말씀하셨다.
"나의 정법안장이 이 눈 먼 나귀한테서 없어질 줄 누가 알겠는가?"
말을 마치시고 단정하게 앉으신 채 열반을 보이셨다.

강설   삼성 스님은 임제 스님의 근본 종지며 가풍인 "할!"을 한번 하고는 눈 먼 나귀라고 인가를 받았다. 그리고 정법안장이 그대의 손에서 사라지리라고 수기를 받았다. 삼성 스님이 이 어록을 모아서 편찬하였다. 그로 인해 임제가풍은 천년 세월이 넘도록 온 천하를 뒤덮었다. 불교에 안목이 조금만 있어도 임제 스님의 법을 이은 후손이라고 자랑이다. 임제 스님을 모르면 불교를 안다고 할 수 없다. 특히 우리나라에서는 모든 스님, 모든 불자가 전부 임제 스님의 사상을 이어받은 법손이다. 망승(亡僧)의 축원은 필히 "속히 사바세계에 다시 오시어 임제문중에서 길이 인천의 안목이 되소서."라고 한다. 이런 사실이 "나의 정법안장이 눈 먼 나귀에게서 사라지리라."라는 뜻이다. 이쯤 되면 임제 스님의 말뜻을 어록이 다 끝난 지금에 와서 조금은 짐작하리라.

대혜(大慧) 스님이 게송을 남겼다.

瞎驢一跳衆皆驚 正法那堪付與人
三要三玄俱喪失 堂堂擺手出重城
  눈 먼 당나귀가 한번 날뛰니 수많은 사람들이 놀라 자빠지는데
  정법안장을 어찌 다른 사람에게 줄 수 있으랴.
  삼요와 삼현을 모두 잃어버리고
  겹겹의 성문을 당당하게 손을 털고 나오더라.

백운(白雲) 스님이 또 게송을 남겼다.

劈破泰山雷未猛 照開滄海月非光
瞎驢滅却正法眼 直得哀鳴滿大唐
　태산을 쪼개는 우레도 맹렬하지 못하고
　창해를 뚫고 비추는 달도 빛이 아니다.
　눈 먼 나귀에게서 정법안장이 사라짐이여
　슬피 우는 울음소리 천하에 가득하네

양무위(楊無爲)가 또 게송을 남겼다.

正法眼藏 瞎驢邊滅 黃蘖老婆 大愚饒舌
　정법안장은
　눈 먼 나귀에게서 사라지고
　황벽 스님은 자비스런 노파요
　대우 스님은 말재주꾼이네

탑기 塔記

臨濟慧照禪師塔記

강설 임제 스님에 대한 간단한 전기다. 아마 탑을 세우고 스님의 전기를 간단하게 기록하여 그 인물이 어떤 분인가를 후세에 길이 알리려는 뜻으로 쓰여진 것 같다. 탑이 있으면 반드시 그 탑을 알리는 비명이 있어야 한다. 임제 스님의 전기를 간단하게 소개할 때 필요할 뿐만 아니라 귀중한 자료가 된다.

61-1 간단한 행장

師諱義玄이니 曹州南華人也요 俗姓邢氏니라 幼而穎異하고 長以孝聞하니라 及落髮受具하야는 居於講肆하야 精究毘尼하고 博賾經論이러니 俄而歎曰 此濟世之醫方也요 非敎外別傳之旨로다 卽更衣遊方하야 首參黃檗하고 次謁大愚하니 其機緣語句는 載于行錄하니라 旣受黃檗印可하고 尋抵河北하야 鎭州城東南隅에 臨滹沱河側하야 小院住持하니 其臨濟는 因地得名이니라 時普化先在彼하야 佯狂混衆하니 聖凡莫測이라 師至卽佐之하야 師正旺化에 普化全身脫去하니 乃符仰山小釋迦之懸記也니라

해석 선사의 휘는 의현이고 조주 남화 사람이다. 속성은 형씨다. 어려서는 남달리 영특하였으며 자라서는 효성이 지극하였다. 마침

내 출가하여 구족계를 받고 강원에 계시면서 계율을 깊이 연구하시고 경과 논을 널리 공부하였다. 그러다가 어느 날 갑자기 "이것은 세상을 구제하는 약의 처방전일 뿐, 교외별전의 뜻이 아니다." 하며 탄식하고는 곧 옷을 갈아입고 제방을 행각하였다. 맨 먼저 황벽 스님을 찾아뵙고 다음으로 대우 스님을 찾아뵈었다. 그 기연과 말씀들은 행록에 실려 있다.

  이미 황벽 스님의 인가를 받고 하북으로 가서 진주성 동남쪽 호타하라는 강 곁에 있는 작은 절에 머무셨다. '임제'라는 이름은 그 지역의 이름 때문에 붙여진 것이다. 그 때 보화 스님이 그 곳에 먼저 와서 거짓으로 미친 척을 하며 대중에 섞여 살았는데 성인인지 범부인지 헤아릴 수 없었다. 스님께서 그 곳에 가시자마자 보좌해 드리다가 정작 스님께서 교화를 왕성하게 펴실 즈음에 온 몸 그대로 홀연히 자취를 감추었다. 이는 작은 석가모니라는 앙산 스님의 예언에 부합하는 것이었다.

61-2

適丁兵革하야 師卽棄去하니 大尉默君和가 於城中에 捨宅爲寺하니 亦以臨濟爲額하고 迎師居焉하니라 後拂衣南邁하야 至河府하니 府主王常侍가 延以師禮하니 住未幾에 卽來大名府興化寺하야 居于東堂하니라 師無疾하고 忽一日에 攝衣據坐하야 與三聖問答畢하고 寂然而逝하니 時唐咸通八年丁亥 孟陬月十日也니라 門人以師全身으

로 建塔于大名府西北隅하니 勅諡慧照禪師요 塔號澄靈이라 合掌稽首하야 記師大誌하노라

해석 그 때 마침 난리가 나서 그 곳을 떠나셨다. 태위인 묵군화가 성안에 있는 자기의 집을 희사하여 절로 만들었다. 역시 '임제'라는 액호를 달고 스님을 맞아 계시도록 하였다. 뒤에 옷깃을 떨치고 남쪽으로 향하여 하북부에 이르렀다. 부주인 왕상시가 제자의 예를 갖추어 맞이하였다. 거기에 머무신지 얼마 되지 않아 곧 대명부의 홍화사로 옮겨 동당에 기거하였다. 스님은 병이 없으셨는데 하루는 옷깃을 여미고 자리에 앉으시더니 삼성 스님과 문답을 마치시고 조용히 돌아가셨다.

때는 당나라 함통 8년 정해(867) 정월 10일이었다. 문인들이 스님의 전신을 대명부 서북쪽에 탑을 세워 모셨다. 시호는 혜조 선사, 탑호는 징령이라 하였다. 합장하고 머리 숙여 스님의 행장을 간단히 쓰노라.

住鎭州保壽嗣法小師 延沼謹書
住大名府興化嗣法小師 存獎校勘

해석 법제자 진주 보수사 주지 연소는 삼가 쓰고,
법제자 대명부 흥화사 주지 존장이 교감하다.

무비 스님
임제록 강설

2005년 3월 17일 초판 1쇄 발행
2023년 2월 17일 초판 9쇄 발행

지은이 무비(無比)
발행인 박상근(至弘) • 편집인 류지호 • 상무이사 김상기 • 편집이사 양동민
편집 김재호, 양민호, 김소영, 최호승, 하다해 • 디자인 쿠담디자인
제작 김명환 • 마케팅 김대현, 이선호 • 관리 윤정안
콘텐츠국 유권준, 정승채
펴낸 곳 불광출판사 (03169) 서울시 종로구 사직로 10길 17 인왕빌딩 301호
　　　　대표전화 02) 420-3200 편집부 02) 420-3300 팩시밀리 02) 420-3400
　　　　출판등록 제300-2009-130호(1979. 10. 10.)

ISBN 978-89-7479-160-5 (03220)

값 25,000원

잘못된 책은 구입하신 서점에서 바꾸어 드립니다.
독자의 의견을 기다립니다. www.bulkwang.co.kr
불광출판사는 (주)불광미디어의 단행본 브랜드입니다.